KB175974

다문화사회
한국의 사회통합

다문화사회
한국의 사회통합

전경옥 · 홍태영 · 이유진 · 양기호
이규용 · 오성배 · 김영란 · 홍기원 지음

이 주 노 동 자
결 혼 이 민 자
그 들 의 자 녀
그 리 고 . . . 한 국 인

이담
Books

한국은 다문화사회로의 본격적인 진입을 시작하여 멈추거나 되돌아 나갈 수 없는 단계에 이르렀다. 이제는 우리 사회의 모든 구성원들에게 공정한 참여 기회를 부여하고 행복한 삶을 누릴 수 있는 권리를 보장하는 나라를 만들기 위한 노력이 필요한 때이다.

요즘 '다문화'라는 용어 자체에 대한 논쟁이 본질을 흐리고 누구를 위한 논쟁인가를 생각하게 만들 정도로 정치적 이해관계를 드러내고 있다. 이는 그간 정부 부처, 사회단체 혹은 개인 간 특정 이해관계 속에서 편협하게 용어를 사용해 초래한 결과이기도 하고, 한편으로는 모두가 공감하는 뜻이 있는데 용어가 모든 것을 좌우하는 것마냥 새삼스럽게 시비를 주장하는 또 다른 이해관계에서 비롯된 혼란으로 볼 수도 있다.

이런 논쟁이 있다 하더라도 '다문화'라는 용어의 본래 의미를 따져보면, 이는 이주로 인한 사회 변화를 상징할 뿐, 그 대상을 단순히 가족에 국한한 것도 아니며 시혜적인 정책이나 처우의 대상을 떠올리도록 의도한 것도 아니다. 즉, 다양한 문화적 배경을 가진 사람들의 이주로 시작된 문제의식의 표현일 뿐이다. 그 용어 자체에 규범적이거나 정치 이데올로기적인 함의를 담으려는 의도 역시 없다. 의미 없이 반복하는 논쟁을 뒤로 하고 다양성이 인정받고 공존하는 사회가 되려면 무엇이 어떤 철학적 지지를 받으며 모색되어야 하는가에 대한 고민을 나누는 것이 선행되어야 한다. 이것이 이 책의 목적이다.

이 책은 보다 크고 넓은 시선으로 한국 사회의 다양한 문화 집단 사이에 민주적 소통 체계를 마련하고, 이러한 사회통합에의 노력이 결국 전체 구성원의 높은 삶의 만족도로 이어질 수 있게 하기 위한 현실적 필요와 목표를 설명한다. 다문화사회는 이주 인구의 증가는 물론이고 기존의 이질적인 요소들이 복합적으로 공존하므로 항상 갈등 요인을 품고 있고 자칫 심각한 사회 균열을 초래할 수 있다. 이런 단계에 이르기 전에 균열의 요인을 방지하고 해결하는 문화적·정책적 준비가 중요하다. 다문화사회로 진입한 한국은 정치, 경제, 사회, 문화 모든 면에서 이 대비를 철저히 해야 한다. 사회통합은 말썽을 일으킬 소지를 없애는 전략이 아니라 인적 자원이 풍부해지는 새로운 모습의 사회를 기대하는 데서 나오는 것이다.

이 책의 목적은 인구 이동, 빈곤의 세계화, 양극화, 이질성, 사회통합 등의 키워드를 포함하여 다문화사회에 대한 포괄적인 이해를 증진시키는 것이다. 다문화사회에 대한 이해의 증진은 이질성을 극복하고 사회통합을 이루는 초석이 되기 때문이다. 다문화사회에서는 모든 구성원이 통일된 가치관으로 동화되어 성장하는 모습을 보이는 것이 아니라 다문화사회만이 제공할 수 있는 자원과 역량이 발휘되는 거버넌스(governance)를 구축한다는 궁극적인 목표를 가져야 한다.

이 책은 관련 주제에 대한 학술적 작업과 사회적 실천 사이에 간극을 좁혀야 한다는 문제의식 또한 가지고 출발하였다. 학술회의,

교육 프로그램, 강의, 자원 활동 등을 통해 방향을 잡고 균형을 잡는 데 직접 혹은 간접으로 도움을 주신 분들이 많다. 이들 활동에 참여한 여러분의 기여에 대해서도 감사드린다.

끝으로 이 책은 숙명여자대학교 다문화통합연구소가 학교의 지원을 받아 기획하여 출판하게 된 것이다. 형식적인 작업의 범람 속에서도 이 작업에 신뢰를 가지고 지원해 준 여러분께 필진을 대표하여 감사드린다.

전경옥

CONTENTS

02 다문화사회의 인권
전경옥(숙명여자대학교)

03 거버넌스와 다문화사회

이유진(숙명여자대학교)

04 다문화정책과 지역거버넌스

양기호(성공회대학교)

05 외국인력과 사회통합

이규용(한국노동연구원)

08 다문화사회에서의 문화다양성에 대한 이해

홍기원(숙명여자대학교)

01

시민권과 문화적 정체성*

홍태영(국방대학교)

Ⅰ. 들어가는 말

근대 초 그 발생과 함께 신성시되면서 오랫동안 우리의 정치·사회적 삶을 지배해온 '민족'이라는 말이 최근 쟁점이 되고 있다. '국기에 대한 맹세'의 문구에서도 '조국과 민족'이라는 말이 사라졌고, 2011년부터 장교 임관 선서문 중, "나는 대한민국의 장교로서 국가와 민족을 위하여 충성을 다하고……"라는 부분에서 '민족'은 '국민'으로 바뀌었다. 내이션(nation)이라는 단어의 번역어로 우리는 오랫동안 '민족'이라는 말을 사용해왔지만 이제 '국민'이라는 말로 대체되는 듯하다. '민족'이라는 말이 주는 어감, 즉 혈연적, 문화적 의미가 가져올 수 있는 배타적 성격 때문이다. nation 개념은 기본적으로 그것을 구성하는 '시민'을 어떻게 규정하는가 하는 문제, 즉 시민권의 문제와 결합되어 있다. 서구 역사에서도 nation 개념은 크게 문화적, 혈연적 특성을 강조하는 독일식 '민족' 개념과 정치적, 공화주의적 특성을 강조하는 프랑스식 '국민' 개념으로 나눌 수 있다.[1] 각각의 개념은 두 나라가 갖는 근대적 정치공동체로서 국민국가 형성의 역사, 그리고 그에 내재된 시민권 형성의 역사와 맞물려 있다. 또한 현재 세계화 속에서 국민국가라는 공동체의 위기와 함께 nation 개념에 내재된 잠재적 모순이 드러나고 있다. 한국의 경우 일본 제국주의에 대한 투쟁 속에서 정립된 '민족' 개념이 현재의 세계화에 따른 외국인의 유입과 통합의 과정에서 그 한계를 드러내고 있다. 결국 쟁점은 대한민국이라는 공동체 구성원으로서의 시민을 어떻게 규정할 것인가의 문제이다.

예를 들어 시민의 권리와 의무 중 하나인 병역의 경우 이른바 다문화가정 출신의 징집대상자가 2011년부터 발생하기 시작하였다. 하지만 1972년 '병역법 시행령'에 따르면, "외관상 명백한 혼혈아 및 부(父)의 가(家)에서 성장하지 아니한 혼혈아"는 심신이 건강한 한국 남성이더라도 제2국민역에 편입되어 병역을 면제받았다. 이는 사회에서 의무를 부과하지 않으니 권리도 요구하지 말라는 배타적 의미를 갖는 것이었다. 이러한 원칙은 오랫동안 지속되다가 2006년에 이르러 이에 해당하더라도 본인이 원할 때는 입대가 가능하게 되었고, 2007년 12월 31일 '병역법' 제3조 제3항에 따른 "병역의무 및 지원은 인종, 피부색 등을 이유로 차별하여서는 아니 된다"라는 항목이 신설되었으며, 2010년 1월 25일에 이르러서야 '병역법' 제65

---

* 이 글은 ≪다문화사회연구≫, 제4권 제2호(2011)에 실린 것을 이 책의 구성에 맞게 수정, 보완한 것이다.

1) nation 개념과 그에 따른 민족주의의 독일적, 프랑스적 형태의 차별성을 간략히 알 수 있는 책으로는 B. Jenkins(2011); 장문석(2007); J. Habermas(2000) 등을 참조할 수 있다.

| 01 | 시민권과 문화적 정체성 19

조(병역처분 변경 등) "제3조 제3항에도 불구하고 인종이나 피부색 등으로 인하여 병역 수행에 심각한 영향을 받을 것으로 인정되는 사람으로서 대통령령으로 정하는 사람은 보충역 편입 또는 제2국민역 편입을 할 수 있다"라는 항목이 삭제되어(2010년 7월 26일) 1992년 1월 1일 출생한 사람부터 적용된다.

그리스 이래로 병역은 시민의 권리이자 의무로서 시민권의 중요한 기준이었다. 그것은 공동체의 방위와 관련되기 때문에 정치적 권리와 함께 가장 중요한 기준이었다. 정치적 권리의 측면에서 본다면 2004년 주민투표법 제정으로 일정요건을 갖춘 영주자격 소지자는 '공직선거법', '주민투표법', '주민소환에 관한 법률' 등을 통해 주민으로서의 자치권을 가질 수 있게 되었다. 외국인 영주자를 '주민'으로 인정하여 선거권과 주민투표권 및 주민소환권을 부여한 나라는 한국이 아시아 최초이다.[2] 유럽의 경우 '유럽시민'의 형성이라는 차원에서 유럽의회 선거에는 유럽연합 회원국의 국민권을 가진 경우 유럽 지역 어디에서나 선거권을 행사할 수 있다. 물론 개별 국가의 의회를 구성하는 경우 참정권을 행사하지는 못한다는 점에서 국민국가의 주권의 배타적 권력의 특성은 아직까지도 건재하다. 완전한 시민권의 행사는 당연히 국적(nationality)을 전제로 하고 있는 것이 현실이다.

현재 문제가 되고 있는 외국인 문제는 대한민국 국적을 부여받지 못한 외국인은 물론 합법적으로 체류하고 있지 않는 외국인, 그리고 국제결혼을 통해 한국에 입국한 외국인 등이다. 법무부 '출입국 외

---

2) 설동훈, 「국제노동력이동과 외국인노동자의 시민권에 관한 연구」, ≪민주주의와 인권≫, 제7권 제2호(2007), 407쪽.

국인 정책본부'가 발표한 2012년 6월 「통계월보」에 따르면, 현재 총 체류자는 146만여 명이고, 그중 불법 체류자가 17만 명을 넘어섰다. 결혼 이민자는 14.6만 명 정도이며, 이 중 여성이 12.6만 명 정도에 달한다. 물론 서구의 이민 국가들에 비한다면, 이제 한국은 시작인 셈이다. 하지만 외국인노동자의 유입은 시간이 흐를수록 더 확대되어 가고, 서서히 사회적 쟁점으로 부각되고 있다.

자본주의적 생산 및 세계시장 영역이 전 지구적으로 확대되면서 상대적 과잉인구의 원천도 전 세계적으로 확산되었다.[3] 자본의 세계화와 더불어 노동력의 세계화가 가속화되면서 노동력의 국가 간 이동이 활발하게 진행되고 있다. 하지만 경계를 넘어서 유입되는 외국인노동자들은 많은 경우 공동체 내부에 존재하면서도 실질적으로 공동체의 구성원으로서의 권리를 행사하지 못하고 있는 존재들이다. 세계화가 가속화되고 있는 현재의 상황에서 자본의 지리적 이동성과 변동성의 증가가 세계의 노동자들을 단일시장의 경쟁으로 몰아넣어 임금과 노동조건의 '바닥을 향한 경쟁'을 일으키면서 노동보수의 격차가 이용되고 있다.[4] 산업자본과 금융자본의 손쉬운 이동은 '자본도피'의 위험성을 현실화시키고 있고, 그 결과 노동자들의 보호 장치는 갈수록 취약해지고 있는 것이 현실이다. 이러한 상황 속에서 인종차별 문제의 심화, 그에 따른 인종투쟁이 21세기의 가장 중요한 쟁점이 될 것이라고 예견된다.[5]

---

3) 설동훈, 『외국인노동자와 한국사회』(서울: 서울대학교 출판부, 1999), 43쪽.

4) G. Arrighi & B. J. Silver, 『체계론으로 보는 세계사』, 최홍주 옮김(서울: 모티브북, 2008), 30쪽; F. Chesnais, 『자본의 세계화』, 서익진 옮김(서울: 한울, 2003), 42쪽.

5) I. Wallerstein, "Response: Declining States, Declining Rights?," *International Labor and Working-Class History*, 47(1995), p.27.

그러한 상황을 잘 보여주는 예가 바로 유럽에서 새롭게 출현하면서 강화되고 있는 현상인 '문화적 인종주의'이다.6) 문화적 인종주의는 1980년대 이후 경제적 어려움과 유럽통합의 가속화라는 조건 속에서 새로운 포섭과 배제의 논리로서 등장하였다. 과거의 인종주의, 대표적인 것으로 고비노(Gobineau)의 인종주의가 문명론 혹은 생물학이라는 과학의 이름 ―물론 이 역시 사회적이며 동시에 문화적인 현상으로서 인종주의이다― 으로 형성되었다면, 최근의 인종주의는 문화적 인종주의라는 명칭을 갖는다. 그것은 인종주의의 현대적 현상이 문화적 타자성에 대한 거부와 함께 발생하고 있기 때문이다. 타자는 전통, 민족, 종교, 언어, 역사 등의 기준을 통해 다른 집단으로 인종화되면서(racisant) 정의된다.7) 문화적 차이라는 문제가 그 스스로 자율적인 공간을 차지하고 있는 것은 사실이지만, 그것은 동시에 사회적 관계 및 공동체의 집단적 삶과도 긴밀하게 연계되어 있다. 문화적 차이의 문제는 그 자체로 그치는 것이 아니라 새로운 질서에 대한 개념을 내포하는 경우가 많다. 문화적 차이는 그것이 불평등, 지배, 착취, 차별 등의 관계를 내포하는 경우가 대부분이며, 최근에 문화적 차이의 문제는 인종주의와 보다 직접적으로 관련을 맺고 있다. 유럽에서 계급화되고 젠더화된 방식으로 만들어진 인종주의적, 식민주의적 언어는 상상의 타자를 만들어낸다. 이민자들은 새로운 빈곤계층으로 묘사되고, 그들은 또한 이슬람교도와 동일시되는 경향까지 있다. 이슬람교도들은 사회적 배제의 대상에서 과잉 대표

---

6) 최근 유럽에서 나타나고 있는 문화적 인종주의와 유럽시민권 문제에 대해서는 홍태영(2011a) 참조.
7) M. Wieviorka, "Culture, société et démocratie," in M. Wieviorka, *Une société fragmentée?*, (Paris: La découverté, 1992), p.31.

되거나 일상적인 인종주의와 이슬람혐오증이 동일시되는 경향과 맞물려 있다.8) 이슬람교도들과 테러리즘 집단의 동일시, 그 반작용으로 서구문명과 이슬람문명의 적대적 경향에 대한 강조 등이 유추된다. 문화적 인종주의 경향 역시 이슬람에 대한 사회적 표상의 오류를 만들어내는 데 일조하고 있다.

한국의 경우 유입된 외국인이 대부분 아시아지역 출신이기 때문에 유럽이 겪고 있는 '문화전쟁', 특히 종교적 갈등을 기본으로 하는 문화적 충돌은 발생하지 않을 수 있다. 하지만 이러한 문화적 인종주의는 평소에는 사소해 보이는 갈등의 요인이 특정한 상황과 맞물리면서 발생, 강화될 수 있다. 1970년대 이후 경제적 상황의 악화가 유럽인들 내부의 타자를 만들어내고 그것이 문화적 인종주의로 전환되었다는 점을 상기한다면, 한국 역시 예외일 수 없다.

Ⅱ. 한국에서의 다문화주의 담론과 현실

현재 한국사회에서 다문화주의 담론이 급속히 확대되고 있지만, 다문화주의 담론이나 정책은 기본적으로 주류사회의 담론이자 정부에 의해서 주도되고 있다. 한국정부나 사회에서 이주민에 대한 정책이나 인식이 근본적으로 변하기 시작한 것은 국제결혼의 증가에 따른 결혼이주자의 등장과 함께이다. 한국정부나 시민사회가 결혼이주

---

8) O. Roy, "Préface," J. Laurence, J. Vaisse, *Intégrer l'slam. La France et ses musulmans: enjeux et réussites* (Paris: Odile Jacob, 2007), pp.10~11.

여성의 문제를 한국사회의 본질적인 문제로 인식하게 된 것은 부계 혈통중심의 혈연적 민족주의 이데올로기가 작동한 것으로 해석될 수 있다.9) 또한 다문화주의 혹은 다문화사회라는 표현은 지극히 현실 묘사적, 기술적(descriptive)이다. 즉 오랫동안 단일민족사회임을 자부해오던 한국사회가 세계화 속에서 외국노동자들이 유입되고 그것이 일시적 현상이 아닌 지속적인 증가추세에 있다는 점, 그리고 국제결혼, 특히 외국여성과 결혼하는 남성이 지속적으로 증가하고 있다는 점 등 인종적, 문화적, 종교적으로 다원화된 사회로 변해가고 있음을 묘사하는 개념으로 다문화사회 혹은 다문화주의라는 표현이 사용되고 있다. 사실 '다문화가정', '다문화사회'라는 명칭이 그러한 사회를 지향한다거나 그러한 정책을 펴고 있다는 의미는 부재하고, 다만 기존의 단일민족사회가 아니라는 의미에서 정책의 대상으로서 다문화가정이라는 표현을 차용하고 있을 뿐이다.10) 사실 규범적 의미, 즉 다문화사회로 이행하는 정치공동체에서 전통적인 사회경제적 차원의 균열 이외에도 인종, 문화, 종교를 중심으로 한 균열이 사회구성원의 행복과 자아실현에 중요한 영향을 미친다는 점을 인정하고, 그들이 요구하는 공공영역에서의 문화적 인정과 문화적 생존 요구를 적극 지지하기 위해 다양한 역차별적인 방법을 통해 정체성의 정치를 지지하는 것을 의미하는 다문화주의는 한국사회에서 본격적으로 제기되지 않고 있다.11)

---

9) 김혜순, 「한국의 '다문화사회'담론과 결혼이주여성: 적응과 통합의 정책마련을 위한 기본전제들」, 한국사회학회, 『동북아 '다문화'시대 한국사회의 변화와 통합』(동북아시대위원회 용역과제, 2006).

10) 이러한 의미에서 다인종, 다민족화가 진행되고 있다고 묘사하는 것이 적합하다는 주장(김혜순, 2008)이 타당하다.

11) 김남국, 「심의다문화주의: 문화적 권리와 문화적 생존」, 《한국정치학회보》, 제39권 제1호(2008).

물론 그렇다고 규범적 의미에서의 다문화주의에 대한 합의가 형성되고 있다고 볼 수도 없다. 다문화주의의 대표적인 이론가인 킴리카는 다문화주의의 이중성을 잘 드러내 보이고 있다. 그는 다문화주의가 때로는 협소하고 체제순응적인 민족문화의 개념에 대항하기 위해서 자유주의자들에 의해 호소되기도 하고, 때로는 협소하고 체제순응적인 소수문화의 개념을 옹호하기 위해 보수주의자들에 의해 호소되기도 한다고 말하고 있다.[12] 킴리카는 다문화주의가 공동선의 정치를 추구하느냐 아니면 소수자들의 권리 옹호와 배제에 대항하여 다원성을 추구하느냐에 따라 구별되지만 두 가지 형태가 거의 연관되어 있다고 본다. 또한 다문화주의와 함께 등장하는 관용담론 역시 이러한 이중성을 가지고 있다. 관용담론은 통합이나 동화보다 정체성과 차이의 문제를 부각시키려는 좌파들의 시도와 다양한 소수자들의 권리 요구를 보편적인 것이라기보다는 '특수한' 것으로 매도하려는 우파들의 노력이 동시에 존재하는 것이다.[13] 다문화주의 및 관용담론이 가지고 있는 이중성에 비추어 본다면 그것이 구성되는 방식과 맥락에 따라 상이한 이데올로기적 스펙트럼을 구성한다.

우선 다문화주의 담론이 세계화에 따른 외국인들의 이민의 증가라는 현실적 상황과 결부되어 확산되고 있는 점도 의미심장하다. 신자유주의적 세계화 속에서 자본과 노동이 자유롭게 이동할 수 있게 되면서 이민은 더욱 활발해지고 있다. 이러한 시점에 다문화주의가 부각되는 것은 신자유주의가 발생시키는 불평등의 문제를 문화적

---

12) W. Kymlicka, 『현대정치철학의 이해』, 장동진 옮김(서울: 동명사, 2006), 509쪽.
13) W. Brown, 『관용』, 이승철 옮김(서울: 갈무리, 2010), 19쪽.

차이의 문제로 환원시키는 것 아니냐는 의문을 제기할 수도 있다. 혹은 경제적 착취와 불평등의 문제를 은폐하기 위해 인권, 평화, 문화, 정체성 등의 문제를 부각시키는 것은 아닌지 의심해볼 수도 있다. 또한 다문화사회라는 개념이 문화적, 인종·민족적, 국가적 경계들을 극복하게 하기보다는 오히려 담론적으로 구성시키고 고정화시킬 수 있는 가능성도 제기된다.[14] 현실적으로 다문화주의라는 이름으로 구성된 문화특구 등은 고립주의적으로 게토화된 외국인마을이 되고 있기도 하다.

현실적으로 한국사회에서 다문화주의 담론이나 다문화주의 정책은 기본적으로 주류사회의 담론이자 정부에 의해 주도되고 있다. '다문화', '다문화가정', '다문화주의'가 정부정책과 사회과학자들의 담론 속에서 '발명'된 것이다. 특정한 사회현상이 정부정책의 대상이 되고 사회과학자들의 인식과 연구의 대상이 된 것이다. 하지만 한국정부에 의해 정책의 대상이 되고 있는 다문화가정은 극히 제한적 개념이다. '다문화가족지원법' 제2조는 다문화가족을 "결혼이민자와 출생 시부터 대한민국 국적을 취득한 자로 이루어진 가족 또는 귀화허가를 받은 자와 출생 시부터 대한민국 국적을 취득한 자로 이루어진 가족"으로 정의하고 있다. 이렇게 다문화가족을 제한적으로 정의한 경우 훨씬 많은 수를 차지하고 있는 외국인노동자들은 배제된다. 특히 고용허가제를 통해 합법적으로 체류하고 있는 노동자들의 경우 배우자를 동반하거나 초청할 수 없는 것이 현실이지만, 외국인노동자 가족이나 북한이주민, 주한미군관련 혼혈인 등은 다문화

---

14) 천선영, 「'다문화사회' 담론의 한계와 역설」, ≪한독사회과학논총≫, (2004), 374~375쪽.

가족 정책의 대상이 될 수 없다.

정부는 다문화정책과 관련하여 정부 부처 간 경쟁과 갈등을 조정하기 위해 총리실 산하에 '다문화가족정책위원회'를 설치하였다. 한국사회에서 다문화정책이라고 칭해지는 경우는 대부분 이러한 가정에 대한 복지정책 및 사회통합정책을 의미한다. 2008년 시행된 '다문화가족지원법'은 결혼이주여성과 다문화가족에 대한 종합적 지원을 하고 있다. 하지만 제한적으로 정의된 다문화가족과 관련한 정책은 주로 여성가족부가 예산의 대부분을 집행하면서 주도하고 있다. 또한 농림수산식품부는 이주여성농업인 지원을 담당하고, 문화체육관광부는 다문화교육 및 공연을 지원하는 사업을 시행하고 있다. 결혼이주가정의 자녀가 취학할 경우에는 교육인적자원부가 관여한다. 주목해야 할 사실은 기본적으로 한국정부의 다문화정책은 다문화사회로 가기 위한 정책이라기보다는 현재의 이민자의 문제가 사회적 문제가 되지 않도록 하기 위한 예방적 성격을 갖는다. 물론 정부의 정책은 항상 통치의 차원에서 고려되는 것이 사실이다. 정부 각 부처의 여성결혼이민자를 대상으로 실시되는 정책과 사업은 '소외계층 지원 사업'의 일환으로 배치된다. 정부는 여성결혼이민자 가족의 기초생활을 보장하기 위해 국민기초생활보장법을 개정하고 이들을 긴급복지지원법의 지원 대상에 포함하였다.[15] 이러한 일련의 정책들은 결혼이민여성을 정부 정책에 의존적인 복지수혜자로 만들어 정부의 통치성 강화, 또는 쓸모 있는 여성 만들기에 동원된다는 평가와도 연결된다. 하지만 이제 한국의 다문화정책은 이민자 대상의

---

15) 정선애, 「외국인 정책을 통해서 본 국가의 포섭과 배제」(전기사회학대회 발표문, 2007).

복지정책만을 강조하는 것보다는 복지정책에 이민자를 국민과 대등하게 포함하는 사회통합으로의 전환이 필요하다. 복지정책뿐만 아니라 일반정책에도 이민자 집단이 대등하게 대표될 수 있어야 한다.[16] 그것이 궁극적으로 그들을 한국사회의 성원으로 받아들이는 것을 의미하기 때문이다.

또한 현재 한국사회가 더 주목해야 할 부분은 외국인노동자 문제일 것이다. 훨씬 더 많은 비중을 차지하고 있는 외국인노동자의 경우 일시적으로 머무르다 돌아간다는 인식 때문에 장기적인 정책의 대상이 되지 못하고, 다만 노동력 관리라는 차원에서만 정책대상이 되고 있다. 정부는 외국인 정책의 통일성을 기하기 위해 2006년 5월 26일 제1회 외국인정책회의에서 '외국인 정책 기본방향 및 추진체계'를 확정하였으며, 이 법은 2007년 5월 17일 공포되어 7월 18일 시행되었다.[17] 또한 2008년 국무총리를 위원장으로 하는 '외국인정책위원회'가 구성되어 외국인 정책을 총괄하고자 하였다.

다문화가족지원법을 통해 다문화가족, 즉 결혼이민자가족의 경우 적극적인 관리의 대상이 되고 있는 듯하지만, 외국인노동자들의 경우 다문화가족보다 훨씬 더 복잡하다. 그들의 합법적 혹은 불법적 체류의 차이, 단기 혹은 장기 체류의 차이, 숙련노동과 비숙련노동의 차이 등이 있음은 물론이고, 이들이 새로운 가족을 구성하고 새

---

16) 김혜순, 「결혼 이주여성과 한국의 다문화사회」, 《한국사회학》, 제42집 제2호(2008), 215쪽.

17) 이 법의 제정으로 그간 각 부처에서 단편적으로 시행되던 외국인 관련정책을 종합적, 거시적으로 수립하기 위한 추진체계를 마련하였으며, 재한외국인에 대한 조기 사회적응을 지원함으로써 국가 발전과 사회통합에 기여하게 되었다고 평가된다(김은미 외, 2009: 188). 한국정부는 이 법이 지속적으로 증가하는 외국인 정책을 좀 더 종합적으로 시행할 수 있는 발판을 제공한 수 있으며, 외국인 인권존중과 사회통합을 통하여 한국사회를 '외국인과 더불어 살아가는 열린사회'로 만든다는 취지를 밝혔다. 또한 외국인도 자신의 능력을 충분히 발휘하고 국적과 인종을 떠나 서로 이해하고 존중하는 상생의 사회를 만든다는 취지로 이 법이 제정된 것이다.

로운 공동체를 형성하면서 한국사회에 편입되고 있다는 사실이다. 하지만 이주노동자의 경우 실질적으로 훨씬 더 큰 문제를 안고 있으며, 그에 대한 인식과 해결방안을 모색하는 것이 필요하다. 한국사회에서 존재하는 외국인노동자, 다문화가정 및 그 출신의 자녀들은 현재 한국사회에서 주요한 '타자'로서 구성되고 있다. 그들은 하층 노동자 혹은 불법체류자로서, 가난한 나라에서 온 최하층의 일꾼으로서, 혹은 사회 범죄의 근원으로서 우리 사회 속에서 표상되고 있다.[18] 그러한 점에서 외국인이 정부정책의 대상으로서만 존재하는 것이 아니라 그들을 한국사회의 구성원으로 받아들이기 위한 정책이 시작되어야 한다. 그러한 의미에서 외국인들의 '권리의 정치'가 문제가 된다.

III. 이주노동자의 권리의 정치

서구의 경험들에 비추어볼 때, 외국인 이민자들의 기존 사회에 대한 요구와 이민자들의 운동은 일정한 단계를 거쳐 변화한다.[19] 프랑스의 아랍 출신 이슬람 이주민들의 경우를 그들의 활동방식이나 권리 요구의 내용적 측면에서 볼 때, 1960년대 이후 3개 세대로 나누어진다. 제1세대는 1960~1970년대에 있었는데, 이슬람 이주민들의

---

18) 한건수, 「타자만들기: 한국사회와 이주노동자의 재현」, 『한국의 소수자, 실태와 전망』(서울: 한울아카데미, 2004).

19) 홍태영, 「공화주의적 통합과 프랑스 민주주의」, 《사회과학연구》, 제18집 제2호(2010).

요구는 주로 이민자들의 기본적 권리에 대한 요구였다. 즉 비자나 체류증 획득을 요구하고 노동조합 결성과 관련한 요구들이 당시 주를 이루었다. 제2세대는 1980년대 운동으로서 주로 인종주의와 그에 따른 차별에 반대하는 운동이었다. 1980년대는 프랑스에서 극우 정치세력인 민족전선(Front National)이 세력을 확장하는 시기였다는 점도 그와 관련된다. 제3세대 운동은 종교적이거나 공동체적인 차원에서의 권리의 요구이다. 1989년 히잡 사건이 계기일 수 있으며, 정부의 체계적인 조직화도 이즈음이다. 종교적·문화적 권리의 요구이며, 이슬람공동체의 인정이라는 다문화주의적 요구와도 연결된다. 프랑스와 같은 유럽 일부 국가들의 오랜 이민사의 경험 속에서 이루어진 이러한 단계적 변화는 동일하지는 않지만 유사한 틀을 한국사회에서도 예측할 수 있다.

1. 이주노동자의 기본권의 현실과 요구

이민으로 유입되는 인구가 증가하기 시작한 시점이 1980년대 후반이라는 점에서 이민노동자의 집단적 움직임이나 이에 대응하는 한국사회의 움직임이 시작된 것은 1990년대부터이다. 이민자들의 기존 사회에 대한 요구는 첫 단계에서는 합법적 거주를 위한 요구를 포함하여 기본적인 권리들에 대한 요구이다. 예를 들어 비자획득, 체류증 등 한국사회에 합법적으로 거주할 수 있는 권리들에 대한 요구가 우선적으로 제기된다. 그리고 대부분이 하층 노동자로 이주해온 까닭에 노동권에 대한 요구로 이어진다. 노동조합의 결성은 물론이거니와 기존 노동운동과는 구별되는 외국인노동자 운동을 전개하면서 외국인노동자의 특수한 권리를 요구하게 된다. 첫 단계에서 외국인들의 이러한 권리 요구는 가능한 한 한국사회에 편입되고자 하는 것으로 한국사회 구성원으로서 그리고 인간의 기본적인 권리에 대한 요구라고 볼 수 있다.

1990년대에 발생한 외국인들의 이러한 기본적인 권리 요구는 동시에 이주노동자의 인권침해 사례가 증가하면서 이러한 문제를 해결하기 위한 종교단체의 활동을 불러일으켰다. 그리고 초기의 초보적 수준의 지원 상담 활동은 1994년과 1995년 미등록 노동자들과 산업기술연수생들이 사업장에서의 인권침해를 고발하고 시정책을 요구하는 항의농성을 전개하고 이주노동자의 인권문제를 쟁점화시키면서 새로운 국면에 접어들었다.[20] 그동안 이주노동자들에 대한 사회적 관심이 종교단체를 중심으로 관용이나 온정주의적 태도를 통해 이루어졌다면, 이제 그들의 권리 차원에서 접근하기 시작한 것이다.

이러한 집합행동과 정부의 대응 속에서 1995년 7월 '외국인노동자 대책협의회(외노협)'가 결성되었다. 외노협은 1996년에는 '외국인노동자보호법', 2000년에는 '외국인노동자 고용 및 인권보장에 관한 법률'을 국회에 각각 입법청원하기도 하였다. 2003년 7월 31일에 이르러 '외국인근로자의 고용 등에 관한 법률'이 국회를 통과하였다. 2000년대 들어서 외노협의 활동에 분화가 발생하기 시작한다. 2000년 여름 외노협 활동가들은 조직을 탈퇴한 후 이주노동자들의 노동조합 결성

---

20) 심보선, 「온정주의 이주노동자 정책의 형성과 변화」, 《담론 201》, 제15권 제1호(2007), 55~56쪽.

을 목표로 '이주노동자 노동권 완전쟁취와 이주, 취업의 자유 실현을 위한 투쟁본부'를 설립했고, 이는 2001년 '서울·경인지역 평등노동조합 이주노동자 지부'를 거쳐, 2005년 '서울·경기·인천 이주노동자 노동조합'으로 발전했다. 이 이주노동자조합은 사용자, 외노협, 정부의 타협의 산물인 고용허가제를 거부하고 미등록 이주노동자의 전면 합법화와 노동허가, 사업장 이동의 자유와 노동삼권의 완전보장, 연수제에서의 MOU 체결이 아닌 이주노동자 주체들과의 합의를 통한 신규 이주노동자 도입, 5년 이상의 취업권리와 특별노동허가 5년을 신청할 수 있는 권리 등을 보장하는 '노동허가제'를 요구하고 있다.[21] 하지만 아직까지도 이러한 이주노동자 운동이 이주노동자에 '의한' 운동이라기보다 이주노동자를 '위한' 운동이라는 한계를 갖고 있는 것이 현실이다.[22] 주체화의 과정으로서의 운동의 의미를 획득하지 못하고 있음이다.

한국정부는 고급인력에 대해서는 출입국우대카드제도를 활용하고 국적취득을 용이하게 하면서 적극적으로 전문인력의 유입을 유도하고 있다. 다른 한편으로 생산기능 외국인력을 유치하기 위한 제도는 2007년 1월 1일부터 고용허가제도로 일원화하였다. 이 경우 한국정부는 자국의 노동시장 보호라는 이유에서 이주노동자에게 차별적인 정책을 취하고 있다. 예를 들어 1990년 제69차 UN총회에서 채택된 '이주노동자와 그 가족의 권리보호에 관한 국제협약'에 국회가 비준하지 않음으로써 외국인 이주노동자들에게 가족동반사증을 발급하지 않고 있다.[23] 또한 부모가 불법체류자이면 아이들도

---

21) 같은 글, 60쪽.
22) 박경태, 『소수자와 한국사회』(서울: 후마니타스, 2008), 118쪽.

불법체류자가 되지만, 아이들은 불법행위를 저지른 주체가 아니라는 점에서 '아동인권협약'에 의하여 무죄로 간주된다. 하지만 외국인노동자에 대한 교육권 논의가 시작된 것이 수년 전이고 2001년이 되어서야 교육인적자원부는 '불법체류 외국인노동자 자녀의 교육권을 보장'하기 위한 행정지침을 마련했다. 2003년 유엔아동권리위원회는 외국인 미등록 노동자 자녀를 포함한 이주노동자 자녀에 대한 복지 및 권리규정이 부재함을 지적하고 미등록 노동자를 포함한 이주노동자 자녀들의 동등한 공적 서비스 접근을 보장할 수 있도록 국내법을 개정하고 '모든 이주노동자와 그 가족의 권리보호에 관한 국제협약'을 비준할 것을 권고하였다.[24] 최근 초·중등교육법 시행령이 개정되어 출입국에 관한 사실증명 또는 외국인등록사실 증명 없이 임대계약서, 거주사실에 대한 인우보증서 등 거주사실을 확인할 수 있는 서류를 제출할 수 있도록 하여 이주노동자의 자녀가 입학할 수 있는 가능성이 커진 것은 사실이다. 하지만 개정내용이 초등학교에 한정되어 있고, 특히 출입국관리법 제84조 제2항에 따른 공무원의 통지의무가 여전히 존재하고 있어 미등록 이주노동자의 경우에는 자신의 체류신분이 드러날까 두려워 자신의 자녀를 입학시킬 수 없게 된다.[25]

이주근로자가정의 경우 응급의료 서비스가 일부에 한정되어 있고 서비스를 받을 때 외국인등록증을 요구하고 있어 미등록 외국인들과 자녀들은 의료 혜택을 거의 받지 못하고 있다. 유엔 아동권리 협

23) 「이주노동자권리협약」은 2003년 20개국의 비준기준이 충족되어 같은 해 7월 1일자로 공식 발효하였다. 2010년 8월 현재 43개국이 가입하고 있으며 한국은 가입하지 않고 있다(정정훈, 2011).

24) 설동훈, 「외국인노동자와 인권」, 《민주주의와 인권》, 제5권 제2호(2005), 62쪽.

25) 김종철, 「이주노동자의 건강권과 교육권」, 국가인권위원회, 『이주노동자권리협약 쟁점토론회』(2010).

약 제27조는 '모든 아동은 신체적, 정신적, 사회적 발달에 적합한 생활수준을 누릴 권리를 가지며, 부모는 아동의 발달에 필요한 생활여건을 확보하는 1차적 책임을 지며, 당사국 정부는 부모가 책임을 완수하도록 보장하여야 한다'고 명시하고 있고, 한국 역시 이를 비준하였지만, 현실적으로 무국적이거나 불법체류 상태에 있는 경우 의료보험의 혜택을 받을 수 없다.26)

또한 한국정부는 국제노동기구(ILO)가 노동권의 핵심기준으로 설정한 8개의 기본협약 중 4개만을 비준하고 있다. 따라서 ILO는 국내 이주노동자의 인권과 관련하여 2009년 3월 '결사의 자유 위원회(Committee on Freedom of Association)'를 통해 이주노조 지도부의 추방 및 이주노동자 설립을 불허한 정부의 조치에 대하여 권고한 바 있고, 2009년 6월 98차 총회의 '기준적용위원회(Standards Committee)'에서 한국의 제111호 '차별대우금지협약' 준수상황에 대한 심의를 하고 그 결과 고용허가제 등 국내 이주노동 정책 전반에 대해 권고하였다. 그 내용은 결사의 자유, 단체교섭권, 고용과 직업에서 차별금지, 강제노동금지, 아동노동 제거 등 ILO의 핵심 8개 협약이 모든 이주노동자에게 적용된다는 사실을 상기시키고 그에 해당하는 조치를 정부에 요구한 것이다.27)

또한 노동부는 '불법체류' 이주노동자는 근로조건의 유지개선 등을 목적으로 하는 노동삼권의 주체가 될 수 없다고 하여 '불법체류' 이주노동자들이 주도적으로 조직한 노동조합 설립신고서를 반려하였다. 노동부는 '불법취업' 이주노동자의 경우에는 노조가입 자격이

---

26) 이민경, 「이주가정 자녀 사회통합정책」, 『한국이민정책의 이해』(서울: 백산서당, 2011), 257~258쪽.
27) 정정훈, 「외국인 인권」, 『한국이민정책의 이해』(서울: 백산서당, 2011).

34 ● 다문화사회 한국의 사회통합

없다고 함으로써 미등록 이주노동자의 노조가입 자격을 부정하였고, 이는 결국 미등록 이주노동자들이 노조법상 근로자성 자체를 전면 부정하는 것이었다. 하지만 노동삼권은 '근로자'가 가지는 헌법상의 기본권으로서 노조법에 의해 구체화되어 있고, 이주노동자도 실질에 있어서 사용자의 지휘, 감독하에서 임금을 목적으로 근로를 제공한다면 근로자임은 명백하며 이는 불법체류인지 합법체류인지를 묻지 않고 노동삼권의 주체가 될 수 있음을 인정해야 한다.28) 또한 현행 '외국인근로자의 고용 등에 관한 법률'의 경우 이주노동자들의 사업장 이동의 자유를 지나치게 제한하고 있어 비합법적 상황으로 내몰릴 가능성이 높기 때문에 현행 고용허가제에서 사업장 이동의 자유가 보장되는 '노동허가제'의 필요성이 제기되고 있다.

2. 권리의 정치

이처럼 이주노동자들은 기본적인 권리-가족의 구성, 의료, 교육, 노동권 등-조차 획득하지 못하고 있는 것이 현실이다. 그러한 상황에서 '다문화주의'라는 담론이나 정책은 현실과의 괴리를 불러일으키고 있다. 기본적인 가족의 구성조차 어려운 상황 그리고 정치적 권리 및 사회적 권리는 거의 행사하지 못하는 현실 속에서 문화적 권리에 대한 논의가 등장하고 있는 것이다. 또한 다문화주의 혹은 문화적 권리가 외국인들에 의해 요구되고 있다기보다는 한국정

---

28) 권영국, 「이주노동자의 노동3권과 노동시장에서의 지위」, 국가인권위원회, 『이주노동자 권리협약 쟁점토론회』(2010), 8쪽.

부나 한국의 시민단체에 의해 요구되고 있다. 현재 한국에서 다문화주의 담론이 등장하고 문화적 권리에 대한 요구가 제기되는 것은 어쩌면 한국의 압축적 근대화의 재판(再版)일 수 있다. 세계의 시간과의 동시성 속에서 문화적 권리를 말하고 다문화주의 담론이 유행하고 있다.

사실 한국사회에서는 아직까지 서구에서 보이는 두 번째 단계의 인종주의에 따른 반인종주의 운동이나 이주노동자에 의한 문화적 권리 요구에 따른 다문화주의 운동 등은 찾기가 쉽지 않다.[29] 통상 문화적 권리의 요구는 집단적 권리라는 측면에서 개인 차원의 권리가 일정 정도 성취된 뒤 등장한다고 볼 수 있다. 문화적 권리에 대한 요구는 이민자 집단이 자신의 고유한 정체성을 형성하거나 기존 사회, 즉 한국사회로부터 일정한 거리감을 느끼면서 발생하는 요구이다. 일반적으로 문화적 권리에 대한 요구는 이민 2~3세대가 형성되면서 등장한다. 이민 1세대는 기존 사회에 정착하기 위해 가능한 한 온건한 방식으로 권리요구들을 진행하며 기존 사회에 편입되려 함으로써 사실상 자신들의 정체성에 대한 고민이 두드러지지 않는다. 즉 어차피 외국인으로서 한국사회에 존재하기 때문에 명확히 구별

---

29) 한국에서는 본격적인 인종주의를 찾아보기는 어렵다. 유럽에서 인종주의가 본격적으로 힘을 발휘하면서 등장한 시점은 1980년대 경제 불황에 따른 높은 실업과 신자유주의, 복지국가 위기 등과 맞물려 있다. 경제적 난관의 원인을 외국인에게 돌리면서 오래전부터 역사적으로 잠재해오던 인종주의적 경향을 불러일으킨 것이다. 불과 2~3%의 지지에 불과하던 극우파의 지지율은 80년대에 10%를 넘어섰고, 나라에 따라서는 90년대에 20%를 넘어서기도 한 것이다. 한국이 이와 유사한 경로를 따를 것인지는 판단하기 쉽지 않다. 우선 서구의 경우 역사적으로 오랫동안 형성되어 온 반유대주의 및 문명론 등이 인종주의의 배경을 이루고 있기 때문에, 한국에는 그러한 것이 존재하지 않는다는 점이 고려되어야 한다. 또한 한국의 경우 극우파 혹은 극우민족주의가 인종주의와 결합되어 있다기보다는 반공주의와 결합되어 형성되어 왔다는 점도 고려해야 할 사항이다. 좌우 대결구도가 더 강하기 때문에 인종주의의 문제가 개입할 여지가 적은 것은 사실이다. 하지만 서구의 경험이 보여주듯이 경제적인 문제와 결합한다면 극우민족주의가 인종주의적 경향을 띨 가능성 역시 배제할 수는 없을 것이다.

되는 2개의 정체성을 가지고 있는 것이다. 출신국으로부터 오는 국민적 정체성과 외국인으로서의 정체성이 그것이다. 하지만 이민 2~3세대의 경우는 정체성의 혼란이 발생한다. 대부분의 경우 한국에서 태어나 한국의 교육 제도 속에 편입되어 한국인으로서 교육되고 성장하지만, 어쨌든 외모에서 오는 정체성이 형성된다. 이 경우 외모에서 오는 정체성은 자신 스스로 만들어진 정체성이라기보다는 타자에 의해 규정되는 정체성이며, 그것은 특히 배제의 논리를 이면에 가지고 있는 것일 경우가 많다. 나아가 이민 2~3세대가 사회에 진출할 시점에서 이러한 갈등은 더욱 심화되고 표면화된다. 그러한 갈등의 원인은 무엇보다도 사회진입 과정에서 드러나는 장애물, 즉 사회통합의 어려움 때문인 경우가 대부분이다. 즉 사회적 배제가 문제가 된다. 이민 2~3세대는 주류 사회로부터 배제되면서 세계와의 소통의 방식을 새롭게 찾을 수밖에 없다.[30] 거기에 종교나 문화적 공동체와 같은 요소들이 부각된다. 그러한 의미에서 문화적 권리와 다문화주의가 그러한 고립된 공동체를 위한 정당화로서 작동해서는 안된다. 권리는 공동체 구성원으로서의 권리이자 공동체와의 매개이다.

서구의 경험에 비추어 본다면 한국은 이제 첫 단계의 기본적인 권리요구가 제기되고 있는 상황이다. 이것은 곧 한국에 거주하는 외국인들의 기본적인 권리가 제대로 보장되고 있지 못하다는 것을 말하는 것이다. 하지만 장기적으로 볼 때 이 첫 번째 단계의 권리는 이후

---

30) 지난 2005년 런던테러의 가담자가 영국에서 태어나서 교육받은 20대 초반의 아랍인들이었고, 프랑스의 경우도 대도시 교외지역(banlieue)의 20대 젊은이들이 사회통합의 주요한 대상이 된다. 이들은 자신들이 영국인, 프랑스인으로 교육받고 자라왔지만, 사회에 진출하고자 하는 시점에 사회로부터 거부당하면서 사회와의 소통의 통로를 잃어버린다. 이때 이슬람이라는 종교가 그들이 다시 사회와 소통할 수 있는 통로로 등장한 것이다.

단계의 권리의 문제, 즉 정치적, 사회적 권리, 그리고 문화적 권리의 문제를 내포하고 있다. 한국에서 다문화주의 혹은 문화적 권리에 대한 요구는 이주자들의 요구라기보다는 한국정부의 통치전략 혹은 시민사회의 운동이 주류를 형성하고 있다. 어쩌면 이주노동자나 이주민들에게 시급한 것은 기본권의 보장이다.31) 그리고 중요한 것은 문화적 권리 역시 그러한 기본권의 수준에서 이해되어야 한다는 점이다. 인간으로서의 기본권, 즉 인권의 의미는 개별 인간의 존재양식에 대한 인정이다. 그들은 아직까지 한국에 합법적으로 거주할 권리, 그리고 노동과 관련한 기본권을 요구하는 수준에 있다. 물론 서구의 경우처럼 단계적으로 권리 요구가 이루어질 필요는 없다. 따라서 제기되는 과제가 '인권의 정치' 혹은 '권리의 정치'이다. 인권의 정치의 출발점은 현재의 존재양식이다. 현재의 존재양식에 대한 인정의 요구가 인권의 정치의 출발이다. 안산에 있는 '국경 없는 마을'에서 요구하는 '국경 없는 시민권'에 대한 요구는 '인권의 정치'라는 틀 속에서 이해될 수 있다.32) '인권의 정치'는 '권리들에 대한 권리'라는 문제의식에서부터 제기된 것이다. 역사적으로 근대 국민국가의 인권은 국민권, 즉 국적을 전제한 시민권으로 존재해왔다. 하지만 '인권의 정치'는 권력에 대한 권리의 선차성을 주장한다. 이주노동자의 시민권은 정주로부터 출발한다. 즉 국적이 아닌 현재 자신의

---

31) 오경석 역시 정부의 다문화주의 통치전략을 넘어서 논의가 생존에 맞추어져야 함을 강조한다(오경석, 2007: 52). 그는 "공존을 위해 문화에 앞서 필요한 것은 최소한의 삶의 지속성을 보장받을 수 있는 '체류자격'이고, 자신을 재생산하기 위해 필요한 자원 확보를 가능하게 해줄 수 있는 '노동의 권리'"라고 주장한다. 그리고 "다문화주체들은 스스로의 삶의 방식을 선택하고 변경할 수 있는 삶의 권력을 행사"할 수 있어야 함을 강조한다.

32) 박천응, 「한국적 다문화운동의 실천: 안산 국경 없는 마을 운동을 중심으로」, 한국사회학회, 『동북아시대위원회 용역과제』(2007); 홍태영, 「인권의 정치와 민주주의의 경계」, 『인권의 정치사상』(서울: 책세상, 2011).

존재가 있는 곳에서 권리의 실현을 요구하는 것이다.

현재의 한국사회의 위치, 즉 한국사회가 대면하고 있는 다양한 문제들과의 연관 속에서 외국인 문제, 다문화가정 문제 등 이른바 다문화주의 문제라고 칭해질 수 있는 것들을 사고해야 한다. 다문화주의는 외국인의 한국사회 통합에 대한 강조라기보다는 그들과 우리의 공존의 논리 속에서 제기되어야 한다. 또한 항상 한국이 후발국으로서 갖는 문제인 '비동시성의 동시성'이라는 차원에서 이주노동자들의 권리의 정치에 대해 이해할 필요가 있다. 또한 무엇보다도 이러한 권리의 정치가 이주노동자 스스로 주체로 확정되는 계기로 작동하여야 한다. 그러할 때 권리의 정치가 진정한 의미를 갖는다.

Ⅳ. 정체성과 권리

권리의 정치라는 문제설정은 권리의 단계적 실현이라는 사고라기보다는 정체성의 정치와 연관되며, 정체성에 근거한 권리의 실현에 대한 욕구의 표현이다. 자유권, 정치적 권리, 사회적 권리 이후 등장하는 문화적 권리 혹은 집단적 권리로서 문화적 권리를 넘어서 개인의 삶의 실현으로서 그리고 정체성의 실현으로서 문화적 권리에 대한 문제설정이 제기된다. 문화는 단지 심미적인 것 혹은 미의 추구와 향유로 정의되는 것을 넘어서 삶의 형태이자 의미화된 실천을 의미한다. 나아가 개인을 넘어서 집단의 특성을 보이는 특별한 삶의 양식을 의미한다는 점에서 집단적 권리로서 표상된다. 따라서 현대의 공동체에서 삶의 특정한 양식의 존재의 권리로서 문화적 권리가 문제된다. 근대 국민국가의 경우 국가권력은 자신의 공동체의 구성원인 국민을 형성하기 위해 국민문화를 형성시키고 시민권을 부여하면서 국민으로서 호명하여 왔다. 여기에 외국인이라는 '이질적' 요소가 들어오기 시작하였고, 그들을 공동체가 어떻게 받아들이는가의 문제가 제기된다. 외국인의 유입은 그 개인의 유입인 동시에 그들의 삶의 양식, 즉 문화의 유입이다. 유럽의 예에서 보이듯이 이질적 문화, 특히 종교의 차이로 발생하는 충돌은 극한까지 이르기도 한다. 따라서 문화적 권리 혹은 다문화주의의 문제가 외국인의 유입이 증가하고 있는 지금의 쟁점이 되고 있는 것이다.[33] 삶의 양식으로서 문화적 권리는 곧 자신과 자신의 공동체의 정체성과 관련된다. 기존 국민국가의 입장에서는 자신의 국민문화를 통해 형성해온 국민정체성에 훼손을 가하는 이질적인 문화의 유입과 그것의 유지 및 확대재생산에 대해 거부감을 갖는다. 따라서 많은 나라들은 다양한 방식의 통합정책을 펴왔고 한국의 경우 오랫동안 기본적으로 동화(assimilation)정책을 통해 외국인의 문화를 인정하지 않고 국민문화를 유지하려 해왔다.

---

33) 전경옥(2007)은 다문화사회의 통합이 문화집단 간 민주주의적 협의 과정을 통해 다양한 가치를 극복하고 사회통합을 이룰 수 있다고 생각한다면 지나친 낙관이라고 지적한다. 김남국의 '심의다문화주의'는 '상호존중', '합리적 대화', '정치적 권리'라는 조건을 보장한다면 다문화공존이 가능할 것이라고 주장하지만, 적대적이기까지 하는 문화 간의 공존을 추구하기에는 그러한 조건이 너무 순진해 보일 수 있다(김남국, 2005). 무엇보다도 그 제안의 근저에는 자유주의의 한계를 갖고 있다.

1. 초국가적 정체성의 형성

　최근에 시민권의 문제는 기존의 자유권 및 정치적 권리보다는 경제적, 사회적 권리가 중요하다는 점이 부각되고 있다. 시민과 비시민의 구별이 노동과 거주의 권리를 갖고 있고 사회보장의 혜택을 받는 시민과 외국인 －데니즌(denizen)[34]－ 과 임시고용과 불법체류 외국인 사이의 구별이 더 중요하게 되었다. 즉 경제적, 사회적 삶에의 참여가 더 중요하게 된 것이다. 집단에의 소속감은 정치에 참여하는 것보다 경제적 활동에 참여하는 것이 더 중요한 것이 된다. 그러한 의미에서 경제적, 사회적 권리는 오히려 새로운 시민권이 기반이 되고 있고, 새로운 시민의 상 역시 경제적, 사회적 권리, 노동의 자유, 성별격차의 해소, 이민자들에 대한 사회적 권리의 보장이라는 틀을 강조한다.[35] 고대 이래 중요한 시민권의 내용이었던 정치적 권리를 통한 시민적 덕성의 문제는 사고되지 않고 있다. 또한 글로벌 이동성은 특별한 종류의 이주민들을 만들어낸다.[36] 즉 상층부에는 '특권화된 외국인들', 즉 다국적 기업에 속한 전문직 종사자, 매니저, 사업가들이 존재하면서, 다국적 기업이 진출한 국가의 복지시스템을 '임대'해서 사용한다. 하층부에는 경제적, 사회적 생존을 위해 다른 나라로 이주하는 외국인과 여성들이다. 경제적 빈곤에서 벗어나기 위해 새로운 기회를 찾아 본국을 떠난 이들은 진출국에서 '주변적

---

34) T. Hammar의 표현으로 외국국적을 보유한 채 합법적으로 장기 체류하는 이민자들을 일컫는다(T. Hammer, 1990).

35) D. Schnapper, *La relation à l'autre. Au coeur de la pensée sociologique* (Paris: Gallimard, 1998), p.414.

36) 김현미, 『글로벌 시대의 문화번역』(서울: 또 하나의 문화, 2005), 23쪽.

존재'로 살아간다. 이들 중 많은 이들은 '불법' 이주노동자이거나 임시적 이주노동자들이다. 이러한 세계화의 동향 속에서 기존 국민국가 시대의 시민권 −시민권은 자연적 확장 과정이라기보다는 권리 획득 투쟁을 통한 민주주의적 확장의 산물이다− 이 현저하게 위협받고 있는 것이 사실이다. 신자유주의의 확산 속에서 국민국가 내부에서 시민권, 특히 사회적 권리를 위협하는 것은 물론이고, 국경을 넘나드는 다수의 이주노동자는 시민권을 보장받지 못하고 있다.

국민국가 시기 정체성의 기본적인 틀은 국민국가라는 공동체였다. 하지만 이주노동의 확대, 기원이 다양한 이주민 집단의 형성 등은 정체성에 대해 새롭게 사고해야 함을 의미한다. 정체성은 개인의 차원에서 자신의 존재를 규정하는 문제이지만 동시에 공동체의 구성과 유지라는 문제와 결부된다. 앞서 보았듯이 이민 2~3세대가 출현하는 시점에서 정체성이 문제가 된다. 2~3세대로 이어지면서 이민 후세대들은 이중적 정체성의 갈등을 겪게 된다. 이 경우 그들의 출신국으로부터 오는 정체성의 완고한 유지가 이후 후속세대를 위해 반드시 바람직하지도, 가능하지도 않다. 이주자는 기본적으로 시민의 권리와 의무라는 차원에서도 역시 자신이 살아가는 공간에 대한 사랑과 헌신 그 공간을 통한 자신의 실현이라는 사고가 필요하다. 자신의 삶으로부터 오는 새로운 정체성의 형성이다. 그러한 의미에서 이중적 나아가 다중적 정체성이 가능하고 필요하다. 그것은 자신의 삶이 이루어지는 공간에 대한 사랑과 그곳의 법에 대한 사랑이라는 측면에서 일종의 새로운 애국심(patriotism)의 형성이다. 하지만 이주민들이 자신의 출신국으로부터 형성되어 온 문화적 정체성을 일방적으로 버릴 수는 없다. 그리고 새로운 삶의 공간에서 만들어지는 새로운 정체성이 부가된다. 이러한 정체성은 개인의 존재 속에서 혼종성을 획득할 것이며, 문화적으로도 혼종성을 띨 것이다.

이렇게 형성된 새로운 정체성에 기반을 둔 새로운 시민권 개념을 사고할 수 있다. 또한 국가가 보장해주는 시민권을 갖지 못한 외국 출신 이주자들의 권리를 이들의 일상생활이 이루어지는 도시단위에서 적극 보장해줄 필요성이 증대되었고, 그로 인해 '도시에 대한 권리'라는 개념을 적극적으로 사고할 필요성이 있다.37) 이제 시민권의 구성요건으로 국민권이 아닌 거주가 되어야 한다는 주장으로부터 유추되는 정체성의 문제를 새롭게 볼 수 있다. 시민권의 조건으로 '국적(nationalité)이 아닌 거주(résidence)가 되어야 한다'38)거나 국적이 아닌 거주지 나아가 민주주의와 시민권의 공간으로 '거주자 중심의 도시를 새롭게 사고'39)할 수 있다. 퍼셀(M. Purcell)은 시민권의 '스케일 조정(rescaling)'을 통해 국가 중심의 시민권의 범위가 한편으로 국가를 초월하는 초국적 범위로 확대되고 다른 한편으로 한국가 내 하위단위인 지역이나 도시단위로 축소될 필요성을 제기한다.40) 예를 들어 유럽의 도시(city)가 유럽의 역사를 간직하고 있으며, 유럽의 시민사회를 형성할 수 있는 잠재력을 가지고 있으며, 민주주의의 살아 있는 실험실이 될 수 있다고 평가한다.41) 글로벌 시

---

37) 강현수, 『도시에 대한 권리-도시의 주인은 누구인가』(서울: 책세상, 2010).

38) O. Le cour Grandmaison, "Immigration, politique et citoyenneté: sur quelques arguments," O. Le Cour Grandmaison et C. Wihtol de Wenden, dir., *Les étrangers dans la cité. expériences européennes* (Paris: La découverte, 1993).

39) E. F. Isin, "Introduction: democracy, citizenship and the city," E. F. Isin(ed.), *Democracy, Citizenship and the Global City* (London: Routeledge, 2000).

40) 강현수, 『도시에 대한 권리-도시의 주인은 누구인가』(서울: 책세상, 2010), 111~112쪽.

41) H. Grainger & R. Cutler, "The European City-A Space for post-national citizenship," R. Harmsen & Th. M. Wilson(ed.), *Europeanization: Institution, Identities and Citizenship*

티라는 도시에 근거한 시민권의 사고는 국민국가의 전환을 통한 유럽의 형성이라는 측면에서 유럽시민권의 새로운 방식을 가능케 한다. 출신국으로부터 오는 정체성과 더불어 거주지로부터 오는 정체성에 근거한 시민권의 형성이 가능해진다. 유럽의 시민권은 일종의 초국적 네트워크에 기반을 둔 다중적 정체성을 형성시키는 초국민주의(transnationalism)에 근거하게 된다.42)

이처럼 새로운 정체성의 형성을 위한 공간으로 주목할 수 있는 곳이 글로벌 시티(global city)이다. 이주자들이 거주하는 도시는 신자유주의적 세계화 속에서 거대한 글로벌 시티가 된다. 세계화 속에서 세계의 대도시들은 세계경제의 중심지가 되었고, 자본과 노동의 집중지가 되면서 생산, 소비, 교환 활동의 중심지가 되었다. 글로벌시티는 다중 언어, 다중 문화, 다중 국적이 교차하는 공간이며, 초국가적 공간이 되어 가고 있다. 글로벌 시티를 통해 형성된 이주자들의 새로운 정체성은 기존 출신국으로부터 오는 정체성을 대체하지는 않는다. 다만 새로운 공간을 통해 형성되는 새로운 정체성일 뿐이다. 초국민주의는 민족주의가 영토성을 벗어나 발생하는 현상이며, '초국민적 정치적 주체'를 구성할 수 있다.43) 도시공간의 일상적 생활 속에서 정치가 이루어지고 일상의 기반 위에서 다양한 방식의 네트워크가 생산되고 그것이 확장되면서 초국적 네트워크를 형성하게 된다. 이른바 '일상생활의 정치'44)가 이루어지고, '경계 가로지르

(Amsterdam: Ed. Rodopi, 2000).

42) R. Kastoryano, 2005.

43) E. Balibar, *Nous, citoyens d'Europe? Les frontières, l'Etat, le peuple* (Paris: La découverte, 2001), pp.255~256.

44) M. de Certeau, 1984.

● 다문화사회 한국의 사회통합

기'[45])를 통한 문화적 즉흥성과 뒤섞임, 창조의 역동적인 과정이 드러난다. 이를 통해 글로벌 시티에 기반을 둔 초국적 정체성이 형성된다. 따라서 초국적 주체의 경우 기존의 국민(성)과 문화의 탈구 현상을 동반할 수밖에 없다. 혹은 이민의 활성화 속에서 이중 국적 내지는 다중적인 국민정체성 혹은 다문화적 정체성의 형성과 이것들의 세계적 수준에서의 수용이 필요하다. 사회적 통합 역시 국민국가 시기와 같이 문화정체성에 기반을 두는 것이 아니라 사회적 평등과 권리의 향유, 그리고 정치적 참여의 활성화를 통해 추구되어야 한다. 구체적인 삶으로부터 제기되는 권리의 중요성이 증대되고 있다. 권리에 대한 요구를 통한 권리의 실현과 그를 통한 주체화의 과정, 즉 주체의 형성이다.

그러한 의미에서 현재 다문화주의가 만들어낼 수 있는 오류 중의 하나가 문화들의 접변과 혼종화의 가능성을 차단하면서 문화정체성을 고립시키고 화석화할 수 있다는 점이다. 정체성은 새로운 실천 속에서 새롭게 구성될 수 있으며, 그러한 필요성도 있다. 이주노동자들은 자신의 삶의 공간 속에서 문화적 실천을 통해 정체성을 획득하고 동시에 주체로 거듭나게 된다. 자신의 출신국으로부터 부여받은 정체성과는 구별되는 새로운 정체성이 형성된다. 이주노동자는 현재 자신의 삶이 이루어지는 공간에서 삶을 실행하는 가운데 새로운 정체성을 형성한다. 그것은 기존의 출신국의 정체성을 고수하는 것도 아니며, 그렇다고 새로운 나라 한국의 정체성을 그대로 수용하는 것도 아닌 제3의 정체성이 형성된다. 결국 '초국적 정체성(transnational

---

45) R. Rosaldo, 『문화와 진리』, 권숙인 옮김(서울: 아카넷, 2000), 9장.

identity)'의 형성이다. 새로운 자신의 삶의 공간 속에서 기원에 해당하는 민족적 정체성의 유지가 아닌 새로운 정체성, 이른바 혼종적 정체성의 형성이 요구된다. 그것은 자신의 삶이 유지되는 공간을 통한 새로운 정체성의 형성이지만 그것이 이주된 공간에서 일방적으로 부과되는 정체성이 아니라 자신의 주체화를 통한 새로운 정체성의 형성이다. 그리고 이러한 정체성에 기반을 둔 이민자들의 권리 실현의 요구는 자신의 삶의 공간을 만들어가는 주체로서의 권리에 대한 요구이다.

2. 아시아적 공감(sympathy)의 형성과 혼종성

한국에서 거주하는 이주노동자의 다수는 아시아 국가로부터 온 사람들이다.46) 이 점에서 본다면 유럽이 이슬람지역의 이주노동자들과 겪는 문화적 갈등은 한국에서는 존재하지 않을 수 있다. 왜냐하면 한국의 경우 지배적인 종교가 존재한다거나, 이주노동자들의 종교적 색채가 강한 경우가 드물기 때문이다. 하지만 문화적 인종주의는 특정한 상황 속에서 어느 하나의 특질을 인종화하면서 갈등을 부각시킬 수 있는 여지는 얼마든지 있다. 그러한 의미에서 역으로

---

46) 아시아공동체라는 것은 낯설고 오히려 '동아시아공동체'가 현실적으로 많이 언급된다. 국제정치학자들의 경우 현실적으로 '아세안+3'을 언급하며, 그것이 활성화될 가능성에 대해 조심스럽게 전망한다. 체류외국인의 국적별 현황을 보더라도 동아시아지역으로부터 오는 외국인이 절대다수이다. 그러한 점에서 '동아시아 공동체'가 '공동의 의미지평─이 지역이 공통적으로 대면하고 있는 위험과 이해관계에 대한 현실적 기초에 기반'의 형성을 통해 발전가능성을 전망할 수 있는 것이 사실이다(최장집, 2004; 이남주, 2005; 이동윤, 2008). 이러한 논의는 이 글의 범위를 넘어서지만, 그럼에도 불구하고 국민국가와 민족주의의 한계를 극복하려는 논의는 다층적 차원에서 전개될 필요가 있다.

한국과 이주민 사이의 공감대를 형성하는 것이 필요하다.

공감은 공통감정을 유발시키는 데 있어 필수적인 요소이며, 그것을 통해 공동체의식이 형성될 수 있다. 예를 들어 민족주의 연구가인 베네딕트 앤더슨은 민족이라는 관념을 상상의 공동체라는 용어를 통해 설명하였다. 그것은 민족의 구성원으로 호명된 이들이 느끼는 공통감이었다. 린 헌트 역시 18세기 인권 개념의 탄생을 '상상된 공감'이라는 용어를 통해 설명하고자 한다.[47] 보편적 인간으로서의 공감이 보편적 인권에 대한 인식을 가능케 한 것이다. 한국에 온 이주민들이 한국사회에 살아가면서 한국인들과 공통의 감정과 유대를 느끼는 것은 그들이 한국사회의 구성원으로서 살아가기 위해 필요한 조건이다. 문제는 어떠한 내용과 방식을 통해 공통 감정을 만드느냐이다. 예를 들어 기존 한국인의 감정을 그대로 받아들일 것을 요구한다면 그것은 일종의 동화(assimilation) 정책이 될 것이고, 그렇다고 기존 출신국의 감정을 그대로 유지하면서 살아가도록 하는 것 역시 한국사회라는 새로운 공동체 구성원으로서의 역할을 포기하는 것이 된다. 그러한 의미에서 이주민들이 그들 스스로 적극적인 주체로 등장하는 계기로 혼종화의 정치가 요구된다.

아시아인으로서의 공감대를 형성하는 것은 한국인과 이주민 사이의 갈등을 최소화하고 공동의 감정을 나누는 것이다. 앞서 언급한 초국적 정체성 역시 이러한 공감대를 기반으로 형성될 수 있다. 공감을 위한 공통의 관념은 자명한 진리이거나 주어진 것이 아니라 그것을 획득하고 구성해가는 능동적 실천을 필요로 한다.[48] 예를 들어

---

47) L. Hunt, 『인권의 발명』, 전진성 옮김(서울: 돌베개, 2009).

48) 공통관념(notion communis) 및 윤리(éthique)적 실천이라는 개념들은 스피노자에게서 빌려온 것이

유럽의 경우 통합이 전후 큰 무리 없이 진행될 수 있었던 것은 전쟁에 대한 두려움과 그에 대한 예방적 조치의 필요성 그리고 문화적으로 동질적인 요소, 즉 기독교, 그리스-로마문명, 르네상스 등 유럽문명의 동질성을 공유하고 있었기 때문이다.[49] 아시아에서 이루어지고 있는 이주, 그리고 그로 인해 형성되고 있는 다양한 혼종문화에 대해 사고해볼 필요가 있다. 혼종화에 대한 강조는 정체성을 '순수'하거나 '진정한' 것으로 간주하거나 하나의 민족 혹은 국가의 본질로서 정체성에 대한 의문을 제기하는 것이며, 정체성에서 이종성과 상호 문화적 혼종화로 이동할 것을 요구하는 것이다.[50]

한국에 이주해온 이주민들은 도시의 몇몇 지역에 자기들의 고유한 공간을 만들어 살아가고 있다. 이태원의 무슬림 마을, 연희동의 차이나타운, 동대문의 러시아 및 중앙아시아촌, 광희동의 몽골타운, 혜화동의 필리핀 거리, 동부이촌동의 일본인들, 서래마을의 프랑스인들, 안산의 방글라데시인들 등이 그러한 예이다. 사실 서래마을, 동부이촌동 등은 한국사회에서도 부촌에 해당하는 곳으로 그곳에 사는 선진국으로부터 이주해온 이들은 이른바 데니즌으로 한국사회에 편입하고자 하거나 한국문화를 흡수하려는 의지는 가지고 있지 않을 것이다. 그들은 오히려 한국인들로부터 동경의 눈길을 받을지

다. 들뢰즈(G. Deleuze)는 수동성을 벗어나 능동성을 얻는 윤리학의 과제와 관련하여 먼저 기쁜 감정들을 최대화함으로써 능동적 기쁨에 접근하는 바탕을 마련할 수 있는지를 탐구하고 기쁨의 윤리학을 실천원리로서 제시한다. 이러한 기쁨의 윤리학을 통해 공통관념이 형성된다. 이러한 공통관념을 통하여 능동적 촉발을 산출하려는 노력은 실천적으로 개체들의 인식과 활동 역량을 증대시키는 과정을 이끈다(G. Deleuze, 2003; 양운덕, 2010).

49) 그러한 의미에서 터키가 가입의사를 밝힌 지 수십 년이 지났음에도 불구하고 다른 동구유럽의 상대적으로 손쉬운 가입과 달리 난항을 겪고 있는 것은 외형적 이유 ―키프로스 문제 등― 도 있지만, 무엇보다 그러한 문화적 이질감 ―이슬람― 이 크게 작용하고 있다고 평가된다.

50) N. G. Canclini, 『혼종문화―근대성 넘나들기 전략』, 이성훈 옮김(서울: 그린비, 2011), 18~19쪽.

모른다.51) 방글라데시아인들, 베트남인들, 네팔인들과 같이 한국사회에 하층노동자로 유입되어 살아가는 이들은 한편으로 한국사회에 쉽게 편입되지 못하기 때문에 자신의 문화를 유지하며 살아가는 존재들이다. 물론 그들은 출신국의 문화를 유지할 권리, 즉 문화적 권리를 갖는다. 하지만 동시에 새로운 공동체인 한국사회에 대한 시민으로서의 권리와 의무를 갖고자 하며 가져야 한다.

그들이 한국사회에 이주해오고 그들의 삶의 터전이 한국의 어느 도시가 되는 경우 그들은 2세대, 3세대를 이어가면서 한국사회에 결합하게 될 것이다. 한국사회에서 아시아계 이주노동자들이 2~3세대를 거치면서 문화적으로 인종적으로 섞이게 되면 뚜렷한 구별을 찾기가 쉽지 않을 수 있다. 문제는 오히려 경제적인 격차, 이주노동자나 그 후세대들에게 나타나는 빈곤의 세습 등이 문제가 될 것이다. 그것이 역으로 다시 문화적인 차이로 부각되면서 차별을 불러일으킬 가능성이 높다. 유럽과 같은 나라들에서 나타나는 종교적 차이 ─ 기독교와 이슬람─ 에서 비롯되는 문화적 갈등은 상대적으로 작을 수 있다는 의미이다. 예를 들어 프랑스에서 19세기 말에서 20세기 초에 이루어진 이탈리아, 스페인 출신의 이민의 경우 이후 그 이민자집단들이 프랑스 사회에 어렵지 않게 통합되었다. '유럽'이라는 문화적 동질성 때문이다. 반면에 유럽에서 이민자 중 사회문제가 되는 것은 이슬람 지역으로부터의 이민자이다. '문화적 차이'는 인종화된 문화의 차이로 개념 지어지고 차별화와 배제가 발생한다.

---

51) 사실 아직까지도 존재하는 한국인들에게 내면화되어 있는 서구중심주의가 문제가 될 수 있다. 19세기 말 개항 이래 한국인들은 서구의 우월의식과 서구 따라잡기를 스스로 내면화하면서 현재에 이르고 있다. 그에 따라 서구 아닌 제3세계에 대한 우월의식이 상대적으로 강하게 존재한다.

따라서 이민자사회로서 한국사회가 당면한 문제 중의 하나는 문화적 공감의 형성이라는 과제이다. 그것은 동질적 문화의 형성이 아니라 아시아의 혼종 문화의 형성을 위한 조건이다. 예를 들어 한류는 아시아에서 혼종문화를 형성시킬 수 있는 하나의 가능성을 보여준다. 동남아, 중국, 일본 등에서 일어나는 한류 열풍은 단지 유행으로 멈추는 것이 아니라 아시아의 하나의 문화를 만들어낼 수 있다. 중국인들에게 한국드라마는 그것이 갖는 문화적 근접성과 동양적 사고와 정서, 친근한 인물형상을 통한 공감대 등 일종의 문화적 할인이 존재한다. 그리고 덧붙여 한국드라마의 현대성, 상업적 요소의 세련된 표현, 외모, 의상, 촬영기법, 영상미 등에서 탁월함 등이 매력을 갖게 한다. 중국에서 한류열풍이 불면서 한국의 대중문화에 대한 우호적, 나아가 열광적인 선호가 드러나는 것은 한국의 대중문화가 갖는 혼종성이 한몫을 한다. 중국은 문화상의 차이 때문에 구미문화를 직접 받아들이지 못하는데, 한국 문화는 아시아의 문화와 유럽문화를 융합하여 개조한 것이라는 점에서 비교적 용이하게 받아들일 수 있다는 것이다.[52] 한국적 자본주의의 발전 모델을 꿈꾸는 베트남에서 한류는 한국을 롤모델로 하면서 한국적 경제발전을 모방하고자 하는 욕구의 반영일 수 있다. 한류는 그간의 서구의 문화를 대신하는 역할을 한다는 것이다. 자본주의 문화의 글로벌화 과정에서 중국, 동남아 등 후발 자본주의 국가들이 겪고 있는 문화적 정체성의 혼돈상태를 한국의 대중문화가 파고들고 있다고 볼 수 있다. 이러한 점에서 볼 때 서구문화와는 다른 의미에서 아시아 공통의 가치 체계

---

52) 이은숙, 「중국에서의 '한류' 열풍 고찰」, ≪문학과 영상≫, 제3권 제2호(2002).

를 엿볼 수 있다. 아시아인들이 공유할 수 있는 공통 관념이 존재한다는 것이다. 물론 그것은 선험적 혹은 역사적으로 존재하는 것이라기보다는 현재 아시아인들이 만들어가면서 공유할 수 있는 것들이다. 그러한 의미에서 국민정체성과 국민문화에 한정되지 않는 혼종문화와 혼종적 정체성의 가능성이 열려 있다.

이를 위해서 한류는 신자유주의적 문화자본의 논리가 주도하는 문화상품으로서가 아니라 평화와 공존의 문화 논리로 확장되어야 한다. 백원담은 한류가 "동아시아 하늘을 뒤덮은 칙칙한 역사의 장막을 활연히 벗어젖히고 모두가 사는 평화공존의 세상을 만들어가기 위해 그 발랄한 민간주도의 파장을 동반과 상생의 문화기획으로 바꿔내야" 한다고 역설한다.53) 한류는 단지 문화상품이 아닌 아시아 문화를 형성할 수 있으며, 한국에 이주해온 아시아 노동자가 정체성을 형성할 수 있는 공감을 제공하여야 한다. 단순히 소비되는 상품으로서의 한류가 아닌 아시아 공동체의 끈을 형성하는 문화로서 자리 잡을 수 있는 한류를 만들어야 한다. 한류를 채우는 한국의 대중문화가 서구 문화에 대한 대체재의 성격이거나, 지나치게 민족주의적 색채이거나, 단지 서구 문화를 모방하는 수준의 문화가 아닌 제3의 문화가 필요한 것이다. 유럽의 근대성이 유럽적 가치를 실현하고 있다면, 아시아적 근대와 탈근대의 모색은 아시아적 가치의 실현을 통해 이루어져야 한다.54) 혼종문화로서 한류는 아시아 지역에서 서구적 근대성으로부터 출발한 서구문화를 아시아적으로 흡수하면서 탄생시킨 새로운 문화여야 하며, 그것을 통해 아시아인들의 공통의

---

53) 백원담, 『동아시아의 문화선택, 한류』(서울: 펜타그램, 2005), 40쪽.
54) 홍태영, 「유럽적 근대성과 유럽적 가치의 형성」, 《아태연구》, 제18집 제1호(2011).

정체성을 형성시킬 수 있는 가능성을 제공해야 한다. 아시아의 대중문화의 상호교류가 지속적으로 이루어지고, 나아가 그것이 공동의 정서와 유대감의 형성으로까지 이어지기 위해서는 단순한 대중문화의 교류만으로 그칠 문제는 아니다. 아시아에서 한국문화를 통한 혼종문화의 형성은 새로운 가능성, 즉 '역전이'의 가능성 역시 열려 있어야 하며, 그것은 자연스러운 현상이 될 것이라는 것을 받아들여야 한다. 즉 한국문화 및 한국정체성의 질적인 변화의 가능성이 열려 있어야 한다. 그것은 곧 한국의 민족주의의 협애함을 극복하는 길이기도 하다.

V. 나가는 말

근대 국민국가 시기 국민적 정체성의 형성과정에서 주요한 역할을 담당하였던 민족주의 이데올로기가 양면적이라는 것은 익히 알려진 사실이다. 새로운 공동체의 형성이라는 과제를 떠안았던 민족주의는 새로운 공동체의 주권자로서 'nation'을 확립시키면서 그 역사적 소명을 다하였지만, nation이라는 경계는 포섭과 배제의 동학을 작동시킬 수밖에 없었다. 세계화의 과정은 이러한 국민국가의 경계를 위협하고 있고, 그것이 어떠한 미래를 지향하는가의 문제는 선험적으로 전제되지 않는다. 현재 국민국가의 경계가 위협받는 것 역시 양면적일 수 있다. 국가라는 거대한 보호막이 사라지고 있다는 점에서 한편으로는 위협일 수 있지만, 다른 한편으로 인간의 권리의 정치가 새롭게 실현될 수 있는 계기가 될 수도 있다는 것이다.

그러한 의미에서 다문화주의 역시 이중적 혹은 삼중적 계기를 내포하고 있다. 문화적 권리라는 이름으로 소수자의 권리와 존재양식이 공동체 내에서 인정받는 것은 한편으로는 당연한 권리라고 할 수 있지만, 동시에 공동체에 대한 구성원의 의무와 책임 역시 존재함을 인정해야 한다. 그리고 또한 다문화주의의 이름으로 행해지는 포섭과 배제의 경계설정의 강화에 대한 우려 역시 존재한다는 점이다. 사실 이러한 이중, 삼중의 계기들은 현실 세력들의 힘 관계와 그들의 운동에 의해 결정된다. 그것이 근대 이후 민주주의의 역사이기도 하다. 새로운 주체 형성의 역사가 곧 민주주의의 역사이며, 권리의 주체로서 형성되는 과정이 권리의 정치이다.

<참고문헌>

강현수, 2010, 『도시에 대한 권리 – 도시의 주인은 누구인가』, 서울: 책세상.

권영국, 2010, 「이주노동자의 노동3권과 노동시장에서의 지위」, 국가인권위원회, 『이주노동자 권리협약 쟁점토론회』.

김남국, 2005, 「심의다문화주의: 문화적 권리와 문화적 생존」, ≪한국정치학회보≫, 제39권 제1호.

김엘림·오정진, 2001, 『외국인 여성노동자의 인권보장연구』, 서울: 한국여성개발원.

김은미·양옥경·이해영, 2009, 『다문화사회, 한국』, 서울: 나남.

김종철, 2010, 「이주노동자의 건강권과 교육권」, 국가인권위원회, 『이주노동자권리협약 쟁점토론회』.

김현미, 2005, 『글로벌 시대의 문화번역』, 서울: 또 하나의 문화.

_____, 2006, 「국제결혼의 전 지구적 젠더 정치학」, ≪경제와 사회≫, 통권 제70호.

김혜순, 2006, 「한국의 '다문화사회'담론과 결혼이주여성: 적응과 통합의 정책마련을 위한 기본전제들」, 한국사회학회, 『동북아 '다문화' 시대 한국사회의 변화와 통합』, 동북아시대위원회 용역과제.

_____, 2008, 「결혼 이주여성과 한국의 다문화사회」, ≪한국사회학≫, 제42집 제2호.

_____, 2011, 「결혼이민자 다문화가족 사회통합정책」, 정기선 편, 『한국이

민정책의 이해』, 서울: 백산서당.

박경태, 2008, 『소수자와 한국사회』, 서울: 후마니타스.

박천응, 2007, 「한국적 다문화운동의 실천: 안산 국경 없는 마을 운동을 중심으로」, ≪한국사회학회 중산층 역할과 사회발전≫, 제8권 제1호.

법무부, 2007, 「외국인과 더불어 사는 열린 사회 구현을 위한 중장기 외국인 정책 기본방향 논의 및 2007-2008 중점과제 확정」, 보도자료.

백원담, 2005, 『동아시아의 문화선택, 한류』, 서울: 펜타그램.

석현호, 2003, 「국제이주이론의 검토」, 『외국인노동자의 일터와 삶』, 서울: 지식마당.

설동훈, 1999, 『외국인노동자와 한국사회』, 서울: 서울대학교 출판부.

_____, 2005, 「외국인노동자와 인권」, ≪민주주의와 인권≫, 제5권 제2호.

_____, 2007, 「국제노동력이동과 외국인노동자의 시민권에 관현 연구」, ≪민주주의와 인권≫, 제7권 제2호.

설동훈·한영혜, 2006, 「국민, 민족, 인종: 결혼이민자 자녀의 정체성」, 한국 사회학회, 동북아시대위원회 용역과제.

심보선, 2007, 「온정주의 이주노동자 정책의 형성과 변화」, ≪담론 201≫, 제15권 제1호.

양운덕, 2010, 「기쁨을 산출하는 신체들의 만남」, ≪시대와 철학≫, 제21권 제2호.

오경석, 2007, 「어떤 다문화주의인가?: 다문화사회 논의에 관한 비판적 조망」, 『한국에서의 다문화주의-현실과 쟁점』, 서울: 한울.

외국인정책위원회, 2008, 「제1차 외국인 정책 기본계획(2008-2012)」, 출입국·외국인정책본부 외국인정책과 발표자료.

이남주, 2005, 「동아시아 협력론에 대한 비판적 검토」, ≪창작과 비평≫, 제33권 제1호.

이동윤, 2008, 「동아시아공동체와 남북한 상생의 지역협력」, ≪OUGHTOPIA≫, 제23권 제1호.

이민경, 2011, 「이주가정 자녀 사회통합정책」, 『한국이민정책의 이해』, 서울: 백산서당.

이선주, 2006, 「국제노동이주와 젠더: 배제와 제한된 포용」, ≪한국여성학≫, 제22권 제4호.

이은숙, 2002, 「중국에서의 '한류' 열풍 고찰」, ≪문학과 영상≫, 제3권 제2호.

장문석, 2007, 『민족주의 길들이기』, 서울: 지식의 풍경.

전경옥, 2007, 「젠더 관점에서 본 다문화사회의 사회통합」, ≪아시아여성연구≫,

제46권 제1호.

정선애, 2007, 「외국인 정책을 통해서 본 국가의 포섭과 배제」, 2007 전기사
회학대회 발표문.

정정훈, 2011, 「외국인 인권」, 『한국이민정책의 이해』, 서울: 백산서당.

조한혜정, 2003, 「글로벌 지각변동의 징후로 읽는 '한류열풍'」, 『'한류'와 아
시아의 대중문화』, 서울: 연세대출판부.

최장집, 2004, 「동아시아 공동체의 이념적 기초」, ≪아세아연구≫, 제47권 제4호.

천선영, 2004, 「'다문화사회' 담론의 한계와 역설」, ≪한·독사회과학논총≫,
제14권 제2호.

한건수, 2004, 「타자만들기: 한국사회와 이주노동자의 재현」, 『한국의 소수
자, 실태와 전망』, 서울: 한울아카데미.

한경구·한건수, 2007, 『한국적 다문화사회의 이상과 현실: 순혈주의와 문명
론적 차별을 넘어』, 한국사회학회, 동북아시대위원회 용역과제.

한국염, 2005, 『지구화와 이주의 여성화, 한국 이주여성의 실태』, 서울: 한국
이주여성센터.

홍태영, 2010, 「공화주의적 통합과 프랑스 민주주의」, ≪사회과학연구≫, 제
18집 제2호.

_____, 2010, 「인권의 정치와 민주주의의 경계들」, 『인권의 정치사상』, 서
울: 이학사.

_____, 2011a, 「유럽시민권, 정체성, 그리고 문화적 인종주의」, ≪한국정치연구≫,
제20권 제2호.

_____, 2011b, 「유럽적 근대성과 유럽적 가치의 형성」, ≪아태연구≫, 제18
집 제1호.

G. Arrighi & B. J. Silver, 2008, 『체계론으로 보는 세계사』, 최흥주 옮김, 서
울: 모티브북.

Balibar, E., 1992, Les frontières de la démocratie, Paris: La découverte.

_____, 2001, Nous, citoyens d'Europe? Les frontières, l'Etat, le peuple,
Paris: La découverte.

Brown, W., 2010, 이승철 역, 『관용』, 서울: 갈무리, 2010.

Canclini, N. G., 2011, 『혼종문화－근대성 넘나들기 전략』, 이성훈 옮김, 서
울: 그린비.

de Certeau, M., 1980, L'invention du quotidien, Paris: Union de l'édition.

Chesnais, F., 2003, 『자본의 세계화』, 서익진 옮김, 서울: 한울.

Deleuze, G., 2003, 『스피노자와 표현의 문제』, 이진경 옮김, 서울: 인간사랑.

Evans, M., 1996, "Languages of racism within contemporary Europe," B, Jenkins and S. A. Sofos(ed.), *Nation and identity in contemporary Europe,* London: Routeledge.

Grainger, H & Cutler, R., 2000, "The European City-A Space for post-national citizenship," R. Harmsen & Th. M. Wilson(ed.), *Europeanization: Institution, Identities and Citizenship,* Amsterdam: Ed. Rodopi.

Habermas, J., 2000, 『이질성의 포용』, 황태연 옮김, 서울: 나남.

Hammer, T., 1990, *Democracy and the nation-state: Aliens, Denizens and Citizens in the world of International Migration,* Aldershot: Avebury.

Hunt, Lynn, 2009, 『인권의 발명』, 전진성 옮김, 서울: 돌베개.

Isin, E. F., 2000, "Introduction: democracy, citizenship and the city," E. F. Isin(ed.), *Democracy, Citizenship and the Global City,* London: Routeledge.

Jenkinson, B., 2011, 『프랑스 민족주의』, 김인중·마은지 옮김, 서울: 나남.

Kymlicka, W., 2010, 『다문화주의적 시민권』, 황민혁 옮김, 서울: 동명사.

_____, 2006, 『현대정치철학의 이해』, 장동진 옮김, 서울: 동명사.

Le Cour Grandmaison, O., 1993, "Immigration, politique et citoyenneté: sur quelques arguments," O. Le Cour Grandmaison et C. Wihtol de Wenden, dir., *Les étrangers dans la cité. expériences européennes,* Paris: La découverte.

Pettman, Jan Jindy, 1999, "Globalisation and the Gendered Politics of Citizenship," in Nira Yuval-Davis and Pnina Werbner eds., *Women, Citizenship and Difference,* London and New York: Zeb Books.

Rosaldo, R., 2000, 『문화와 진리』, 권숙인 옮김, 서울: 아카넷.

Roy, O., 2007, "Préface," J. Laurence, J. Vaisse, *Intégrer l'slam. La France et ses musulmans: enjeux et réussites,* Paris: Odile Jacob.

Schnapper, 1998, Dominique, *La relation à l'autre. Au coeur de la pensée sociologique,* Paris: Gallimard.

Weil, Patrick, 1992, *La France et ses étrangers. L'aventure d'une politique de l'immigration 1938~1991,* Paris: Calmann-Lévy.

Wallerstein, I., 1995, "Response: Declining States, Declining Rights?," *International Labor and Working-Class History,* 47.

Wieviorka, Michel, 1992, "Culture, société et démocratie," in M. Wieviorka, *Une société fragmentée?,* Paris: La découverté.

02

다문화사회의 인권

전경옥(숙명여자대학교)

Ⅰ. 들어가는 말: 다문화사회 통합 조건으로서의 약자의 인권

세계적으로 노동력의 이동과 국제결혼 가족의 증가는 다문화사회라는 새로운 개념의 사회 형태를 확산시키고 있다. 그 결과 소외와 배제에 따른 인권문제가 증가하는 가운데 빈곤에 대한 인식을 새롭게 촉구하고 있다. 빈곤은 특히 다문화사회 이슈와 밀접한 관련이 있다. 다문화사회의 출현은 빈곤한 사람들의 이주로 인해 촉발된 것이기 때문이다. 또 이주의 동기, 정착의 장벽, 사회통합의 방식을 둘러싼 갈등은 다문화사회가 만들어내는 사회적 관계에서 새롭게 출현하는 주체들의 필요와 요구의 갈등과 함께 크고 작은 문제의 불씨를 제공한다.

이 글에서는 우선 다문화사회로서의 한국이 대면할 사회적 균열

가능성을 다양성과 차이의 조화로 풀어내는 데 선행되어야 할 정의 개념의 철학적 토대를 검토한다. 빈곤, 인권, 정의 등 키워드가 다문화사회 통합의 목표와 전략에 접근하는 패러다임의 핵심 개념이 될 것이다. 다음으로는 한국에 체류하는 외국인들의 인권 상황을 통해 현황을 파악한다. 마지막으로 인권 침해를 방지하고 인권 보호와 증진을 목표로 할 때 인권 관점에서 사회통합정책을 마련해야 함을 강조할 것이다. 이 과정은 민주적 거버넌스를 통해야만 할 것이다. 다문화사회의 보편적 인권은 모든 관련 사항의 이해와 해석의 프리즘으로서 정의의 보편화를 강조할 것이다. 그 정의는 빈곤퇴치를 가능하게 할 조건들을 통해 이루어낼 수 있는 것이다.

Ⅱ. 보편적 권리와 정의

인권적 사고는 동정심을 갖거나 선의로 행동하는 것에 그치는 것이 아니라 모든 정치사회적 현상에 대한 생각, 판단 및 행동을 인권이라는 렌즈를 통해 점검하는 것이다. 중요한 것은 모든 사람들에게 인권이라는 렌즈의 존재를 알리는 것이다. 보편성은 보편적 다수가 수용하고 공감할 때 인정되는 것인데, 보편적 인권에 대한 지지와 각자의 문화적 권리에 대한 주장 사이의 갈등은 여전하지만, 자기 문화 중심주의를 약화시키거나 인권 존중 문화를 세계화하는 것 역시 인권의 보편성 때문에 가능하다.

1. 빈곤과 정의

세계인권선언에 담겨진 자유, 평등, 박애의 사상은 그 자체로 인권을 구성하는 가치이며 개념이다. 그리고 이 개념은 계속 강화되고 있다. 인권은 정치적 및 시민적 권리로 자유 개념을 강조하였다. 경제적, 사회적, 문화적 권리를 통해 집단권과 연대권이 부각되었다. 참여를 권리로서 보장함으로써 인권 존중의 요소들을 주장하는 권리가 생기고, 미래의 잠재력을 향유할 권리인 발전권까지, 그리고 평등한 분배를 요구할 권리에서 좋은 삶을 제공해주는 환경을 요구할 권리까지 확대되었다. 인간은 자기 발전을 꾀할 권리가 있고 그 권리를 향유하는 데 국제적인 협조가 필요하다는 요구를 할 권리도 포함된다.

이들 권리들이 보편적이라고 하는 것은 이들이 특정집단에게만 허용되어서는 안 된다는 의미이다. 누구에게나 이들 권리들은 이해 가능하며 개인이 누려야 할 이들 권리들을 지원하는 데 있어서 차별 같은 방해물이 없어야 한다는 뜻이다. 이것이 곧 '정의'의 전제조건이다. 논리만으로 이해하기보다 감성을 요구하는 정의는 상대주의적인 자기문화중심주의와 구분된다. 그래서 정의는 인권이라는 가치를 통해서 확고해지는 특정 가치에 대한 지향이 있어야 한다.

1948년 세계인권선언은 국제적으로 적용되는 인간의 존엄성에 대한 인정과 그 존엄성의 평등한 향유를 위한 권리에 대해 동의하고 합의한 결과물이다. 이 선언을 통해 인권의 보편성은 국경을 넘어서 국제적으로 공감하고 인정받는 것을 가리키게 되었다. 국제적 인권 레짐으로서 세계인권선언은 빈곤으로부터의 자유, 빈곤이 초래하는 공포와 불행으로부터의 해방을 포함한다.

이 글에서 빈곤에 집중하는 것은 빈곤이 모든 권리를 누릴 수 있거나 그러지 못하는 현상이면서 동시에 그 현상의 원인이기 때문이다. 누구나 원하는 것을 다 가질 수 없고, 남이 누리는 것을 빼앗을 권리를 가진 것도 아니다. 그리고 그 권리의 양이나 질이 누구에게나 같거나 같은 의미를 갖는 것도 아니다. 게다가 사회적 위험으로서 빈곤은 누구나 그 결과를 피할 수 없는 공동의 위험이다. 남의 권리도 인정하면서 동시에 보다 적극적으로는 권리의 향유와 거리가 먼 사람들에게도 기회를 주자는 것, 즉 정의를 찾아주자는 것이다. 왜 가난한 사람이 생겨났을까, 왜 그들은 그 조건을 취할 수밖에 없었을까 등을 따져 보면 해결에 동참해야 할 이유가 드러난다.

유엔은 빈곤이 자선으로 해소될 대상이 아니라 빈곤으로부터의 자유, 즉 빈곤에서 벗어날 권리를 통해서 탈출할 수 있음을 강조한다. 2001년에 유엔 경제, 사회 및 문화적 권리 위원회는 인권 유엔고등판무관실(the Office of the United Nations High Commissioner for Human Rights; OHCHR)에 빈곤 감소 전략에 인권 개념이 통합되도록 하였다. [1] 빈곤에 인권 시각을 투영한다면 각 국가의 공적 및 사적 영역에서 빈곤을 최소화하거나 해소시킬 책임이 강조되어야 하며, 이는 차별 금지와 평등 가치를 구체화시키는 것을 말한다.[2] 이는 한 국가의 구성원, 정부, 그리고 국제적 인권 레짐 안에서도 보편적 인권에 대한 책임이 공유되는 것으로 확대되어왔다. 한 예로 여성에 관한 모든

---

[1] Office of the High Commissioner for Human Rights, *Human Rights and Poverty Reduction: A Conceptual Framework* (New York: United Nations, 2004), p.1.

[2] 같은 책, pp.15~18.

차별의 철폐는 세계 노동력의 절반 이상을 차지하는 여성이 전 세계 수입의 10%도 차지하지 못한다는 사실은 여성을 사회적 약자로 만드는 구조적 문제이며 전 세계적인 빈곤의 여성화의 부조리함을 해결하기 위한 공동의 노력을 보여야 할 책임이 있다는 것이다.

빈곤 탈출이 유엔이 강조하는 것처럼 기본적인 권리가 되기 위해서는 그 권리를 지킬 수 있는 능력을 마련해주어야 한다. 스스로 자신에게 관련된 정책을 결정하는 과정에 참여할 수 있는 권리를 가져야 그 과정에서 소외당하지 않는다. 대개의 가난한 사람들은 자신의 운명을 남의 능력에만 의존한다는 것이다. 모든 사람은 자신의 운명에 대해 발언권이 있어야 하며 유엔이 지향하는 것은 이런 인권화된 빈곤퇴치 전략이다.3) 빈곤으로부터 벗어나는 것을 권리로 규정하는 것은 매우 적극적인 선언인데, 이는 권리주장을 할 수 있는 능력을 갖추도록 조건을 제공하는 것을 강조하기 때문이다.

2. 소외와 차별로 인한 사회 균열

빈곤한 나라들에서는 사용할 물자도 없는데 저축이나 투자를 기대하기 어렵고, 문맹을 퇴치하려면 교육이 필요하지만 그 필요를 충족시킬 투자 능력이 없고, 투자 능력이 없으면 교육을 통해 상황을 변화시키는 것은 어렵다. 이런 식으로 하루하루의 생존이 절실한 상황에서 경제 성장이나 빈곤으로부터의 탈출을 시도할 조건을 갖추

---

3) Office of the High Commissioner for Human Rights, *Draft Guidelines: A Human Rights Approach to Poverty Reduction Strategies* (Switzerland: United Nations, 2001), p.1.

기는 불가능해 보인다.

유엔은 새로운 인권 키워드에 집, 땅, 물을 포함시켰다. 집, 땅, 물은 교육, 식량, 주거, 가족, 일자리, 의료와 같은 것을 포함하는 상징어이다. 일례로 캄보디아의 경우를 보자. 캄보디아에서는 국가가 개발명목으로 기업에게 땅을 임대하면서 가난한 사람들을 강제퇴거시키는 일이 발생하고 있다.

물질적 빈곤은 소외와 차별의 인권문제를 야기한다. 가난하다는 것은 돈을 적게 벌거나 화려한 옷을 사지 못하거나 배불리 먹지 못한다는 뜻이 아니다. 이들은 동등한 권리 행사도 할 수 없으며, 권리를 요구할 여유도 없으며, 요구할 수 있는지조차 알지 못한다. 빈곤이 차별을 불러 소외를 초래하고 동시에 차별과 소외는 빈곤을 다시 초래할 수밖에 없어 악순환은 계속되는 것이다. 따라서 가난한 어린이들에게는 꿈조차 허락되지 않는다.

이들의 가난은 어디에서 시작되었는가, 어떻게 이들이 기본적인 요구와 필요를 충족시키며 삶의 질을 높이길 기대할 수 있는가? 이들에게 정의란 특수한 용어이며 그들의 일상과는 무관한 것이다. 불안, 허탈함과 절망은 쉽게 범죄를 저지르게 한다. 빈곤은 절망을 낳고 절망은 질서에 대한 의혹을 낳으며 이는 결국 사회, 국가, 인간의 본질에 대해 부정적인 생각을 하게 한다. 이런 상황을 탈출하기 위해 선택한 이주는 또 다른 사회의 사회적 균열에 기여한다. 그리고 통합에 대한 기대를 생산한다.

3. 이주와 빈부의 세계화, 그리고 양극화의 심화

인간적인 품위를 포기하거나 억누르는 사람들에게 스스로 일어서고 그 상황을 벗어나라고 조언하는 것은 무의미하다. 빈곤을 벗어나는 것은 외부의 도움이 있어야 한다. 제프리 삭스(Jeffrey D. Sachs)는 『빈곤의 종말(The end of poverty)』에서 부유한 국가나 빈곤한 국가나 서로 협력해야만 기아, 질병, 죽음을 초래하는 빈곤을 끝낼 수 있다고 한다.[4]

인류에게 닥친 가장 중대한 위기는 빈곤의 확산과 과도한 양극화에서 비롯된다는 공감대가 형성되어 왔다. 유엔은 2000년 9월 새천년 개발목표를 세우면서 191개 유엔회원국들이 2015년까지 달성할 빈곤과 관련한 8개의 목표를 정하였다. 2010년 중간점검 결과 전략적 재검토가 필요하다는 결론에 이르렀다. 중간점검 결과 전체적인 빈곤율은 16%로 떨어졌으나 이는 애초의 취지대로 선진국들이 더 많이 기여하여 이룬 성과는 아니었다. 이대로는 2015년 목표치 15% 이하 빈곤율을 달성한다 해도 이는 MDG에 동조했던 국가들의 협력의 결과는 아니라는 염려가 있다.[5] 2015년까지 하루에 1.25달러 이하의 생활비로 사는 인구가 9억 이하로 떨어지는 것이 목표지만 낙관적이지만은 않은 것도 선진국들의 협조를 기대하기 어려워서이다.

자본주의의 세계화가 가난을 물리쳐 주지도 않았고 물질적으로 세계가 더 화려해졌지만 불평등은 그만큼 더 커졌다. 소득 불균형에

---

4) 제프리 삭스, 『빈곤의 종말(The End of Poverty)』, 김현구 옮김(서울: 21세기 북스, 2006).

5) United Nations Development Programme, *The Millennium Development Goals Report*(MDG Report) 2011, p.16.

대한 해결책이 금융과 같은 특정 분야에 대한 정책의 재검토를 필요로 한다는 의견과 이 불균형을 조정하지 않으면 부유층과 나머지 사람들 간의 격차는 계속 커져갈 것이라는 전망이다.6) 가난한 사람들이 빈곤선을 넘어선다면 부자가 얼마나 더 부자가 되든지 상관없다는 입장인 다보스 포럼을 반박하면서 물질적 가난은 높은 범죄율, 높은 자살률, 낮아지는 수명 등 삶의 질과 관련된 모든 지수에 영향을 미친다는 것을 강조한 것이다.

Ⅲ. 한국 내 체류 외국인 인권 현황

2011년 말 한국 체류 외국인은 1,395,077명으로 전체 인구 대비 2.75%가 되었다. 이는 2010년 1,261,415명 대비 10.6% 증가한 것이다.7) 중국 및 구소련 지역 동포에 대한 재외동포 신분(F-4) 및 영주(F-5) 자격 부여를 확대한 이후 재외동포 61%, 영주자격 43%로 이들 수가 큰 폭으로 증가했으며, 제조업 분야 등 외국인근로자 도입 확대로 비전문직 취업(E-9) 자격 체류자도 전년 대비 6% 증가했기 때문이다.8)

---

6) "Inequality: The Rich and the rest; what to do (and not do) about inequality," *The Economists*, January 20, 2011.
http://www.economist.com/node/17959590/print.

7) 법무부 출입국·외국인정책본부, 『2011년도 출입국·외국인정책통계연보』(경기도: 법무부 출입국·외국인정책본부 정보팀, 2012), 252쪽.

8) 같은 책, 252쪽.

<표 1> 인구대비 체류외국인 현황

(단위: 명, %)

연도 구분	2007년	2008년	2009년	2010년	2011년
체류외국인	1,066,273	1,158,866	1,168,477	1,261,415	1,395,077
인구	49,268,928	49,540,367	49,773,145	50,515,666	50,734,284
인구대비 체류외국인 비율	2.16%	2.34%	2.35%	2.50%	2.75%

* 인구는 통계청(KOSS)의 "주민등록인구통계" 자료를 인용하였음.
출처: 법무부 출입국·외국인정책본부, 『2011년도 출입국·외국인정책통계연보』, 252쪽.

이들에 대한 인구와 인권 현황 파악은 이주의 배경에 대한 이해와 이들과 함께 이루어 나가야 할 사회통합의 전제조건을 설명하고 소개하기 위해서이다.

1. 외국국적 동포

외국국적 동포를 체류자격별로 보면 방문취업 인구(H-2)가 55.1%-(303,368), 재외동포(F-4)가 24.8%(136,702), 영주(F-5) 6.6%(36162명) 순이다.9) 이 중 재외동포 자격 소지자는 동일업계에 장기 근속한 경우 재외동포 자격을 부여하자 지방의 제조업과 농축산업 분야로 취업한 재외동포 자격소지자가 2011년에는 전년 대비 61% 증가한 숫자이다.10)

---

9) 같은 책, 612쪽.
10) 같은 책, 612쪽.

(단위: 명, %)

구분＼연도	2007년	2008년	2009년	2010년	2011년
외국국적 동포	365,732	421,155	430,104	477,029	550,931
전년대비	136.8%	115.2%	102.1%	110.9%	115.5%

출처: 법무부 출입국·외국인정책본부, 「2011년도 출입국·외국인정책통계연보」, 614쪽.

재외동포는 "대한민국의 국민으로서 외국의 영주권을 취득한 자 또는 영주할 목적으로 외국에 거주하고 있는 자(재외국민)와 대한민국의 국적을 보유하였던 자(대한민국 수립 이전에 국외로 이주한 동포를 포함) 또는 그 직계비속으로서 외국국적을 취득한 자(재외국적 동포)"이다. 재외동포법이 정부 수립 이전에 국외 이주한 사람들을 제외시킨 것이 형평에 맞지 않아 2001년 11월 수정된 후 중국 및 구소련 지역동포를 2002년에 취업관리제 및 2007년 방문취업제를 도입하여 자유 왕래가 가능하게 하고 국내 취업을 허용하면서 중국 및 구소련 재외동포들이 지속적으로 증가하고 있다. 2011년 현재 550,931명으로 전년 477,029명 대비 15.5% 증가하였다.[11] 2011년 현재 외국국적 동포 중 중국 및 구소련지역 동포에 대한 재외동포(F-4) 자격 대상 확대 정책의 결과 전체 체류 외국국적 동포 중 중국이 86.6%인 477,163명으로 가장 많다.[12]

외국국적 동포 중 국내 불법체류자는 18,035명으로 전체 불법체류자의 10.7%를 차지하는데, 이는 방문취업 쿼터축소 및 지속적인 불법체류 단속의 영향으로 2010년 대비 24.9% 감소한 것이다.[13]

---

11) 같은 책, 610쪽.
12) 같은 책, 614쪽.

<표 3> 외국국적 동포 국내 불법체류 현황

(단위: 명, %)

연도 구분	2007년	2008년	2009년	2010년	2011년
불법체류 외국국적 동포	36,500	27,887	25,913	24,011	18,035
전년대비(%)	92.5%	76.4%	92.9%	92.7%	75.1%

출처: 법무부 출입국·외국인정책본부, 『2011년도 출입국·외국인정책통계연보』, 611쪽.

2. 외국인근로자

한국에서 외국인의 국내 취업은 1990년대 초 생산직 인력 부족이 심각하게 인식되면서 고려하게 되었으며, 1993년 11월 산업연수생 제도를 도입하여 단순 기능 인력을 도입할 방법을 마련하면서부터 였다. 2000년 4월부터는 연구 취업제가 실시되어 연수생 신분이 일정기간 후 근로자 신분으로 전환이 가능해졌다. 2002년 11월에는 취업 관리제 도입으로 국내 연고가 있는 외국국적 동포를 대상으로 서비스 및 건설 분야에서 최대 3년까지 근무가 가능하게 되었다. 2004년 8월 외국인 고용허가제가 실시되어 외국인근로자도 내국인 근로자와 동등하게 노동관계법을 적용하는 합법적인 고용을 허가하였다. 2007년 3월 방문취업제가 실시되어 연고의 유무를 떠나 외국국적 동포에게 3년간 국내 취업을 허용하였다. 이러한 변화 과정을 거쳐 외국인근로자의 취업 상황 또한 확대되었지만 외국인근로자들의 인권이 사각지대에 놓인 상황은 여전히 개선할 부분이 많다.

---

13) 같은 책, 611쪽.

2011년 현재 취업자격 체류외국인은 전문인력 **47,774**명, 단순 기능인력 **547,324**명으로 총 **595,098**명이다.[14) 이 중 인권 침해와 관련하여 관심의 초점이 되는 집단은 물론 비전문 단순기능직 외국인 노동자이다. 여러 실태조사에서 나타나듯이, 이주노동자에게 가장 큰 비중을 차지하는 인권 피해 사례는 폭언과 욕설, 차별, 임금 체불, 성폭력 혹은 희롱, 폭행, 사기 순으로 나타났다. 일단 근로 조건에 관련된 많은 작업이 근로계약서와 일치하지 않는다. 작업현장에서 적용할 수 있는 법이나 규정이 없는 것도 아닌데도 이들이 기본권을 보호받는 것은 어려운 일이다.

<표 4> 연도별 결혼이민자 현황

(단위: 명, %)

연도\구분	2007년	2008년	2009년	2010년	2011년	전년대비 증가율
현황	110,362 (100.0%)	122,552 (111.0%)	125,087 (113.3%)	141,654 (128.4%)	144,681 (131.1%)	2.1%

출처: 법무부 출입국·외국인정책본부, 『2011년도 출입국·외국인정책통계연보』, 574쪽.

외국인근로자라 하더라도 노동력으로, 즉 수단이나 도구로 취급되어서는 안 된다. 산재의 경우 제대로 치료나 보상도 받지 못하고 오히려 생산력이 떨어진다고 괄시받는 것은 흔한 일이다. 이 밖에도 강제출국, 고용허가제 안의 근무처 변경 제한, 체불 임금 등 사례가 있다.

다른 예로 직장 변경의 어려움을 많이 호소한다. 작업장에서 생긴 피부병 때문에 직장을 옮기고 싶어도 1회에 한하여 직장 변경이 가능하다는 조항 때문에 불가능한 경우가 있다. 내국인과 동등한 근로

---

14) 같은 책, 263쪽.

조건을 제공받아야 함에도 불구하고 열악한 환경에서 계속 노동해야 한다고 하는 것은 국적에 관계없이 동등한 근로조건으로 대우해야 한다는 UN과 ILO 등 국제규범과 헌법 제11조(평등권)와 근로기준법 제6조(균등한 처우) 등에 위반하는 것이다. 사업장의 폐쇄 등 근로자에게 귀책사유가 없는 직장 변경의 경우도 1회에 한하여만 허용된다는 것은 자의적인 고용주의 행위를 방치하는 것이다.

이주 근로자의 인권보호는 이주절차가 진행되기 전 송출국과 유입국 간의 체계적인 협의(국가 간 MOU체결)를 통해 많은 부분 개선 할 수 있다. 즉 양국이 적극 협력하여 노동자 이주에 대한 법적 장치를 합의하고 고지, 적용하는 시스템 작동에 의해 가능하다. 송출국과 유입국이 적극 협력하여 노동자의 이주에 대해 법적 장치를 합의하고 고지하고 적용하는 시스템이 제대로 작동해야 한다. 또 본국을 떠나기 전에 독일 경우처럼 작업장 내 교육, 산재 방지 규정, 복무규율 등을 모국어로 집중 교육할 필요가 있다.[15] 국제 앰네스티는 네팔 이주노동자 150여 명을 인터뷰하여 약 90%가 취업알선 업체로부터 사기를 당했다는 사실을 확인했으며 이미 해외에서 일자리를 얻기 위해 빚을 지고 한국과 같은 유입국에서 인권침해를 동반한 착취노동을 하게 되는 네팔 이주노동자들의 처지를 다룬 보고서를 내놓았다.[16] 송출국과 유입국 간 협정이 있다 하더라도 이를 브로커의 손에 들려주어서는 안 되는 노력을 적극적으로 하지 않으면 이주노동의 비인권적 악순환을 방지할 방법이 없다.

---

15) 국가인권위원회, 『이주 인권가이드라인』(서울: 국가인권위원회 침해조사과, 2012), 8쪽.
16) 국제 앰네스티 한국지부, "'거짓약속: 네팔 이주노동자의 착취와 강제노동' 보고서 발간", 2011년 12월 14일자 보도자료.

또 외국인근로자는 생활권 보장을 받아야 한다. 비주거용 장소에서 거주하기도 하는데 과밀 수용, 위생, 안전, 타문화권 입주자와의 갈등 등을 겪으면서 거주하게 되는 경우는 개선되어야 한다. 근로자의 사회보험을 미납하거나 악의적으로 계약을 해지하는 등 부당한 행위를 하는 사업주에 대한 관리 감독을 철저히 하여 이주근로자가 사회보험 등 권리를 누릴 수 있도록 해주어야 한다.17) 형식적인 감시로 이런 문제들은 개선이 잘 안 되고 더욱이 미등록자의 노동에 대해서는 관심을 갖지 않는 현실이다.

3. 국제결혼 이주여성

결혼이민자는 2002년 이후 2006년까지 지속적으로 증가하다가 2007년부터 감소로 전환한 데다 2009년에는 결혼이주여성에게 벌어진 불미스러운 사건들이 알려지면서 결혼이민자 국적국의 국제결혼제도 강화 등의 영향으로 현저히 감소하고 있다. 2010년에는 국제결혼을 희망하는 내국인의 수요 증가 및 각국의 국제결혼제도의 정상화 노력으로 전년대비 13.2%가 증가하였고 2011년에는 결혼이민사증 발급심사 강화 및 국제결혼 안내 프로그램 이수 의무화 조치 등으로 전년대비 2.1% 하락하였다.18) 결혼이민자는 2006년 94,000명에서 2009년 125,000명, 2010년 142,000명, 그리고 2011년 현재 144,681명이고 이 중 중국 국적 결혼이민자가 44.4%,

---

17) 같은 글.
18) 법무부 출입국·외국인정책본부, 『2011년도 출입국·외국인정책통계연보』, 574쪽.

베트남 25.9%, 일본 7.7%, 필리핀 5.8%로 여성이 86.4%, 남성이
13.6%이다.[19]

<표 5> 국적별·성별 현황

(2011. 12. 31. 현재, 단위: 명, %)

구분	총계	남자	여자	남자비율	여자비율	국적별 구성비율
총계	144,681	19,650	125,031	13.6%	86.4%	100%
중국	64,173	11,455	52,718	17.9%	82.1%	44.4%
베트남	37,516	181	37,335	0.5%	99.5%	25.9%
일본	11,162	1,010	10,152	9.0%	91.0%	7.7%
필리핀	8,367	227	8,140	2.7%	97.3%	5.8%
캄보디아	4,583	6	4,577	0.1%	99.9%	3.2%
타이	2,603	42	2,561	1.6%	98.4%	1.8%

출차: 법무부 출입국·외국인정책본부, 「2011년도 출입국·외국인정책통계연보」, 575쪽.

결혼이주여성들은 의사소통, 가정폭력, 문화적 차이로 인한 충격,
정보로부터의 소외와 이로 인한 사회활동 참여 부족 등을 어려움으
로 느끼고 있다. 결혼이주여성 개인의 만족감은 이질적인 가족관계
속에서 차별이나 소외감을 극복하는 데서 온다. 결혼이주여성의 한
국사회 통합은 한국어에 대한 교육, 문화 체험을 통한 한국 이해, 가
정 폭력으로부터의 보호 및 사후처리 등 인권침해 방지가 제시되어
왔다. 결혼이주여성들이 지나치게 가족에게 의존해야만 하는 구조도
벗어나야 한다. 결혼이주여성 중 남편이 사망한 경우 상당히 곤란한
상황에 처하기도 하고, 이혼한 경우에도 합법적 보상이나 자녀양육
의 권리를 주장하기가 쉽지 않다. 국적 취득 요건을 완화하여 이들

---

19) 같은 책, 575쪽.

이 남편으로부터 독립적으로 살 수 있는 자격을 부여하는 것도 인권 보호 방법 중 하나이다.

다른 예는 국적 취득과 관련해서인데, 1997년 국적법이 개정되기 전에 들어와 결혼하여 살다가 성격차이로 이혼하고자 했으나 남편이 이혼해주지 않다가 가출한 후 남편이 혼인무효소송을 제기하여 혼인이 무효 처리되어 주민등록증이 말소되고 국적이 취소되었다. 중국 쪽에서는 국적을 포기한 경우라 국적 회복도 어렵다고 하여 법적 신분이 없는 상태로 살고 있다.[20]

결혼이주여성에 관한 한 조사에 의하면 한국 생활 만족도는 보통 이상의 수준이나 경제수준의 만족도는 매우 낮은 것으로 나타났다.[21] 이런 결과는 결혼이주여성들이 기대했던 경제적 윤택함에 대한 실망과 고향의 가족들을 도울 수 있으리라는 기대가 깨지는 경험에 의한 것으로 보인다. 또한 한국의 결혼이주여성에 대한 가정폭력 사례들로 인해 2009년 11월 유엔사회권위원회는 국제결혼 여성의 지나친 배우자 의존 요구와 더불어 가정폭력에 대한 우려를 표현하며 한국정부의 개선을 요구하기도 하였다.[22] 그 외 결혼 중매업자에 의한 피해 사례도 있다. 국제결혼 여성이 살고 있는 곳으로 결혼 비용을 청구하러 중매업자가 찾아와 결국 이혼하게 되고 소개업자를 피해 다니며 살고 있는 사례도 있다.[23]

---

20) 같은 책, 138쪽.

21) 김이선 외, 『다민족·다문화사회로의 이행을 위한 정책패러다임 구축 (V): 다문화사회 정책의 성과와 미래 과제』(서울: 한국여성정책연구원, 2011), 92~94쪽.

22) 국가인권위원회, 『10-11 인권상담사례집』(서울: 국가인권위원회, 2011), 237쪽.

23) 같은 책, 137쪽.

4. 중도입국 청소년

　중도입국 청소년은 국제결혼 재혼가정의 증가로 늦게 부모를 따라 입국한 청소년이다. 입국 유형은 이주자가 국내 입국 후 한국인 배우자를 만나 한국인 자녀로 입양하여 초청하는 경우, 결혼이민자가 국적 취득 후 현지에 남아 있던 자녀를 초청하는 경우, 국적 회복을 한 동포 1세의 3세가 2세 부모를 따라 입국하는 경우, 한국인 배우자와 결혼한 외국인 배우자가 국외에서 출생한 자녀를 현지에서 어느 정도 성장 후 입국시키는 경우 등이 있다. 이들의 체류자격은 친척방문, 가족 동거, 피부양, 가사 정리 등으로 F-1-1비자를 받는다. 현재 이들에 대한 정확한 통계는 없는 실정이다. 2010년 국내에 귀화신청을 한 청소년이 5,726명이라는 법무부 조사가 있지만 귀화신청을 하지 않았거나 비자가 없는 청소년도 상당수 있어 그 수는 만 명이 넘을 것으로 보고 있다.[24] 이들은 부모와의 이별로 인한 불안, 교육공백, 가정생활의 부재와 같은 경험을 가지고 있고, 입국 후에는 한국어 능력 부족으로 학교생활에 적응하기 어려워 일반적인 국제결혼가정의 자녀들과는 경우가 다르다.[25] 통상적인 결혼이민자가정의 자녀들은 한국에서 출생하여 '재한외국인처우기본법' 및 '다문화가족지원법'의 지원 대상이 되지만, 이들 중도입국 청소년들은 법적 지원 대상이 아니다. 따라서 이들은 인권 사각지대에 있으며 실제로 성폭력, 직장 및 주거지 주변에서의 폭력 등에 시달리고 있다.

---

24) 김수진, "우리사회 '진화' 요구하는 다문화시대", ≪아시아경제≫, 2012년 8월 13일자.

25) 오성배·서덕희, 「중도입국 청소년의 진로의식, 진로준비행동과 사회적 지원 실태 탐색」, ≪중등교육연구≫, 제60권 제2호(2012), 519쪽.

특히 한국어 능력이 부족한 채 학교를 다니고 있어 따돌림과 폭력의 대상이 되거나 쉽게 싸움에 휘말리고 가출 혹은 집 밖에 나가지 않는 행동을 하기도 한다. 어떤 경우 새아버지의 성폭력 대상이 되기도 한다. 이들과 연관된 정부부처도 법무부, 교육과학기술부, 고용노동부 등으로 일원화되지 못한 상황이다.

대부분의 중도입국 청소년들에게는 진로에 대한 의식이 없거나 의식을 제대로 갖는 것이 불가능하다.[26] 이것은 자신들의 한국어 능력, 한국사회 적응능력이 떨어짐으로 인해 학업에 대한 기대수준도 낮기 때문이다. 따라서 자아실현보다는 가계에 보탬이 되는 직업을 가지려는 경우가 많다.[27] 중도입국 청소년들이 가지는 문제는 다른 국제결혼가정 청소년들과 달라 해결 방안도 분명 다르게 접근해야 한다.

5. 미등록 외국인근로자

2008년 '불법체류외국인 감소 5개년 계획'과 2010년 5월 6일부터 8월 31일까지 4개월간의 '출국지원프로그램' 등 불법체류 감소를 위한 적극적인 정책 시행의 결과 2008년 이후 3년 동안 계속 감소 추세를 보였다.[28] 2011년에는 고용허가제 외국인근로자의 만기 도래와 감소정책 추진의 어려움 등으로 우려가 있었지만 불법체류 외국인 수가 167,780명으로 2007년 223,464명, 2009년 177,955명,

---

26) 같은 책, 524쪽.

27) 같은 책, 529쪽.

28) 법무부 출입국·외국인정책본부, 『2010년도 출입국·외국인정책통계연보』(경기도: 법무부 출입국·외국인정책본부 정보팀, 2011), 644쪽.

2010년의 168,515명보다 여전히 감소 추세다.[29)

미등록 이주노동자들, 즉 불법체류자들은 가장 법의 보호를 받기 어려운 사람들이다. 입국과 체류의 적법성 여부를 떠나 이들을 고용한 작업장에서 평등한 권리를 보장하는 것은 당연하지만 권리요구 면에서 이들은 약자이다. 불법 입국이나 불법 취업이라 하더라도 인권을 고려하지 않는 대우는 정당할 수 없다. 그들 역시 작업장에서 평등한 대우를 받을 권리가 있다. 법을 집행하는 부처들의 입장은 인권을 우선하는 입장과 행동의 방식과 수위가 다르다.

불법이라는 약점을 이용해 미등록 노동자들을 착취하는 경우가 많다. 정부 차원에서 임금체불 방지를 위한 장치가 있지만 강제 퇴거로 인한 불이익 때문에 고소고발이 제대로 이루어지지 못하는 실정이다.

한편 미등록 노동자 자녀의 경우, 이들의 법적 신분으로 인한 교육권 제한이 자녀들의 인격 성장에 걸림돌로 작용할 가능성이 높아 2010년 12월부터 교육과학부는 거주 확인만으로 자녀의 입학을 허용하였다. 부모의 거주 자격과 별개로 아동의 교육권에 가치를 둔 결정이었다. 하지만 이들의 신분은 교육을 받을 권리는 가지나, 대학 입학이나 취업은 어려운 미등록 상태로 사회생활을 미등록 이주자 신분으로 하게 된다.

국적법, 출입국관리법, 사회보장법에 표기된 이주근로자의 권리는 시민의 자격에 근거하여 판단한다. 따라서 이주노동자 협약의 체류상 불법인 미등록 이주노동자는 자유권적 기본권, 사회권적 기본권, 이주노동자 신분에 따른 권리를 보장받을 권리에서 배제되는 것이다.[30)

---

29) 법무부 출입국·외국인정책본부, 『2011년도 출입국·외국인정책통계연보』, 637쪽.

30) 박미경, 「다문화사회와 이주노동자 사회통합정책과 과제: 미등록 이주노동자 권리보장을 중심으로」, ≪다문화와 평화≫, 제4권 제2호(2010), 121쪽.

6. 난민

　2011년 말 현재 난민 신청자는 총 3,926명으로 인정 260명, 인도적 체류 허용 144명, 불인정 1,854명, 철회 646명이며 1,022명은 심사 중이다.[31] 난민은 정치문제, 소수민족 박해, 인종, 종교, 가족결합 등의 이유로 발생한다. 전체 신청자 중 정치적 의견이 이유인 사람이 37.2%, 종교가 14.2%, 인종 10.7%, 특정사회집단 구성원 신분이 6.7% 순이다.[32] 2011년에는 신청자가 급증하는데 이는 고용허가제 만기도래자의 난민 신청이 급증했기 때문으로 보인다.[33]

<표 6> 연도별 신청자 현황

(단위: 명)

총계	1994~2001	2002	2003	2004	2005	2006	2007	2008	2009	2010	2011
3,926	133	34	84	148	410	278	717	364	324	423	1,011

출처: 법무부 출입국·외국인정책본부, 『2011년도 출입국·외국인정책통계연보』, 625쪽.

<표 7> 국적별 신청자 현황

(단위: 명)

구분 / 신청자	계	파키스탄	네팔	중국	미얀마	스리랑카	우간다	나이지리아	방글라데시	기타
전체신청자	3,926	734	397	356	338	304	252	346	210	1,089
2011년 신청자	1,011	433	14	8	64	100	78	39	39	236

출처: 법무부 출입국·외국인정책본부, 『2011년도 출입국·외국인정책통계연보』, 625쪽.

---

31) 법무부 출입국·외국인정책본부, 『2011년도 출입국·외국인정책통계연보』, 622쪽.

32) 같은 책, 626쪽.

33) 같은 책, 625쪽.

난민 관련 인권문제는 아직 한국에서 많이 다뤄지고 있지 않으며 사정이 그러하다 보니 한국에서 난민 지위를 신청하고 있거나 지위를 인정받은 난민들은 법의 보호를 제대로 받지 못하고 있다. 난민에 관한 담론은 1951년 난민협약(The 1951 Convention relating to the Status of Refugees)에서 본격적으로 시작되었고, 여기에는 난민의 개념과 그 지위를 둘러싼 권리와 국제적 보호의 필요성에 대한 일반적인 정의를 담고 있다. 여기에는 어떤 이유로든 개인의 생명이나 자유가 위협당할 위험이 있는 국가로 송환당하지 않을 권리를 포함하고 있다. 이런 권리에 따라 북한을 탈출한 사람들이 비인도적 굴욕, 형사적 처벌의 위험을 안고 있다면 절대 강제 송환되어서는 안 된다는 것이다. 이런 보호는 모든 난민에게 평등하게 적용되어야 한다. 유일한 예외 경우는 난민이 현재 살고 있는 국가의 안보에 위협이 되거나 중범죄로 인한 유죄판결을 받아 그 국가에 위험을 초래하는 경우에 한한다.

난민 보호가 어려운 것은 국가 간 분쟁의 원인이 되어서는 안 되기 때문이다. 이 협약은 제2차 세계대전 이후 1951년 유럽 난민문제 해결을 위해 마련된 대응책이라 더욱 다양해진 현재의 난민 해당여부를 해석하기에는 어려움도 있고, 간혹 국가 간 정치적 결정에 의해 좌우되기도 한다.

Ⅳ. 한국 다문화사회 통합 정책과 현황에 나타나는 문제점

유럽 국가들은 1986년 솅겐협정(The Schengen Agreement)을 통해서 협정에 포함된 국가들끼리는 이동이 자유롭게 하는 정책을 만들었다. 그런데 최근 프랑스와 이탈리아를 시작으로 이 협정을 수정하여 난민이 폭증하는 현상을 통제하고, '유럽 주권'을 재확인하려는 움직임이 커지고 있다. 이는 EU체제가 난민이나 이주자들로 인한 사회 균열에 공동 대응책을 마련하고자 하는 것이지만 이 과정에는 딜레마가 있다. 이는 보편적 인권 보호 개념과 인권정책이 정치경제적 필요에 의해 수정될 수 있음을 보여주는 것으로 이에 대한 대비책이 필요하다. 이런 현상은 한국에서 예측될 수 있는 미래 모습이다.

1. 인권 고려 없는 문화 차별

한국 다문화 인권정책에는 여전히 배타적이거나 차별적인 관점이 나타난다. 일반인들의 의식 속에 외국인 출신국에 따른 문화적 멸시와 차별이 존재하는데 특히 빈곤국 출신 외국인에 대해 심하다. 많은 사회가 모든 이주민을 통합으로 이끌고 싶어 하지는 않는다. 의도와 상관없이 통합 상대를 선별적으로 고르게 된다. 한국 경우도 사회통합정책을 논의하거나 인권정책을 사회통합정책과 연결하여 평가할 때 '우리'가 되는 것을 반기는 누군가와 반기지 않는 측으로

나뉜다. 인권정책이 통합적인지 선별적인지에 따라 보편적 인권은 차별 적용된다.[34]

물론 외국인이라고 누구나 차별을 경험하는 것은 아니지만 갈등은 개인으로서 갖게 되는 감정과 시민권이라는 배제적 개념 사이에서 나온다. 전자는 인간의 존엄함을 기본적으로 인정하고 대우하는 과정에서 발휘되고 후자는 한 국가의 재화를 나누어서 누리는 배타적 특권 향유의 태도에서 보게 된다.

유럽의 경험을 통해 시민권, 정체성 같은 개념의 배타성이 부활되는 것을 목격하였다. 결국 문제의 핵심은 국가 주권과 경계를 열어주는 인권 보호 사이의 갈등에 있다. 경계가 완전히 사라질 것이라고 주장하는 이들도 있지만 이를 기대하기에는 주권 개념이 너무 강화되고 있다. 주권 개념 강화에는 나름 이유가 있고 때로는 납득할 만도하다. 이주자들이 새로 정착한 국가에 대한 혹은 공동체에 대한 충성심은 없고 심지어 방해까지 된다면 유입국은 쉽게 폐쇄정책으로 돌아설 수밖에 없다.

처음의 선한 의지가 변하는 배경은 국가마다 다르겠지만 경제적 필요에 의해 시작한 정책인 만큼 상황이 좋아지면 문제점은 부각되기 마련이다. 빈곤, 인권, 정의 같은 보편적 담론에 대한 이해와 소통은 경시된다.

우선, 편견을 줄이려는 노력이 정부 차원에서나 민간 차원에서 적극적으로 추진되어야 한다. 서로 다른 가치, 신념, 태도 등에 대해 차이를 인정하는 태도가 무엇보다 중요하다. 부정적인 시각으로 대

---

34) 홍익표, 「배제로의 수렴? 유럽의 인권정책과 이주민문제」, ≪국제지역연구≫, 제9권 제2호(2005), 319~320쪽.

하거나 배제시키려는 방법은 현실적인 해답이 아니다. 같이 살아야하고 그 외 답이 없을 경우 편견을 줄이기 위해 자주 섞이고 접촉하는 것이 중요하다. 상호 이해와 배려를 위해 문화예술을 활용한 프로그램도 상호 이해증진 방안이 될 것이다.35) 세계적인 현상인 이주는 더 이상 부족한 노동력을 채워주는 장치가 아니라 인적 자원의 공유를 통해 상호 국가 간 이익과 평화로운 관계의 가교 역할을 담당하고 있다. 이런 부분에서 외국인들의 기여를 인정해야만 할 것이다.

2. 내국인의 사회통합에 대한 입장 외면

다문화사회로의 변화는 내국인의 입장에서도 충격이고 커다란 변화를 요구받는 일이다. 즉 기득권의 포기뿐 아니라 이질성을 포용해야 함에 따르는 불안과 긴장이 존재한다는 것이다. 이러한 점들이 자주 간과되거나 공정하지 못하게 평가되곤 한다. 노동시장에서의 개인적인 상실 문제도 생기고 사회 균열적인 요소들이 심리적으로 불안하게 한다. 많은 사안에 대해 옳고 그름을 판단하기 어렵고 이 역시 불안요소가 되어 피하고 싶어진다. 다문화사회의 포용과 통합이 어려운 것은 이런 법과 인정 사이의 갈등 때문이다. 갈등을 피하고 싶은 심리가 오히려 불안을 가중시키기 때문이다.

한국인을 가해자로 만들고 이주민을 피해자로 만드는 일방적인

---

35) 전경옥 외, 『문화예술을 활용한 다문화프로그램 실태조사연구』, 문화체육관광부 연구용역보고서, 2011. 자주 접하는 것이 상호 이해에 있어서 매우 중요하며 잦은 만남이 배제 유혹을 줄인다는 것을 보여준 조사 연구도 있다. Lauren M. McLaren, "Anti-Immigrant Prejudice in Europe: Contact, Threat Perception, and Preferences for the Exclusion of Migrants," *Social Forces*, Vol. 81, No. 3(2003), pp.909~936.

접근은 오히려 장애가 된다. 사회통합을 위해 소수자에 대한 배려에만 집중하고 예산을 쏟아 놓지만 정작 소수자를 수용하고 통합을 완성해야 할 다수자는 내국인이다. 따라서 내국인에 대한 이해, 적응, 배타적 태도의 포용, 교육 같은 다양한 프로그램을 운영하고, 법 및 제도 등에 대한 고려가 동시에 필요하다. 이 과정에서 사회통합과 관련된 활동가, 정책결정자, 교육자, 당사자들이 배타적인 자기 방식만 고집한다면 편견 못지않게 통합의 걸림돌로 작용할 것이다.

국제결혼의 예만 보더라도 대부분의 담론과 정책논의는 국제결혼 여성을 중심으로 이루어지고 있다. 하지만 국제결혼은 이주 여성의 남편 역시 이질 문화의 수용과 통합 경험인 것이다. 이런 특별한 사례가 아니어도 내국민은 문화적 이질감을 경험하는 주체이다. 이들이 이질감을 어떻게 극복할지 통합을 위해 어떤 노력을 할지는 중요한 문제이다.

반한감정을 가장 많이 드러내는 대표적 사례가 중국동포이다. 해외 동포에 대한 올바른 대우와 내국민 사이에 질서를 유지하는 것은 동시에 중요하고 필요한 일이다. 차별적 요소를 줄임과 동시에 내국인 고용 우선정책 역시 필요한 사항이다. 조선족의 반한 감정은 상호 반성과 포용이 절실히 필요한 부분이다.

3. 수요자 중심의 제도와 장치

언어교육, 고용 관련한 체류기간 연장, 국적취득 방식이 인권과 직접적 연관이 없다고 생각할 수 있으나 이것이 인권침해 소지를 제공하는 중요한 기준임을 이해해야 제도의 개선, 법적 유연성 등에 대비할 수 있다.

이주민 인권보호와 관련하여 사업장에서는 사업주 위주의 규정, 브로커 개입 불용, 브로커 핑계로 정보제공 의무 위반, 사업장 안에서의 불평등한 대우 등을 개선해야 하고, 국제결혼자의 경우는 한국인 배우자 의존도를 합리적으로 축소 혹은 제거, 국적법의 합리적 적용을 고려해야 한다. 인간으로서의 기본권 시각에서 미등록자에 대한 인권보호를 우선하는 인식 개선이 필요하고, 아동권리 협약에 준하는 미등록자 자녀의 권리를 배려하는 등 요구가 많다. 이들 요구는 법적 장치가 마련되어 있다고 지켜지는 것도 아니고 온정적 도움으로만 해결할 수 있는 것도 아니다. 이런 노력들과 실제 요구에 대한 진지한 정책적 수용과 반영이 함께 이루어져야 한다.

체류 외국인, 특히 비숙련 근로자나 결혼 이민자에 대한 인권 침해는 그들을 위한 인권보호장치를 만드는 과정에서 이루어지기도 한다. 이는 물론 제도가 발전해가는 과정에서 새로이 등장하는 관점이나 이슈로 인해 일어나는 것일 수도 있고 정책 입안자나 수행자의 세계관에서 비롯되기도 한다. 한국의 국가인권위원회 같이 국가가 인권보호 행위의 주체가 될 때는 정책 제안의 효력에서 좋은 입지를 차지할 수도 있지만 국가─시민사회라는 갈등구조 속에서 인권 보호에 한계도 있다. 국가의 인권기구에는 국가인권위원회, 법무부(사회통합과, 이민통합과, 외국인정책과 등), 다문화가족지원센터, 각 지방자치단체 등이 포함된다. 이들의 활동과 협조에서 가장 중요한 것은 일관성이다. 중앙정부와 지방정부, 시민단체의 중앙 사무국과 지역 지부, 각 부처 간, 각 이주자 집단 간, 출신국가 간, 그리고 같은 집단 내 다른 이해를 가진 그룹들 간에 목표, 규범, 규정, 기대치 등에 대한 일관된 해석이 중요하다. 복잡한 층위의 행위자들 사이에서 이해와 해석의 일관성이 중요하며 이렇게 확보된 일관성 속에서 정책수요를 만들어낼 수 있고 정책을 기대할 수 있다.

한국에 현재 존재하는 법이나 제도로도 충분한 변화를 이끌 수 있다. 중요한 것은 인권 관점을 적극적으로 투영하려는 이해 능력과 실천 의지이다. 한 예로 결혼중개업자에 대한 관리를 들 수 있다. 결혼중개업자에 의해 시작부터 인권침해 소지를 안고 출발하는 결혼 이민의 문제 해결은 결혼중개업자의 자격 제한과 평가 및 감시와 직결된다. 과장된 홍보로 인한 코리안 드림 훼손, 이른 파탄, 위장결혼, 매매혼 형태의 결혼, 과다한 결혼중개료로 인한 인격적 결합이라는 의미 훼손, 상호 불신 등 인권침해 소지를 처음부터 안고 있어 국가 이미지 손상에 이르는 상황에서 이들 업체들의 높은 도덕성을 요구하는 것은 쉽게 넘어갈 일이 아니다.36) 한국의 인권침해는 국제적으로 문제가 되기도 하는데 한국의 이미지와 걸맞은 정책 마련과 실천이 시급하다. 결혼 상대자를 외국에서 구하는 사례가 많은 국가의 경우 결혼 상대의 범죄 기록 공개나 거짓 과장 정보로 인한 피해 책임을 묻기 위해 신상정보의 공개를 요구하며 위반 시 강력한 처벌과 보상 정책을 요구하고 있다. 또 하나 결혼 중개업자의 범위를 확대해야 한다. 하지만 종교단체나 비영리 단체의 결혼 중개와 영세 결혼중개업자의 난립을 통제 관리할 필요성에 대해서는 찬반입장이 공존한다.37)

---

36) 전영주, 「국제결혼 이주여성의 인권 보호를 위한 법적 과제-결혼중개업법을 중심으로-」, 『인권 친화적 다문화사회와 이주민 통합을 위한 지역사회의 역할』, 계명대학교 다문화사회센터 심포지엄 및 학술대회 자료(2011.11.4.~11.5.), 181쪽.

37) 같은 글, 187쪽.

Ⅴ. 다문화사회의 민주화: 문화적 권리와 민주주의

사회통합정책의 핵심은 다문화사회에서의 민주주의 기획에 있다. 여기에는 철학적 기반이 필요하며 그 기반을 구체화하기 위한 제도화 과정과 평가시스템을 갖춘 지속 가능한 정책의 내용이 갖추어져야 한다. 다음 단계는 민주주의를 인권과 통합하는 전략이다. 여기서 민주주의는 당연히 인권을 증진시킨다는 전제를 가진다. 하지만 민주주의의 표방과 인권을 보호하고 증진시키는 방향이 같지 않은 경우도 있다. 북한, 동티모르를 바라보는 인도네시아, 아프가니스탄의 탈레반 등은 민주주의를 표방했다고 해서 구성원의 다양한 필요와 요구를 협의하는 민주적 절차를 보장하지 않는다.

1. 민주적 다문화 거버넌스

인권에 대한 책임 있는 정책이 나오도록 하려면 모든 사회구성원의 참여를 보장하기 위한 제도적 장치가 있어야 한다. 즉 거버넌스의 주체로서 구성원이 갖는 대표성, 참여권, 정책에 대한 책무성, 국가와 시민사회 간 효율적 협조가 갖추어진 체계가 갖추어져야 한다. 이는 상명하달식 체계도 아니고 중앙 집중적인 권력체계와는 다른 공조체계이다. 한국사회에서 사회통합정책을 위한 민주적 거버넌스는 중앙정부, 지방정부, 시민단체, 체류외국인, 내국인, 그리고 국제인권 레짐 및 국제인권단체 등을 중심으로 이루어진다. 이 관계는 국가가 추구하는 원칙을 토대로 인권보호와 증진이라는 목표에 초점을 두고 각 행위자 사이의 충분한 이해를 토대로 정책결정과 집행, 피드백을 주고받으면서 형성되어야 한다.

이주민정책 및 사회통합정책을 담당한 정부부처들과 이들과 사회단체들, 혹은 사회단체들 간의 일관성과 필요할 때 역할 분담이 우선되어야 한다. 특히 정부부처의 경우 유사한 사업의 중복실행으로 정책의 효율성이 떨어지고 부처 간 경쟁에 몰입한다는 인상을 주기도 한다. 또한 인권관점이 반영된 정책 입안을 위해서는 정책을 입안하고 집행하는 담당자들을 대상으로 인권관점 교육과 훈련이 반드시 필요하다.

이주자들의 사회적응을 위한 적극적인 방안은 지방정부 차원의 마련이 더욱 용이하다. 중앙과 지방을 잘 연계하여 활용하는 성공적인 사업의 예는 북유럽 국가에서 자주 볼 수 있다. 많은 국가들이 실질적인 사회통합정책은 지방정부가 주도하고 중앙정부는 재정지원 같은 제한적 역할을 하고 있다.

시민단체들의 자율성이 높을수록 중앙이나 지방정부와의 관계가 독립적이고 동시에 협조적이 될 수 있다. 재정 상태가 열악한 단체들은 정부에 의존할 수도 있는데 이는 피해야 할 것이다. 정부와 단체의 파트너십은 사회통합정책을 수립하고 추진하는 데 긍정적인 가치를 발휘할 것이다.

국내 인권단체들은 국제적 연대를 통해 국가 이익이나 권력관계에서의 불협화음을 어느 정도 객관화시키면서 활동할 수 있다. 국내단체들은 국내의 저항감에 대해 설득하고 교육하며 대응하는 거버넌스 주체로서의 책무성을 간과하지 말아야 한다. 국제인권단체들은 보편적 인권과 문화적 상대주의의 가교역할을 한다는 점에서 중요하다. 이들 단체들은 국제적 맥락에서 국내인권단체들의 인권운동 사회화에도 기여한다.

우리가 사용하는 보편적 인권개념에서 보편의 개념은 선험적이 아니라 경험을 통해 공감하는 것으로 천편일률적일 수는 없다. 이런 경험의 차이 극복은 민주적 거버넌스에 대한 신뢰를 통해서 가능하다. 민주적 거버넌스에 대한 신뢰가 없이는 공통의 목표나 전략 추구는 불가능하다. 즉 책무성, 대표성, 참여 등을 통한 공개된 평등한 기회가 자유로운 개인 누구에게나 주어지는 조건이 우선 충족되어야 한다.

2. 국제 인권 규범과의 갈등

1990년 12월 18일 제45회 UN총회에서 '모든 이주노동자와 그 가족들의 보호를 위한 국제협약'이 채택되었다. 이것은 노동인구의 급속한 이동으로 노동자와 그 가족들의 인권상황이 심각해지는 것을 우려하여 이를 방지하고 이들에 대한 인권을 보장하기 위한 UN 경제사회이사회와 인권위원회의 노력 결과였다. 특히 이 협약에는 비합법적으로 이주하여 취업한 이주노동자와 그 가족에게 주어진 인권 상황의 심각성을 우려하고 있다. 한국의 경우 이주노동자들이 노조를 설립하고 노동조건에 저항하자 강제 추방했던 사건을 두고 이 협약에 근거하여 한국정부가 이들의 기본권 보장을 권고받기도 하였다. 하지만 이러한 권고는 구속력이 없다는 것이 문제이다.

국제적 기준에 의하면 사회통합의 전제조건이며 인권보호의 기본은 반차별법의 존재 여부에 있다. 이것은 국가 인권정책의 주요한 잣대가 된다. 모든 인권 규범과 인권 활동이 제시하는 보편적 인권은 '세계인권선언', '경제적, 사회적 및 문화적 권리에 관한 국제규약', '시민적 및 정치적 권리에 관한 국제규약', '모든 형태의 인종차별 철폐에 관한 국제협약', '교육상의 차별금지 협약', '고문 및 그 밖의 잔혹한 비인도적인 또는 굴욕적인 대우나 처벌의 방지에 관한 협약', '아동의 권리에 관한 협약', '난민의 지위에 관한 협약', '무국적자 지위에 관한 협약', '이주노동자와 그 가족의 권리 보호에 관한 국제협약' 등에 명시된 인권 존중 정신을 반영한다. 이들을 토대로 한 상세한 규정과 협약들, 그리고 그 집행을 위한 기구들이 다문화사회의 통합의 조건으로서의 인권 보호를 위해 세워지고 있다.

유엔과 같은 국제기구들의 한국 인권상황에 대한 권고는 국제 앰네스티, 휴먼라이트워치 같은 국제인권단체의 활동을 통해서도 이루어진다. 네팔 이주노동자의 상황을 예로 들면, 네팔 이주노동자들에 대한 네팔 국내의 합법적 절차, 정확한 내용 파악을 위한 홍보 등을 권고함에 있어 국제 앰네스티가 큰 역할을 하였다. 이처럼 국제인권단체들은 여러 가지 갈등을 조사하고 그에 따른 해결책 마련을 위해 노력하는 역할을 한다.

국내와 국제적 차원에서 여러 관련 당사자들 간의 상호 이해 부족은 다양한 문화적 배경에 대한 몰이해 혹은 차별에서 비롯된다.38)

---

38) 인권 보호와 증진을 위한 보편적 인권과 서로 다른 문화적 규범에 대한 갈등은 국제인권NGO의 역할에 대한 논의에서 다루어지고 있다. Daniel A. Bell and Joseph H. Carens, "The Ethical Dilemmas of Intranational Human Rights and Humanitarian NGOs: Reflections on a Dialogue between Practitioners and Theorists," *Human Rights Quarterly*, Vol. 26, No. 2(2004), pp.303~309.

이것은 인권 침해를 해석하는 데 있어서 외부에서 보는 시각과 한 국가의 정부의 정책에 대한 평가와 비판 사이에서 갈등이 발생하는 배경이기도 하다.

보편적 인권 관점은 다양한 인권 침해 사례에 구체적으로 어떤 효과가 있을 수 있을 것인가? 인권과 관련한 이슈는 침해해서는 안 되는 타인의 권리는 무엇이며 그것은 어떤 근거에서 그러하며, 동시에 인간이 기본권의 증진을 위해 어떤 내용이 첨가되어야 하는가에 대해서이다. 다문화사회는 인권 관련 이슈를 더 많이 만들어낼 수 있고 기존의 인권 존중 범위에 대해 수정과 보완을 요구할 수도 있다. 국제인권 규범을 국내 인권 규범과 대비시키는 것은 왜 다문화사회가 인권 이슈에 새로운 전략과 목표를 도입해야 한다고 하는지를 이해하기 위해서이다.

모든 다문화정책에 인권 관점의 도입이 필요한 시점에 있는 한국에서는 국제인권NGO들의 노력에 동참하는 노력이 우선 필요하다. 국제인권NGO들과 대상국 사이의 갈등을 해소하기 위해서는 문화상대주의에 대처하는 전략도 있어야 한다. 인권의 보편적 원칙과 지역의 문화적 가치 혹은 규범, 혹은 인권 침해에 책임이 있는 정부와의 마찰 등은 당연히 존재할 문제이다. 이는 한편으로는 국제인권단체들의 활동의 제약 요인이기도 하다. 때로는 이들 단체들의 도움을 받을 당사자들이 국가적 자존심 혹은 문화에 대한 공격이라고 거부감을 가질 수도 있다.

국제인권NGO가 인권 관련 문제를 풀어가는 데 있어서 국내 NGO와의 관계도 중요하지만 동시에 대상국 정부와의 협조에 대한 입장도 정리되어야 한다. 또한 비정치적이어야 한다는 원칙이 인권

증진을 위한 방법과 대안을 쥐고 있는 정부조차 거부해야 한다는 뜻은 아니어야 한다. 이에 대한 찬반 의견은 모두 나름대로 원칙과 정당성이 있다.39) 때로는 서구중심주의 맥락에서 비판할 때, 하나의 아이디어를 보편적이라는 이름으로 다른 문화에 강요한다고 이를 신제국주의 혹은 신식민주의 논리까지 동원하여 비판하기도 한다. 문화적 차이를 줄이고 보편적 수용을 하는 인권 담론은 사실상 하나의 문화에 다른 문화들이 종속되는 것과 다르지 않다고 비판하는 것이다.

문화적 권리에 대한 확고한 이해를 가지고 있지는 못하지만, 한국의 민주화 과정에서 국제인권단체들과의 협력과 연대를 빼놓을 수 없다. 한국이 국제적 인권 레짐에 대해 문을 열기 시작할 때 국제인권단체들의 도움을 받기도 했고 그들과의 조직적인 연대 활동이 중요했기 때문이다. 1993년 개최된 비엔나 인권회의에 참가하는 것을 계기로 보편적 인권운동의 틀 속에 들어갈 수 있었다.40) 국제적 연대의 힘을 빌려 정부에 인권 존중을 요구하는 경우도 있고 한국 내 인권단체들의 역량도 키울 수 있었다.

한국이 가진 각종 인권 규범들은 최대한 국제인권규범과의 사이에서 괴리를 줄이려 마련된 것이지만 자유권, 사회권, 정치권, 경제권 등 모든 권리에서 외국인에게 한국인과 동등한 권리를 보장하지 못하는 상황을 지속적으로 고민해야 한다. 때로는 국가마다의 능력과 문화적 배경이 다르므로 국제적인 기준에 문자 그대로 일치하게 만들지 못할 수도 있다. 이럴 때 역시 보편적인 인권 보장에 대한 정신을 유지하는 것이 중요한 것이다.

---

39) 같은 글, pp.320~324.

40) 공석기, 「국제규범의 사회화와 INGO의 역할」, ≪다문화사회연구≫, 제5권 제2호(2012), 26쪽.

3. '민주적 인권정치'의 딜레마

문화적 상대주의를 효율적으로 조정하려면 신뢰를 받고 있는 민주적 절차가 있어야 한다. 모든 사람들이 사회통합정책을 위해 그 열려진 장에서 소통할 자격과 의지가 있어야 한다. 개인 중심의 세계관을 토대로 형성된 자유주의, 그 자유주의를 모든 이가 공평하게 향유하도록 하는 방안으로서의 민주주의, 그 어떤 것도 벗어나서는 안 되는 인간의 기본권 개념은 함께 할 때만 그 기능이 완전해진다. 민주주의는 의심이나 재조명 요구가 필요 없는 세계화된 이데올로기이다.[41] 민주적 절차는 아직까지 그 절차의 공정성을 보장한다는 의미에서 정책 결정의 최고의 장치이다. 인권에 속하는 모든 사회권, 정치권, 문화권은 곧 자유주의와 민주주의의 구체화된 내용이다. 표현과 사상의 자유가 없이는 그 어떤 권리도 불가능하다. 거주의 자유, 빈곤으로부터의 자유, 압제와 공포로부터의 자유 등도 마찬가지이다.

그런데 민주주의가 보편성을 보장하는가의 문제가 있다. 현실에서 민주주의 개념은 상대주의적 아집도 허용한다. 민주주의를 표방하는 정부가 모두 보편적 인권을 지지하는 민주적 정부도 아니다. 게다가 인권의 보편성이 민주적 과정을 통해 결정된다고 볼 수도 없

---

41) 그러나 당위성을 전제하는 논의에는 항상 비판이 있고 그 비판을 수용하거나 그것에 대응하는 것은 논의를 완전하게 하는 데 필요하다. 예를 들면, 민주주의, 자유주의, 그리고 인권을 논한 것으로 많이 알려지고 인용되는 롤즈의 만민법 논의를 들 수 있다. 존 롤즈, 『만민법』, 장동진 외 옮김(서울: 아카넷, 2009). 그러나 롤즈의 만민법이 서구중심주의 및 시장자본주의의 중요성을 강조한데 지나지 않는다는 비난을 받는 데 대해 그를 옹호하거나 비판한 의견들 역시 민주주의와 인권의 관계를 점검하는 데 유용하다. David A. Reidy, "Rawls on International Justice A Defense," *Political Theory*, Vol. 32, No. 3(June, 2004), pp.291~319.

다. 따라서 민주주의가 인권을 당연히 보장하는 체제가 아니기 때문에 민주주의와 인권을 별개로 보자는 입장과 그럼에도 민주주의와 인권은 따로 발전하는 가치가 아니라는 주장이 맞서고 있다.[42] 여전히 논쟁 중이나 분명한 것은 열린 소통의 장을 통과한 합의된 가치로서의 보편적 인권은 폐쇄적이거나 일방적인 결정체계로는 도달할 수 없다는 점이다. 권리로서의 인권은 민주주의로 보호되고 증진되어야 한다.

인권에 관한 또 하나의 논쟁은 인권 담론의 권력화 문제이다. 권리를 강조하는 패러다임은 지배적 가치가 되고 지배적 가치를 구성하는 내용은 믿고 따르는 사람들이 다수라 할지라도 의심하고 저항하는 사람들이 나타나게 된다.

그리고 각 주권 국가가 가진 시민의 경계를 포기하지 않는 한 시민권과 또 다른 형태의 권리인 보편적 인권은 문화적 차이나 시민권이라는 배타적 자격의 범위로 항상 갈등의 소지를 안고 있다.[43] 게다가 다문화 집단 간 위계가 생기는 것은 어느 정도까지 어떤 방식으로 조절할 것인지에 대한 우려도 있다. 누군가는 도덕적 헤게모니를 잡게 되고 보편성을 내걸고 정책 결정 과정에서 선도적이거나 우위를 점유할 것이다.

---

42) Anthony J. Langlois, "Human Rights without Democracy? a Critique of the Separationist Thesis," *Human Rights Quarterly*, Vol. 25, No. 4(November, 2003), pp.993~1006.

43) 홍태영, 「인권의 정치와 민주주의의 경계들」, 『인권의 정치사상』(서울: 이학사, 2010), 463~491쪽.

VI. 나가는 말

　국제적인 공감대를 토대로 하는 보편적 인권은 민주주의를 비롯한 어떤 정치적 가치체계보다 더 일관성 있고 영향력 있는 개념이다.

　인권문제가 사회통합에 중요한 이유는 인권 침해를 방치할 경우 막대한 사회적 비용을 필요로 하는 사회 균열을 초래할 것이기 때문이다. 사회통합은 균열의 요인들에 대비하고 해결할 것을 요구한다. 구조적 불평등에 대한 불만은 불만 집단에게 세력화를 도모할 동기를 제공하고 결정적인 순간에 협력을 거부할 수 있게도 하며, 편 가르기를 조장할 수도 있다. 따라서 사회통합은 구조적 불평등을 예방하고 해소해 나가면서 사회 균열에 대비해야 한다.

　현실적으로, 인권 문제 해결이 더디거나 때로는 공론화가 오히려 해결을 악화시키는 경우가 있는데 대개가 경제적 사정이 악화될 경우 그렇다. 이럴 때 국가들은 이주정책에 대해 민감해지며 많은 경우 인권 침해가 증가할 수밖에 없다. 항상 정책 우선순위를 확인하고 산발적인 정책의 도출을 경계해야 한다. 하지만 이주민 각자의 필요나 처지가 다르고 자기 집단의 이해관계를 우선시하기에 정책의 우선순위는 사실 의미가 없을 수도 있다.

　한편 이주민들의 인권을 보호하고 향상시키는 노력은 적극적 조치에 대한 진지한 검토가 요구된다. 우선, 저소득층을 이루는 이주자들의 경제적 입지를 향상시켜야 한다. 둘째, 이들에 대한 교육에 더 투자하여야 한다. 셋째, 평등한 복지를 실현시켜야 한다. 내국인에게만 해당되는 보조금이나 규정을 검토하고 수정하여야 한다. 넷째, 선진국 출신 이주민과 제3세계 출신 이주민 혹은 단순 노동자와 전문 인력 등으로 구분하는 이중 잣대를 없애야 한다. 이러한 평범하지만 중요한 기준은 개선시키는 노력 정도로 되는 것이 아니라 적극적 조치를 통해 보다 많고 빠른 해결책을 제공해야 하는 부분이다.

<참고문헌>

공석기, 2012, 「국제규범의 사회화와 INGO의 역할」, ≪다문화사회연구≫, 제
    5권 제2호, 15~41쪽.
국가인권위원회, 2011, 『10-11 인권상담사례집』, 서울: 국가인권위원회.
_____, 2011, 『다문화 인권 정책에 대한 이주민 당사자 정책수요조
    사 연구보고서』, 서울대학교 중앙다문화교육센터.
_____, 2012, 『이주 인권가이드라인』, 서울: 국가인권위원회 침해조
    사과.
국제 앰네스티 한국지부, 2011.12.14., "'거짓약속: 네팔 이주노동자의 착취와
    강제노동' 보고서 발간."
김수진, 2012.8.13., "우리 사회 '진화' 요구하는 다문화시대", ≪아시아경제≫.
김이선 외, 2011, 『다민족·다문화사회로의 이행을 위한 정책패러다임 구축
    (Ⅴ): 다문화사회 정책의 성과와 미래 과제』, 서울: 한국여성정책연구원.
박미경, 2010, 「다문화사회와 이주노동자 사회통합정책과 과제: 미등록 이주
    노동자 권리보장을 중심으로」, ≪다문화와 평화≫, 제4권 제2호,
    101~131쪽.
법무부 출입국·외국인정책본부, 2011, 『2010년도 출입국·외국인정책통계
    연보』, 경기도: 법무부 출입국·외국인정책본부 정보팀.
_____, 2012, 『2011년도 출입국·외국인정책통계
    연보』, 경기도: 법무부 출입국·외국인정책본부 정보팀.

오성배·서덕희, 2012, 「중도입국 청소년의 진로의식, 진로준비행동과 사회적 지원 실태 탐색」, 《중등교육연구》, 제60권 제2호, 517~552쪽.

전경옥 외, 2012, 『문화예술을 활용한 다문화프로그램 실내조사연구』, 문화체육관광부 연구용역보고서.

전영주, 2011, 「국제결혼 이주여성의 인권 보호를 위한 법적 과제-결혼중개업법을 중심으로-」, 『인권친화적 다문화사회와 이주민 통합을 위한 지역사회의 역할』, 2011년 계명대학교 다문화사회센터 심포지엄 및 학술대회 발표논문집, 181~189쪽.

제프리 삭스, 2006, 『빈곤의 종말(The End of Poverty)』, 김현구 옮김, 서울: 21세기 북스.

존 롤즈, 2009, 『만민법』, 장동진 외 옮김, 서울: 아카넷.

홍익표, 2005, 「배제로의 수렴? 유럽의 인권정책과 이주민문제」, 『국제지역연구』, 제9권 제2호, 317~344쪽.

홍태영, 2010, 「인권의 정치와 민주주의의 경계들」, 『인권의 정치사상: 현대인권 담론의 쟁점과 전망』, 서울: 이학사.

Bell, Daniel A. and Joseph H. Carens, 2004, "The Ethical Dilemmas of International Human Rights and Humanitarian NGOs: Reflections on a Dialogue between Practitioners and Theorists," *Human Rights Quarterly*, Vol. 26, No. 2, pp.300~329.

Langlois, Anthony J., 2003. "Human Rights without Democracy? A Critique of the Separationist Thesis," *Human rights Quarterly*, Vol. 25, No. 4, pp.990~1019.

McLaren, Lauren M., 2003, "Anti-Immigtrant Prejucice in Europe: Contact, Threat Perception, and Preferences for the Exclusion of Migrants," *Social Forces*, Vol. 81, No. 3, pp.909~936.

Office of the High Commissioner for Human Rights, 2001, *Draft Guidelines: a Human Rights Approach to Poverty Reduction Strategies*, Switzerland: United Nations.

_____, 2004, *Human Rights and Poverty Reduction: A Conceptual Framework*, New York: United Nations.

Reidy, David A., 2004. "Rawls on International Justice A Defense," *Political Theory*, Vol. 32, No. 3, pp.291~319.

The Economists, 2011.1.20., "Inequality: The rich and the rest; what to do
(and not do) about inequality," from
http://www.economist.com/node/17959590/print.
United Nations Development Programme, 2011, *The Millennium Development
Goals Report.*

03

거버넌스와
다문화사회

이유진(숙명여자대학교)

Ⅰ. 들어가는 말

오늘날은 거버넌스의 시대라고 할 만큼 거버넌스 현상은 여러 분야, 다양한 차원에서 광범위하게 관찰되고 있으며, 연구자나 실무가들 사이에서 많은 논의가 이루어져 왔다. 그 현상의 핵심을 단순화해서 서술하자면 국가의 통치행위의 중심이 정부(government)에서 거버넌스(governance)로 이행하고 있다는 것이다. 국가 정책과정의 전통적 이미지는 현실은 다를 수 있으나 이론상으로는 국가나 행정당국이 독점적으로 전 과정을 통제하는 것이다. 그러나 20세기 후반에 들어 공공정책의 수립과 집행에 있어서 정부의 영역, 정부와 사회와의 관계, 비정부−시민 부문의 역할이 변화하였으며, 공공영역에 다양한 국내−국제 행위자들이 간여하게 되었고, 공공정책은 더이상 정부의 독점적 영역이 아니다. 이제 정책결정과 집행 과정에는 행정당국뿐 아니라 국제기구나 레짐, 비영리-비정부-시민단체 등 제3섹터의 주체들, 국내외 민간기업, 지방자치단체, 지역정부 등 다양한 행위자들이 개입한다. 거버넌스 체제하에서는 국제, 국가, 지역, 지방의 수준과 정부, 민간, 시민 부문의 영역이 상호 중첩되고, 경계가 모호해지며, 때로는 한 영역의 행위자들이 타 영역을 넘나들기도 하며, 상호 간에 타 영역에서 동원 가능한 자원을 활용하기도 한다. 이러한 행위자들이 서로 긴밀히 소통-협력하고 연계하는 현상을 강조하여 연구자들은 협치(協治 co-governance) 또는 공치(共治)라는 표현을 쓰기도 한다.

거버넌스라는 개념은 국제정치, 비교정치, 개발학, 정책, 행정, 경제, 경영 등 다수의 분야에서 매우 다양하게 이해되고 정의된다. 거버넌스 개념의 속성도 현실에 대한 서술, 해석, 바람직한 이상향에 대한 규범론 등 다양하다. 연구자나 실무가의 입장-이념성향에 따라서 거버넌스 체제의 영향이나 효과에 대한 평가, 거버넌스를 통해서 추구하는 바도 상이하다. 따라서 거버넌스가 무엇인가에 대해서는 간결하고 보편적으로 합의된 정의가 존재하지 않으며, 존재할 수도 없다. 거버넌스에 대해 논의할 경우 우리는 그 논의의 맥락에서 거버넌스가 무엇을 의미하는지 먼저 규정하고, 개념의 범위를 설정할 필요가 있다.

한편 거버넌스의 확산 현상은 다문화사회의 정책과정, 특히 이민자 정착지원이나 사회통합 분야에서 현저하게 나타난다. 이 분야는 후술하는 바와 같이 그 구조적 속성상 거버넌스적인 정책과정이 형성되기에 매우 적합한 환경을 가지고 있다. 세계 각국에서 보편적으로 중앙정부, 지방자치체, 제3섹터의 상호협력-의존 관계가 형성되며, 비영리-비정부 단체의 역할이 대단히 활발하게 이루어지고 있다. 따라서 다문화사회의 관점에서 이민자의 사회통합정책 수립－집행은 어떤 형태로 전개되어 왔는가를 이해하는 데는 중앙정부, 지방자치체, 시민단체, 외국인 등의 역할, 이들 상호 간의 관계의 패턴 등 거버넌스의 형성과 구조를 살펴볼 필요가 있다.

이 장에서는 거버넌스의 정의와 개념에 대해서 논의하고, 거버넌스 현상의 확산 배경과 그것이 의미하는 바에 대해 생각해본다. 그리고 전형적으로 거버넌스 체제가 관찰되는 분야인 이민자 정착－사회통합 분야에 있어서 거버넌스의 양상 및 여러 형태의 거버넌스의 유형을 소개한다. 끝으로 민주주의 정치체제에서 거버넌스의 확산이 야기하는 딜레마에 대해 고려해본다.

II. 거버넌스의 시대

1. 거버넌스의 정의－개념

거버넌스라는 개념은 오늘날 사회과학과 정책실무에서 대단히 광범위하게 사용되고 있으며, 연구분야나 분석의 수준에 따라 다양하게 정의되고 있어, 보편적인 하나의 정의를 논하는 것이 오히려 무의미하다. 거버넌스 개념은 1990년대 이후 사회과학에서 널리 확산되었으며, 경제, 경영, 행정, 정책, 정치, 개도국 원조, 유럽통합, 국제관계 등 다양한 학문분야에서 거버넌스 접근을 시도해왔다. 정치학 내에서는 국제관계, 비교정치, 유럽통합연구 등 다른 맥락에서 상이한 의미로 사용되었다.[1] 분석 대상도 네트워크, 제도, 행위자, 국제기구 등 다양하다. 거버넌스 개념의 속성은 이념적 성향, 정책적-실천적 노선이나 지향하는 규범, 현상에 대한 기술이나 해석 등으로 다차원적이다. 거버넌스는 거시적으로, 중범위적으로, 또는 미시적으로 정의가 가능하다.

이처럼 거버넌스는 복잡하고, 다차원적, 다기적인 개념이지만 '정부가 축소(less government)되고 거버넌스가 확대(more governance)'[2]된다는 맥락에서 그 핵심에 있는 가장 일반화가 가능한 최소한의 공통요소를 추출해볼 수는 있다. 우선 20세기 말 공공정책 분야의 변화에서 관찰되어 온 현상으로, 전통적인 주권국가나 정부가 독점적으로 행하는 통치행위보다 더 많은 것을 포함하는 개념, 국가나 정부보다는 광범위한 무엇인가를 의미한다. 그리고 거버넌스는 대체로 공통의 사회적 목적을 추구하는 데 있어서의 다층적, 다차원적인 네트워크의 역할을 상정한다. 또 통치하는 자와 통치받는 자의 2분법에 의한 관계가 아니라 정책결정의 각 단계에 다양한 행위자가 관계하게 되어, 통치행위의 담당자가 다양화되고 있는 상태의 이미지가 제시된다.[3] 그러나 그 이상으로는 거버넌스의 개념이 내포하는 속성에 대한 합의는 어렵다. 일부 학자들은 거버넌스의 이상형(ideal type)에서 네트워크 형성의 자율성과 상호의존을 강조하면서, 거버넌스를 "통치행위가 다원적 행위자들에 의해 대등하고 상호협조적

---

1) Rod Rhodes, *Understanding Governance: Policy Networks, Governance, Reflexivity and Accountability* (Buckinngham: Open University Press, 1997).

2) Rod Rhodes, "The New Governance: Governing Without Government," *Political Studies,* Vol. 44, No. 4(1996), p.655.

3) 三竹直哉,「外国人政策とガバナンス」,『ガバナンスの課題』, 岩崎正洋 編(秦野: 東海大学出版会, 2005).

으로 수행되는 양상을 분석적으로 표현한 것"이라고 하였다.4) 그러나 후술하는 바와 같이 현실은 반드시 그에 일치하지 않는다.

거버넌스 개념의 구체적인 용례는 매우 다양하나, 국가와의 관계를 중심으로 구분해보면 국가의 중심적 역할을 상정하는 개념, 탈국가적인 시각, 국가나 민간이 아닌 중간적 영역, 소위 제3섹터를 강조하거나 또는 3자 간의 관계를 강조하는 시각이 있으며, 그 외에 추상적 수준의 과정−절차를 강조하는 개념, 네트워크를 강조하는 개념 등이 공존한다.

일단의 연구자들은 거버넌스를 국가 역할의 조정이나 쇠퇴와 같이 국가와 밀접히 연관된 개념으로서 다룬다. 피에르와 피터스는 거버넌스를 정부가 정책을 수립−집행할 수 있는 능력, 즉 사회를 조종하는 능력이라고 보고, 보다 전통적인 정부의 조정능력과 관계되는 의미로 사용한다.5) 피터스는 기존의 거버넌스와 신거버넌스를 구분하면서, 과거의 거버넌스는 중앙정부의 하향식 조종, 신거버넌스는 중앙정부가 사회와 어떻게 상호작용하는가에 관한 것이라고 규정하였다. 그리고 피터스는 그 상호작용의 네트워크에 자율적인 조종기능이 있는지에 관심을 가졌다. 왜냐하면 그는 자발적으로 조직화된 네트워크는 정책의 집행을 방해하여 정부의 조종능력에 부정적 영향을 미칠 수도, 혹은 정책집행에 협력하여 효율성을 제고할 수도 있다고 보았기 때문이다.6)

4) 新川達郎, 「パートナーシップの失敗 : ガバナンス論の展開可能性」, ≪年報行政研究: ガバナンス論と行政学≫, Vol. 39(2004), p.104.

5) Jon Pierre and B. Guy Peters, *Governance, Politics, and the State* (New York: St. Martin's Press, 2000).

6) B. Guy Peters, "Governance in Comparative Politics," in J. Pierre(ed.), *Debating Governance: Authority, Steering, and Democracy* (Oxford: Oxford University Press, 2000).

국가의 중심적 역할을 상정하는 또 다른 시각에서 볼 때 좁은 의미로 규정된 거버넌스는 정부가 민간부문의 행위자를 참여시켜서 정부 효율성을 제고하고 공공지출 삭감을 추진하는 신공공관리이론 또는 신자유주의 이념에 영향을 받은 정책노선의 성격이 강하다. 즉 거버넌스는 정부가 주도하고 스스로가 의도적으로 공공부문을 축소하는 정책을 추진하면서 민간부문이나 제3섹터 부문의 자원을 동원한 결과로 나타난 현상인 것이다. 한편 세계은행은 거버넌스를 시민 또는 그들의 대표자가 요구하는 공공재나 기타 재화를 제한된 자원을 가지고 효율적으로, 투명하고 공정하게, 책무성(accountability) 있는 방식으로 제공하는 공공조직의 제도적 능력이라고 규정하였다. 개도국의 발전을 위해서는 정부의 조종능력 강화와 시민사회의 참여 촉진이 동시에 필요하며, 우수하고 효율적인 정부를 상정하는 바람직한 거버넌스(good governance)가 필요하다고 보았다.7)

탈국가적 시각에서 공공과 사적 영역의 중간에 존재하는 행위자를 강조하는 거버넌스의 개념도 제시된다. 여기서는 협의로 거버넌스를 국가나 시장과 구별되는 시민사회 영역 내에 존재하는 자발적, 자율적이며 자기 조직적인 조정양식이라고 정의하거나, 광의로 국가로부터의 상당한 자율성을 가진 자체조직화, 상호의존에 기반을 둔 조직 간의 네트워크, 자원의 교환, 게임의 규칙을 의미한다고 정의한다. 더 나아가 '정부에서 거버넌스로(from government to governance)'의 이행, 또는 '국가의 공동화(hollowing out of the state)'를 주장한다.8)

---

7) World Bank, *Attacking Poverty* (Washington D.C.: World Bank, 2000).

8) Rod Rhodes, *Understanding Governance: Policy Networks, Governance, Reflexivity and Accountability*, p.15.

거버넌스를 국가, 시민사회, 시장 행위자들 사이의 관계에 특히 주목하는 개념으로서 제시하는 경우도 있다. 문순홍은 거버넌스를 국가, 시장, 시민사회가 과거와는 다른 새로운 형태의 상호작용과 협력 체계를 구축하면서 등장한 조정양식이라고 규정하였다. 박상필은 거버넌스를 공통의 사회문제를 해결하기 위해 다양한 주체가 참여하고 행위주체들 간의 권한배분－상호협력에 관한 것으로 보았다.9)

거버넌스 개념을 네트워크와 연관시켜서 보는 것도 일반적인 경향이다. 여기서 거버넌스는 정치－정책과정에서 정부, 시장, 시민 부문의 자율적 행위자들이 상호의존적으로 공통의 목표를 달성하기 위해 협력하는 네트워크로 규정된다. 오늘날 다수 국가에서 민간 경영원리 공공부분 적용, 분권화 등 개혁이 광범위하게 추진되면서 중앙정부 기능은 하위정부로 분산되고, 초국가적 조직에도 이양되고 있으며, 시민사회단체의 공공서비스 제공에 대한 관여가 증가 일로에 있다. 거버넌스는 이러한 상황에서 자율적으로 조직화되는 집단 간의 네트워크를 어떻게 조정할 것인가가 핵심 문제라고 보았다.10) 그러나 협의의 거버넌스는 네트워크로 한정된 개념으로 이해되지만, 넓은 의미로는 시장, 위계, 네트워크 등 공공정책 과정과 연결된 모든 종류의 유도(guidance)장치, 또는 통치 구조를 포함하는 것으로 본다.11)

상당히 추상적인 과정－절차의 의미가 강조되는 거버넌스의 개념도 제시되었다. 스토우커는 신자유주의 정책의 지지자들에 의해 거버넌스가 이용되는 것은 곤란하다고 경고하면서, 거버넌스 이론은

---

9) 문순홍, 『정치생태학과 녹색국가』(서울: 아르케, 2006); 박상필, 『NGO학 강의』(서울: 아르케, 2006).
10) 안네 메테 키에르, 『거버넌스』, 이유진 옮김(서울: 오름, 2007).
11) 같은 책.

국가영역 축소나 민영화 같은 특정 정책보다 공공의 선을 추구하는 규칙이 고안되고 실행되는 과정에 관한 것이라야 한다고 주장하였다.12) 하이든은 거버넌스가 정치적 게임의 공식적-비공식적 규칙을 관리하는 것, 권력행사의 규칙을 결정하고 그러한 규칙과 관련된 갈등을 해소하는 방법이라고 정의하였다.13) 피니는 광범위하게 제도주의적 관점에서 정의하면 거버넌스는 규칙의 제정, 적용, 집행을 의미한다고 보았다.14)

본고에서의 논의는 거버넌스의 국제관계, 유럽통합, 발전론, 민주화, 개도국 원조, 경제-경영 정책 등의 맥락은 제외하고 주로 국내 정치-행정-정책적 맥락에서의 거버넌스 현상에 대한 것으로 한정하며, 거버넌스의 개념을 규범, 정책 노선, 현상에 대한 기술, 해석, 분석 등을 포함하는 것으로 상정한다. 여기서 거버넌스를 전통적 국가-정부의 영역을 초월하여, 공공의 목표달성을 지향하는 다차원적 수준의 행위자들의 유형화된 상호관계라고 규정한다. 단 논의의 편의를 위해서 주로 정부와 제3섹터, 즉 비영리-시민부문과의 관계에 초점을 맞추고자 한다.

---

12) Gerry Stoker, "Governance as Theory: Five Propositions," *International Social Science Journal,* Vol. 50, No. 155(1998), pp.17~28.

13) Goran Hyden, "Governance and the Reconstitution of Political Order," in R. Joseph(ed.), *State, Conflict and Democracy in Africa* (Colorado: Lynne Rienner, 1999).

14) David Feeny, "The Demand for and Supply of Institutional Arrangements," in Ostrom, Vincent, Feeny, David, and Picht, Hartmut(ed.), *Rethinking Institutional Analysis and Development: Issues, Alternatives and Choices* (San Francisco: ICS Press, 1993).

2. 거버넌스 시대의 도래 배경과 의미

오늘날은 거버넌스의 시대라고 할 만큼 여러 분야와 차원에서 다양한 의미를 가진 거버넌스의 확산이 관찰되고 있으며 공공정책과 관련된 주류 담론 속에 자리 잡고 있다. 그 핵심에 나타나는 현상은 기존의 국가 주권이나 통치권, 정부의 영역이나 기능, 기존 정책결정 및 집행 과정의 관행－규범 등이 도전을 받고 있으며, 변화하고 있다는 점이다. 최근 국가에 의한 전통적 의미의 통치가 한계에 직면했으며, 여타 사회적 행위자와의 다양하고 복잡한 상호작용을 통한 공공의 목표를 달성하는 거버넌스 체제가 확산되어 왔다.15) 거버넌스의 시대에는 정치체제가 공동의 목적을 추구하는 데 있어서 기존의 통치기구만이 통치행위를 행하는 것이 불가능해지고 새로운 행위자의 참여가 불가결해졌으며, 전자의 역할이나 영향력이 상대적으로 감소하였다. 그 대신 통치과정에 초국가적 조직, 지역, 지방 등 다차원적인 주체의 개입이 증가하였다. 국내정치적으로 보면 정부, 의회, 관료제 등 전통적으로 국가의 통치기구에 속하는 행위자들과 정당, 이익단체 등 정치과정의 매개 행위를 담당했던 행위자뿐 아니라, 시민단체, 비정부단체, 비영리단체, 지방자치체, 민간기업 등 다수의 행위자가 관여하고 있다. 국가가 정책과정을 전적으로 통제하지 못하는 상황이 전개되고 있는 것이다. 더 이상 통치가 아닌 공치(共治)의 시대가 도래했다고도 한다.16)

---

15) Jan Kooiman, "Social-Political Governance: Introduction," in J. Kooiman(ed.), *Modern Governance: New Government-Society Interactions* (London: Sage Publications, 1993).

16) 岩崎正洋, 佐川泰弘, 田中信弘, 『政策とガバナンス』(東京: 東海大学出版会, 2003).

위계와 독점적 통제를 상정하는 기존의 국가 중심적 통치체제가 변화하게 된 배경은 다양하다. 국제적으로는 주권국가의 권위를 초월하는 초국가적, 국제적 제도와 규범이 확산되었고, 특히 유럽에서는 유럽통합 과정에서 국가 주권의 일부가 초국가적 기구에 이양되면서 전통적 주권국가의 존재가 변화하게 되었다. 국내적으로는 경제침체, 저성장 시대, 중앙정부와 지방자치체의 재정난, 고령화, 복지비 증가 등의 경제－사회 구조적 변화 요인이 생겼다. 정부는 재정이 압박을 받는 중에도 공공서비스 수요의 양적 증가와 다양화에 대응하지 않으면 안 되는 상황이 되었다. 이러한 가운데 공공정책 과정에 있어서 당면한 문제를 해결하는 데 있어서 기존의 위계적 모델, 다원주의적 모델, 조합주의적 모델이 부적절하다는 인식이 확산되었으며, 관료제를 중심으로 하는 전통적 모델의 변화가 요구되었다. 그러한 상황을 배경으로 신자유주의나 신공공관리론의 영향을 받은 다수 국가에서는 1980년대부터 1990년대에 걸쳐 시장과 네트워크라는 두 모델을 기반으로 공공부문의 개혁을 추진하였다.[17]

공공부문 개혁에는 시장원리, 민간 경영원리 도입, 민영화, 경쟁도입, 규제완화, 분권화, 중앙정부 기능의 하위 단위로의 분산, 시민사회에의 권력부여(empowerment) 등 다양한 변화가 시도되었다. 작은 정부론의 기치 아래 행정조직의 합리화, 슬림화가 추진되었다. 그 결과 정부는 공공서비스 제공을 단독으로 담당하는 것이 곤란해졌으며, 서비스를 중단하거나, 서비스를 직접 제공하지 않고 민영화 또는 외부 하청을 통해 제공하는 등 이전에 비해 다양한 수단에 의

---

17) 안네 메테 키에르, 『거버넌스』, 33쪽.

존하게 되었으며, 행정조직의 외부에 있는 조직, 단체와의 연계가 증가하였다.

베니언과 에드워즈는 영국 중앙정부의 민영화 정책과 민간부문과의 파트너십 형성을 통한 국가 영역 축소의 맥락에서 '공동체 거버넌스'로의 이행을 관찰하였다. 다양한 측면을 가진 상호의존적인 시민복지 문제의 관리를 초점으로 한 연구에서 그들은 거버넌스란 공공-민간 파트너십에 의한 다자적 개입을 지향하는 것이라는 의미를 부여하였다.[18] 그러나 국가의 영역 축소와 거버넌스의 확산이 로우즈가 언급한 바와 같은 '국가의 공동화'를 의미하는 것은 아니다. 그보다는 '국가 이상의 것을 통한 통치(governing with more than government)'가 더 정확한 표현이라고 생각된다.[19]

거버넌스 체제에서는 특히 관과 민의 사이에 존재하는 제3섹터의 비영리 조직이 공공서비스 제공에 참여하게 되었고 그들의 역할이 점차 증가하였다.[20] 타카오는 이들이 기존 정부, 민간 부문의 실패로부터 부상하여 양자가 충족시키지 못하는 사회적 필요를 보상해 주는 역할을 담당하게 되었다고 보았다.[21] 이러한 흐름에 대해 살라몬은 제3섹터 단체가 인간의 필요를 충족시키려는 노력에 더 적절한 대안적 거버넌스의 길을 열어주었다고 평가하였다.[22]

---

18) Adam Edwards and John Benyon, "Community Governance of Crime Control," in G. Stoker(ed.), *The New Management of British Local Level Governance* (London: Palgrave Macmillan, 1999).

19) 안네 메테 키에르, 『거버넌스』, 60쪽

20) 三竹直哉, 「外国人政策とガバナンス」, pp.104~105.

21) Yasuo Takao, "The Rise of the 'Third Sector' in Japan," *Asian Survey* Vol. 41, No. 2(2001), pp.290~309.

22) Lester M. Salamon, "The Rise of the Nonprofit Sector," *Council on Foreign Relations*, Vol. 73, No. 4(1994), p.109.

한편 거버넌스 확산의 또 다른 의미로는 네트워크의 부상을 지적할 수 있다. 거버넌스에 있어서 정부의 역할이 무엇인가에 대한 논란이 벌어진 가운데 다수의 학자들은 거버넌스를 네트워크와 관련하여 이해하려고 한다. 공공분야에서 정부가 축소되고 '거버넌스'가 확대되고 있다고 본 로우즈[23])는 거버넌스 개념에는 하나의 중앙을 상정하지 않고 다수의 중앙이 있음을 의미하며, 주권적 권위보다는 국가로부터 상당한 자율성을 가진 네트워크가 존재한다고 보았다. 키커트와 코페냔은 네트워크가 정책문제나 정책 사업을 중심으로 형성되는 상호의존적인 행위자 간 사회관계의 안정적 패턴이라고 정의했는데,[24]) 그런 의미에서 네트워크는 거버넌스 체제 작동의 핵심에 있다고 할 수 있다.

거버넌스 체제에서는 공공서비스 제공에 대한 정부의 직접적인 관여의 축소와 정책 네트워크를 통한 조종의 확대가 나타난다.[25]) 정책과정에 정부 이외의 다수 행위자들이 관여하면서 공공과 민간의 명확한 구분이 부적절하게 된 가운데, 다양한 조직 간의 연계는 공공서비스 제공의 핵심적 특징이 되었으며, 목표달성을 위해 자원을 교환할 필요가 있는 조직들로 구성된 정책 네트워크의 중요성이 높아졌다.[26]) 정부에게는 이러한 자율적으로 조직화되는 집단 간의 네

---

23) Rod Rhodes, "The New Governance: Governing Without Government," p.655.

24) Walter J. M. Kickert and Joop F. M. Koppenjan, "Public Management and Network Management: An Overview," in Walter J. M. Kickert, Erik-Hans Klijn, Joop F. M. Koppenjan(ed.), *Managing Complex Networks: Strategies for the Public Sector* (London: Sage Publications, 1999).

25) Kosuke Oyama, "The Public Service Governance in Japan: Is NPO an Agent or a Partner?," Paper read at The Japan/IIAS Joint Panel on Public Administration, July 11, at Athens, Greece, 2001.

26) Rhodes, Rod. 1996. "The New Governance: Governing Without Government," *Political Studies*, Vol. 44, No. 4, p.658.

트워크에 대한 협의, 협상, 조종 능력이 요구되며, 네트워크를 어떻게 조정할 것인가가 핵심적인 문제로 대두되었다.[27]

일본에서도 지난 10여 년간 거버넌스에 대한 관심이 고조되었다.[28] 역사적으로 사회에 대한 국가의 통제가 강한 일본의 사례는 전 세계적인 추세로서의 거버넌스의 확산 배경과 의미에 대한 이해를 높이는 데 좋은 참고가 된다. 근대 이후 일본에서 국가는 지역, 지방, 도시, 비정부단체, 지역 공동체의 자조 집단 등 국가하부 조직을 국가목표에 이용하기 위해 동원하고 하향적으로 통제하였으며, 이들 하부조직은 공공정책 집행에 주요 역할을 담당하게 되었다. 2차 대전 후에는 국가주의의 후퇴로 양자는 서로 거리를 두었다. 그러나 1980년대부터 경제성장 둔화와 막대한 재정적자에 직면하고, 신자유주의와 신공공개혁의 추세에 영향을 받은 일본은 작은 정부를 내세우면서 행정개혁, 재정축소, 규제완화, 민영화, 분권화, 분산화, 지방자치 강화 등의 정책을 실시하였다.

그리고 일본정부는 지역단체, 비영리단체, 제3섹터 단체를 행정의 보완 역할을 수행하는 주체로서, 정부가 위임하는 행정업무를 떠맡는 그릇으로서 적극 활용하게 되었다. 정부는 이것을 직면하고 있는 경제-사회적 문제를 타개하는 방편으로 제시하면서, '하향식의 공공서비스가 아닌 정부와 비영리단체가 공동으로 제공하는 서비스', '일본경제 재건을 위한 효과적 접근'[29]이라는 명분을 내세웠다. 또

---

27) 안네 메테 키에르, 『거버넌스』, p. 15, pp.36~46.

28) 山本啓, 「コミュニティ・ガバナンスとNPO」, ≪年報行政研究≫, Vol. 2004, No. 39(2004), pp.48~69; 三竹直哉, 「外国人政策とガバナンス」.

29) Akihiro Ogawa, *The Failure of Civil Society?: The Third Sector and the State in Contemporary Japan* (Albany: State University of New York Press, 2009).

행정당국과 비영리단체가 동등한 파트너로서 존중하고, 상호 자원의 교환을 통해 사회적 서비스를 제공한다는 명분도 제시했다. 그러나 동시에 정부는 각종 규제를 통해 이들에 대한 통제를 유지하기 위해 노력하였다.

일본에서의 거버넌스 확산의 또 다른 배경은 시민사회 자체의 구조적 변화와 조직화, 그리고 정치적 환경변화를 들 수 있다. 1990년대 초 일본의 버블경제 붕괴, 세계화, 국제경쟁의 격화 등으로 인해 일본에서 기업 내 복리가 축소되었고, 정부나 가족에 의한 복지나 생활보장이 충분히 제공되지 않게 되었다. 또 탈물질주의적 가치를 지향하는 사회에서 정부 또는 영리를 추구하는 기업 어느 한쪽이 제공하는 방식으로는 국민이 필요로 하는 다양한 공공 서비스를 충분히 제공하기 어렵게 되었다. 이러한 상황에서 사회가 필요로 하는 서비스 수요를 시민들 스스로가 파악하여 제공하는 비영리-시민단체의 활동이 공공-민간 부문을 보완하는 형태로 확산되었다. 특히 1995년 한신-아와지 대지진 당시 시민단체들이 자발적으로 구호활동에 맹활약한 것을 계기로 자원봉사 활동에 대한 시민의 관심이 고조되고 이를 활성화하고 제도화해야 한다는 정치적-사회적 요구가 급증하였다. 그 결과 정부는 시민단체의 주체적인 비영리 활동에 대한 제도적 기반을 정비하고 활성화한다는 취지로 1998년 '특정비영리활동촉진법(NPO법)'을 제정하였다. 이후 전국에서 비영리단체의 수가 급증하였으며, 시민단체의 네트워크화도 활발히 진행되었다.30) 이러한 변화는 풀뿌리 수준의 자발적 이니셔티브로부터 비영리 부

---

30) 三竹直哉, 「外国人政策とガバナンス」, p.105.

문이 급격히 성장한 것으로 긍정적으로 해석할 수 있다. 의식 있는 개인이 주변의 사회적 필요에 대응하여 스스로 그러한 필요를 자력으로 충족시키기 위해 조직화하는 것이다. 그리고 법적인 지위 획득을 통해 이들 비영리—시민단체들은 책무성, 인재, 노하우 등을 확보하여 더욱 제도화하고 공공의 신뢰를 확보해 나가는 과정에 있다고 생각된다.

1990년대 일본의 정치 상황도 비영리—시민단체가 일본의 거버넌스 체제에서 일익을 담당하게 되는 구조적 변화를 촉진하였다. 장기 집권했던 자민당의 실권과 불안정한 정당 간 합종연횡과 연립정치의 지속으로 인한 기존 정치권력 구조의 유동화, 또 정치—관료제의 부패, 공공부문의 도덕적 해이, 관료주도 정책과정의 한계 노정, 공공부문에 대한 신뢰 저하, 신생당 등 새로 결성된 반기득권적인 정치세력의 시민단체에 대한 우호적인 태도, 이들 정치세력이 정치적 의제설정을 주도하기 위한 시민단체와의 연계 시도 등을 들 수 있다.31) 이러한 배경에서 새로운 공공 역할의 담당자로서 시민사회의 비영리단체가 주목받게 되었으며 거버넌스의 일익으로 결정적으로 중요한 존재가 되었다.

이상과 같은 상황 전개와 관련하여 일본의 연구자들 사이에도 제3섹터나 시민사회에 대한 관심이 고조되었으며, 이를 서구의 거버넌스 현상과 연관해서 개념화, 이론화하고 분석하려는 시도가 확산되었다. 일본적 거버넌스 현상의 개념 정립에 대해 관심을 가진 야마모토는 거버넌스의 엄밀한 정의, 속성에 대해서는 논란이 있으며,

---

31) Yasuo Takao, "The Rise of the 'Third Sector' in Japan," pp.302~303.

서구학계에서 제시된 개념을 번역하는 것도 문제라고 보았다.32) 그러나 일본에서도 서구와 유사한 거버넌스 현상이 확산되고 있는 것은 분명하다. 일본의 학자, 행정당국자, 비영리단체나 제3섹터 활동가들은 거버넌스와 유사한 의미로 주로 '협동(協同)'이라는 일본식의 용어를 사용한다.

거버넌스 현상의 확산은 국가, 정부 등 위로부터의 필요에 의한 사회 내 여러 부문의 가용자원 동원이라는 측면과, 아래로부터의 자율적인 조직화나 네트워크화의 측면이 모두 존재하며, 정치, 경제, 사회 영역에서의 구조적인 변화에 대한 정치-정책 시스템의 적응 과정에서 나타난 것이다. 그 결과로 공적 영역과 사적 영역, 정부와 비정부 영역의 경계가 모호해지고 때로는 중첩되며, 행위자들이 그 경계를 넘나들게 되었다. 특히 비정부, 비국가 행위자의 공공영역에의 의사결정 및 집행에의 참여가 증가하고 제도화하는 현상이 관찰된다. 경우에 따라서는 거버넌스 체제는 각 행위주체 간의 관계가 계서적이지 않고 수평적 네트워크에 의한 상호작용을 통해 구축되지만, 의존이나 통제의 성격도 남아 있다. 거버넌스 체제가 현저하게 관찰되는 분야는 주로 환경, 국제협력, 인권, 이민자 정착-사회통합 등이다. 이하에서는 그중의 한 분야인 이민자 정착-사회통합 분야에 대해 논의한다.

---

32) 山本啓, 「コミュニティ・ガバナンスとNPO」, pp.48~69.

Ⅲ. 다문화사회의 거버넌스

오늘날 공공정책의 수립—집행에 있어서 정부 영역의 축소, 정부—사회의 관계 변화와 비영리—시민단체의 역할 증대는 공공정책의 다수 분야에서 관찰되는 현상이다. 그중에도 이민자 지원 서비스, 이민자 사회통합정책, 다문화정책 분야에는 이러한 추세가 자연스럽게 나타났다. 즉 거버넌스의 확산이라는 흐름과 다문화사회 현상이라는 또 다른 사회—경제 구조적인 변화가 만나게 되면서 이 정책분야의 거버넌스 체제의 형성이 부각되었다.

제2차 세계대전 이후 서구 선진국들, 또 1980년대 이후 일본, 한국 등 산업화된 국가들은 경제정책적 고려에 의해 대규모로 이주노동자를 유치하였다. 이들은 지역사회에 정착하여 점차 정주화하고, 가족 합류 등을 통해 사실상, 또는 합법적인 이민자가 되었다. 그 결과 각국에서는 이민자의 사회통합이 중요한 과제로 대두되었고, 이민자에 대한 공공 서비스 수요가 급증하였다. 이에 대해 대부분 국가가 공통적으로 이민자 사회통합에 정책적으로 개입하였으나, 국가에 따라 격차가 크고 대부분 중앙정부의 역할이 불충분하고 이민자 사회통합 서비스 제공은 지방자치체에게 상당한 부담으로 작용하였다. 전반적으로 행정당국은 재정난 등으로 예산과 인력 부족에 직면하고 있으며, 서비스의 수요와 공급 격차를 메우기 위해 비영리단체가 자율적으로, 또는 행정당국이 비영리단체와 협력을 통해 이민자의 사회통합을 위한 서비스 제공에 활로를 모색하게 되었다. 이민자 사회통합정책의 집행과 서비스 제공은 시민사회의 활동이 가장 활발한 영역이 되었으며, 이것은 다수 국가에서 나타나는 보편적인 추세로, 국가, 시장, 제3섹터를 포함하는 다층적 거버넌스의 전형적 분야가 되었다.33)

캐나다와 같은 전통적 이민국가뿐 아니라, 비교적 근래에 이주노동자나 이민자가 급증한 국가에서는 이민자 사회통합에 있어서 비영리－제3섹터의 단체들이 중요한 역할을 수행하고 있다. 이러한 상황은 이태리, 한국, 스페인, 일본 등의 사례를 비교 연구한 연구에서도 지적되고 있다.34) 일본의 경우 1980년대 후반부터 급증한 외국인노동자에 대해 중앙정부의 외국인정책은 단순노동자 불허와 정주억제라는 정책을 기조로 하고, 외국인을 노동력의 공급원으로서, 잠재적 불법체류자로서, 통제와 관리의 대상으로 접근하였다. 외국인주민이 많아질수록 이들에 대한 통제를 더욱 강화하려는 중앙정부의 정책과 외국인을 주민으로서 직접 대응하고 서비스를 제공해야 하는 자치체의 입장이 현저히 대비되었다.35) 2000년대 초까지 중앙정부가 외국인 이주자의 사회적 요구에 무관심하였고, 포괄적인 이민정책을 수립－집행하기보다는 관련부처가 각자의 관할영역에서 대응하는 분절적인 양상을 보였으며, 거주 외국인에 대한 행정서비스나 사회통합에 대해서는 그 책임을 회피하였다.36)

---

33) 김의영, 「시민사회와 글로벌 거버넌스: 캐나다의 경험과 한국적 함의」, ≪국제정치논총≫, 제45집 제2호(2005), 241~265쪽.

34) Takeyuki Tsuda, "Localities and the Struggle for Immigrant Rights: The Significance of Local Citizenship in Recent Countries of Immigration," in T. Tsuda(ed.), *Local Citizenship in Recent Countries of Immigrant: Japan in Comparative Perspective* (Oxford: Lexington Books, 2006).

35) Demetrios G. Papademetriou and Kimberly A. Hamilton, *Reinventing Japan: Immigration's Role in Shaping Japan's Future* (Washington, D.C.: Carnegie Endowment for International Peace: distributed by Brookings Institution Press, 2000).

36) 이유진, 「일본의 외국인 재류관리 제도와 지원책에 대한 연구: 2000년대 후반의 시책과 제도개정

한편 지방자치법에 의하면 자치체는 주민의 안전, 건강 및 복지를 보호할 의무가 있다. 따라서 지방자치체는 중앙정부 정책의 사각지대에 있는 사회적 약자인 외국인노동자에게 지역주민으로서 서비스를 제공해야 했다. 일부 지방자치체는 이미 과거부터 재일한국인 문제로 외국인주민에 대한 대응에 상당한 경험을 가지고 있었기 때문에 뉴커머 외국인들에 대해서도 상대적으로 진전된 시책이 가능하였다.[37]

비영리－시민단체는 일본의 외국인노동자에 대한 지원이나 이민자에 대한 사회통합 서비스 제공의 중요한 역할을 담당하였다. 특히 중앙정부는 물론, 지방자치체가 제공하는 서비스에서도 배제된 외국인 이주자들을 지원하는 역할은 시민단체에 부과되었다. 예를 들어 비자 초과체류자, 불법체류자 등과 같이 법적 지위가 주어지지 않은 이주 외국인에 대해서는 시민단체의 활동이 더욱 긴요하였다. 단체들은 이주노동자에 언어교육, 각종 상담 등 필요한 서비스를 제공하고, 고용주의 횡포나 차별로부터 이들을 보호하고, 고용주가 이주노동자에 적용되는 법규를 준수하는지 감시한다든가, 외국인의 권익 신장을 위해 당국에 로비하는 등 그 속성상 행정당국이 대응하기 어렵거나 할 수 없는 사항에 대해 다양한 활동을 벌였다. 이와 같이 외국인을 주민으로서 직접 접하고 있는 지방자치체나 지역의 비영리－시민단체, 관변단체 등 다양한 주체들은 이민자들의 지역사회 통합을 위해 대책을 강구하고 서비스를 제공하면서 네트워크를 형성하였다. 1990년대를 거치면서 이들 네트워크 내에서는 단순히 외국인을 순환 노동자로서 취급하는 외국인정책의 프레임에서 벗어나

을 중심으로」, ≪일본연구논총≫, 제31권(2010), 1~30쪽.

37) 駒井洋, 『移民社会日本の構想』(東京: 国際書院, 1994).

서 그들을 공동체의 동등한 일원으로 받아들여 공존하여야 한다는 다문화공생의 담론이 형성되었다. 그리고 시민, 비영리단체, 자치체 등 다문화공생사회 만들기의 담당자들의 거버넌스 체제에 의한 대응이 중요하다고 인식하게 되었다. 이민자의 통합과 관련해서 문제 발견 능력과 문제처리 기술이 부족한 경향이 있는 지방자치체, 조직력이나 자원조달 능력이 결여된 비영리단체, 실제로 지역사회에 있어서의 문제에 직면하고 있는 시민, 외국인주민들이 포함된[38] 거버넌스 체제 구축이 주요 과제로 지적되었다.

한편 외국인 이주자의 증가와 그에 따른 다양하고 심각한 문제에 대처하기에는 지방자치체의 노력만으로는 한계가 있었다. 따라서 다수의 자치체나 시민단체, 연구자들이 외국인주민의 문제를 중앙정부 차원에서 대응할 것을 요구하게 되었다.[39] 이러한 움직임이 상향적으로 반영되어, 일본의 지방자치를 관할하는 총무성이 중앙정부로는 최초로 다문화공생정책을 수립하게 되었다. 총무성은 2005년 2006년 전국 자치체에 있어서 다문화공생 추진에 관한 일관된 시책 수립을 위한 지침으로 '다문화공생 추진계획'을 책정하여, 이를 각 지방자치체에 통지하였다.[40] 이것은 이전에 이민자의 사회통합에 대해

---

38) 新川達郎, 「多文化共生社会の新しいガバナンス - 市民・NPO・地方自治体のパートナーシップ」, ≪自治体国際化フォーラム≫, Vol. 179, No. 9(2004), p.97; 三竹直哉, 「外国人政策とガバナンス」, p.97.

39) 安藤昇行, 「多文化共生のとびら地域共生社会づくりの新たな拠点として: 浜松市多文化共生センター」, ≪自治体国際化フォーラム≫, Vol. 231, No. 1(2009), pp.24~26; 石井米雄, 山内昌之, 「日本人と多文化主義」(東京: 国際文化交流推進協会, 1999); 関根政美, 『多文化主義社会の到来』(東京: 朝日新聞社, 2000); 西村明夫, 「多文化共生のとびら NPOと行政との「協働」成功物語 - 神奈川県の体験から」, ≪自治体国際化フォーラム≫, Vol. 221, No. 3(2008), pp.31~33; 山脇啓造, 「多文化共生のとびら: 2005年は多文化共生元年?」, ≪自治体国際化フォーラム≫, Vol. 187, No. 5(2005), pp.34~37; 山脇啓造, 「多文化共生社会に向けて――国と地方自治体の施策を中心に」, ≪月刊 地域 づくり≫, Vol. 178(2005); 山脇啓造・近藤敦・柏崎千佳子, 「多民族国家日本の構想」, ≪世界≫, 2001年 7月.

40) 総務省, 「地域における多文化共生推進プランについて」, ≪総務省自治行政局国際室≫, (2006).

포괄적인 정책적 대응을 하지 않던 중앙정부가 그 필요성을 인정하고 외국인 노동력에 대한 통제 위주에서 다문화공생이라는 프레임을 제한적으로나마 중앙정부의 시책으로 채택한 데 의의가 있다.41) 이로서 일본에서는 중앙정부, 지방자치체, 비영리－제3섹터 단체, 내외국 주민을 포괄하는 다문화사회의 거버넌스 체제가 형성되었다고 볼 수 있다.

일본과는 대조적인 국가의 사례로서 캐나다는 전통적인 이민국가이면서 중앙정부 주도의 이민자 정착 및 사회통합정책이 광범위하게 시행되어 온 나라이다. 연방정부 이민성은 이민정책 및 이민자 통합정책 전반에 대한 방향을 설정하고 연간 수억 달러의 막대한 예산을 이민자 정착－사회통합 프로그램에 투입한다. 주정부는 각 주의 특성을 고려한 정착지원 서비스를 설정하고 연방의 예산을 활용하여 사회통합정책을 집행한다. 그러나 각 지역의 현장에서 이민자들에게 사회통합 프로그램과 서비스를 직접 제공하는 것은 거의 전적으로 공동체에 기반을 둔 비정부－비영리 시민단체의 네트워크이다. 이민자들과 접촉하는 이들 단체가 이민자들의 요구와 서비스 수요, 문제점 등을 파악, 전문성을 갖추고 서비스와 프로그램을 이민자 개개인에 대해 제공하고 있다. 연방, 주, 지방정부는 이들에게 예산을 지원하고, 정책방향에 따라 지원하고 감시－통제하는 역할을 하고 있다. 이러한 거버넌스 체제는 효율성－효과성이 높고, 정부의 비대화를 방지하며, 이민자 친화적이며, 서비스를 이용자의 요구에 민감히 대응할 수 있는 이점이 있다고 평가된다.42)

---

41) 양기호, 「일본의 다문화 거버넌스와 한국에의 함의」, 《다문화사회연구》, 제2권 제1호(2009), 135~160쪽.

캐나다 이민성이 최근 지역기반 이민자 정착 파트너십(Local Immigration Partnerships; LIPs)이라는 명칭으로 추진하고 있는 정착 프로그램의 핵심은 공동체와의 연계(community connection)이다. 그 근저에는 공동체 수준에서의 계획과 지역 특성이 반영된 대응이 중요하다는 인식이 있다. 연방, 주, 지방 정부의 협력을 바탕으로 하는, 다양한 이해당사자들(multiple stakeholders) 사이의 지역에 기반을 둔 협력, 여러 수준(multi-level)에서 이루어지는 협력적 거버넌스가 강조되고 있다.43) 또 캐나다는 정부와 시민단체, 비영리단체의 협력적 체제하에 비영리 부문의 역량 제고를 위해 지속적으로 노력해오고 있다.44) 한편 근래에는 신자유주의의 영향으로 시장의 요소가 추가되면서 민간기업이 국가정책의 실행기관으로 부상하거나, 시민단체 간, 또는 시민단체와 기업이 경쟁하거나 협력하는 관계도 형성되고 있어 국가－시민단체－기업 3자 간 거버넌스로 재구조화되는 경향도 관찰되고 있다.45)

언급한 바와 같은 사회, 경제, 정책적 구조와 요인으로 인해 이민자 정착－사회통합 분야는 다수국가에서 거버넌스 체제 형성의 전형적 사례이다. 다만 각국별로 이 분야의 거버넌스의 형성 과정을 보면 상이한 패턴이 관찰된다. 일본은 중앙정부나 행정당국이 다문

---

42) 전경옥 외, 『주요 선진국 다문화정책의 시민사회 공존사례연구용역』(특임장관실 연구용역보고서, 2010).

43) Kathleen Burr, "Local Immigration Partnerships: Building Welcoming and Inclusive Communities through Multi-Level Governance," *Horizons,* (2011), pp.1~9.

44) Michel Dorais, "Immigration and Integration through a Social Cohesion Perspective," *Horizons* Vol. 5, No. 2(2002), pp.4~5.

45) 전경옥 외, 『주요 선진국 다문화정책의 시민사회 공존사례연구용역』, 20쪽, 38~39쪽; Min-Jung Kwak and Daniel Hiebert, "Immigrant Entrepreneurship and the Role of Non-Government Organizations in an era of Neo-liberal Governance," *Research on Immigration and Integration in the Metropolis,* 2007.

화사회의 사회통합이라는 정책의제에 대체로 무관심한 가운데, 지역의 비정부 행위자들이 자율적으로 조직화하고 활동하면서 그들의 움직임이 행정당국의 대응을 이끌어낸 상향적인 형태를 띠었다. 반면 한국은 행정당국과 비영리－비정부 행위자들 사이의 긴밀한 상호연계가 적극 추진됨으로써 중앙정부의 확실한 정책결정과 주도적인 거버넌스 체제의 구축이라는 하향적인 특징이 두드러졌다. 캐나다의 경우는 다문화주의를 표방하는 연방정부의 체계적인 이민자 사회통합정책 및 프로그램과 지역공동체의 여러 비정부 주체들의 활발한 활동이 유기적으로 연계된 패턴이다.

IV. 거버넌스의 유형

거버넌스 체제에 있어서 국가와 사회, 정부와 제3섹터－비영리 부문 간의 관계는 주도적인 행위자가 누구인가, 상호 관계의 의존성이나 독자성이 어떤 양상을 보이는가, 서로 어떤 역할을 담당하는가 등에 따라 다양하게 형성된다. 그 형태에 대해서는 다양한 유형화가 가능할 것이다. 일례로 기드론 등46)은 공공서비스 제공에 있어서 정부와 제3섹터와의 관계에 관해 정부주도, 협력(collaborative), 이중(dual), 제3섹터 주도라는 4개의 모델을 제시하였다. 정부 주도 모델은 정부가 재정조달과 서비스 제공에서 주도적인 역할을 하는 것이

---

46) Benjamin Gidron, Ralph M. Kramer, and Lester M. Salamon, *Government and the Third Sector: Emerging Relationships in Welfare States. 1st ed.* (San Francisco: Jossey-Bass, 1992).

다. 이에 대비되는 모델인 제3섹터 주도 모델의 경우는 시민단체가 재정조달과 서비스 제공에서 중심적인 역할을 한다. 이중모델에서는 정부와 비영리 부문이 모두 재정조달과 서비스 제공에 관여하지만, 각각 별개의 영역에서 활동하며, 정부와 제3섹터가 재정과 서비스 제공에 자율성을 가지고 존재한다. 이중모델에는 다시 2개의 하위 모델이 제시되는데, 보충모델(supplementary submodel)은 비영리 단체가 정부와 동일한 서비스를 정부가 미치지 못하는 고객에게 제공하는 것이고, 보완모델(complementary submodel)은 비영리단체가 정부에서 제공하지 못하는 서비스를 제공하는 것이다. 협력모델은 정부와 제3섹터가 별개로 활동하지 않고 협력하는 유형으로, 전형적으로 정부가 재정지원하고 비영리단체가 서비스를 제공하는 경우가 이에 해당한다. 협력모델도 2개의 하위모델이 있는데 협력자−공급자모델(Collaborator-vender submodel)은 비영리단체가 단순히 정부 프로그램 집행에 있어서 대리인의 역할을 하는 경우이며, 비영리단체에게는 재량권이나 협상력은 거의 없다. 협력자−파트너십모델(Collaborative-partnership submodel)은 제3섹터 단체가 프로그램 운영이나, 정책 집행−입안에 상당한 재량권을 가지는 경우이다.

이와 같이 거버넌스 체제의 형태를 몇 가지의 모델로서 유형화하는 것도 가능하지만, 미시적으로 살펴보면 간결한 모델로서 포착하기 어려운 보다 다양한 형태의 정부−제3섹터 관계설정의 사례를 관찰할 수 있다. 예를 들어 일본의 이민자 정착지원 내지 사회통합 거버넌스, 소위 다문화공생 거버넌스 영역을 보면 행정당국과 비영리단체와의 관계, 비영리단체의 속성과 역할, 서비스 제공 주체 등에 따라 다양한 관계의 유형이 나타난다. 비영리단체는 행정업무 위임 수행, 지역 거버넌스에의 시민참여 촉진, 거버넌스 프로젝트에 참여하는 행위자들 사이의 조정 등 여러 역할을 수행한다. 지방자치체와 협력하면서 다른 시민활동을 지원하는 중간지원조직의 형태도 있다. 행정당국과의 관계를 보면 별다른 관계를 형성하지 않고 독자적으로 활동하거나, 긴밀한 협력관계를 구축하는 경우, 그리고 그 중간에 위치하는 경우가 있다. 사업의 주체 측면에서 보면 행정당국 주도, 민간주도, 반관반민, 양자 협력 등의 형태가 있다.47) 이하에서는 일본의 다문화공생 거버넌스에서 관찰될 수 있는 몇몇 유형과 사례를 소개한다.48)

1) 공공부문에서 제공하지 못하거나 서비스 제공이 불충분하여, 외국인주민에 대한 공공 서비스를 당국을 대신해서 시민단체가 독자적으로 제공하는 경우: 비영리법인 다문화공생센터 동경21(多文化共生センタ-東京21)은 행정당국이 대응하지 못하는 외국인 아동의 교육 수요에 대응하여, 자원봉사자를 통한 일본어 학습, 교과학습, 각종 상담 및 진학 지원을 제공하였다. 중학교 교사 자원봉사자들은 외국인 학생이 특히 곤란을 겪고 있는 고교진학과 관련하여 고교 소개, 면접, 내신, 추천제도 설명, 다언어 자료 배포 서비스를 실시하였다.

---

47) Tamura Shigeru, "The Emergence of NPOs and the Implications for Local Governance," in Shun'ichi Furukawa, and Toshihiro Menju(eds.), *Japan's Road to Pluralism: Transforming Local Communities in the Global Era* (Tokyo, New York, Washington, D.C.: Japan Center for International Exchange, 2003), p.171; 駒井洋, 「自治体の政策とNPOの活動の成果と課題」, 『移民をめぐる自治体の政策と社会運動』(東京: 明石書店, 2004).

48) 三竹直哉, 「外国人政策とガバナンス」, pp.106~116; 新川達郎, 「多文化共生社会の新しいガバナンス－市民・NPO・地方自治体のパートナーシップ」, p.5.

2) 행정당국이나 국제교류협회와 같은 중간적인 단체로부터 어느 정도의 지원을 받으면서 독자적으로 활동하는 단체나 사업: 동경일본어자원봉사 네트워크(TNVN)는 주로 성인들을 대상으로 자원봉사자들이 동경전역에서 일본어 학습 지원, 자원봉사자 양성 등 활동을 하고 있다. TNVN은 공공부문이 충분히 제공하지 못하는 서비스를 독자적으로 제공하고, 행정당국과 어느 정도 거리를 유지하지만 활동에 있어서 일정부분 당국의 지원을 받으면서, 당국의 시책의 수립에 정보나 의견을 투입하고 있다.

3) 행정당국이 특정한 공공사업을 비영리단체에 위탁하는 경우: 공모 또는 수의계약을 통한 위탁 사업으로 전형적인 관주도의 형태이다. 재정과 관련해서 비영리단체는 당국의 지원금 또는 위탁사업 등에 의존하게 된다. 중앙정부 또는 지방자치체의 많은 사업은 이 유형에 속한다.

4) 행정당국이 특정한 정책 의도나 목적을 가지고 대부분의 재원을 투입해서 비영리 단체를 설립하고, 이후 비영리 단체가 자체 프로그램을 개발하고 자원봉사자 등을 활용하여 자율적으로 운영하는 경우: 타 단체와의 연계를 통해 활동 네트워크가 시민사회로 크게 확대되면서 자율성이 높아지는 경우도 있다. 무사시노시가 1989년 설립한 임의단체인 무사시노시 국제교류협회는 자원봉사자 일본어 학습 시스템을 운영하였다. 무사시노시가 협회의 설립주체이고 예산의 8할 이상을 시가 보조하였으나, 시에서 사업에는 개입하지 않았다. 공적 서비스를 행정조직이 직접 제공하지 않고 국제교류협회라

는 형태로 '외부화'하고, 협회 내부에서도 시민 자원봉사자의 자주성을 최대한 존중하는 형태였기 때문에 성공적이었다고 평가된다.

5) 사업개시 초기부터 공공부문과 민간부문 쌍방이 거버넌스를 의식하고, 시민단체가 정책의 기획-입안에 참여하여 시작한 '관-민일체' 형태의 사업: 의료분야에서 외국인의 의사소통을 지원하는 단체로서 2002년 설립된 다언어사회자원 카나가와(MIC카나가와)는 지방자치체, 현의사회, 현치과의사회, 현약제사회, 현병원협회와의 6자 협정을 통한 협동(거버넌스) 사업의 실행 주체이다. 현 당국은 의료기관에 파견되는 통역봉사자에 대한 교통비 지원이나 배상책임보험 등을 부담하였다. MIC카나가와는 2003년부터 현의 '카나가와 자원봉사기금 21(かながわボランタリ-基金21)'의 지원금을 받아, 7개 국어로 16개 병원에서 사업을 실시하였다. MIC카나가와는 행정당국이 의료통역 파견에 참여하게 된 전국 최초의 사례이다.

6) 공공부문에 앞서서 시민단체가 사업을 추진하여, 후에 사업 실시 주체가 공공부문으로 이전된 경우: 행정당국에 대해 정책제안(Advocacy)을 하는 것을 명확한 목표로 하는 비영리법인인 '프론티어 토요하시'는 아이치현 토요하시시 외국인주민에의 의료지원 사업화를 행정당국에 앞서서 실시하였으며, 그 후 실시주체를 행정당국으로 이전하는 데 성공한 사례이다.

7) 시민단체가 시민사회의 정책 기획 역량을 제고하고, 행정당국에 정책을 제안하는 역할을 하는 경우: 시민단체 중에는 국가의 정

책 수립에 적극적으로 로비활동을 벌이는 단체도 생겨났다. 많은 외국인 지원 단체가 연대하여 설립한 '이주노동자와 연대하는 전국네트워크(이주련)'는 로비를 활동의 명확한 목표로 하고, 포괄적인 외국인정책을 제언한다. 일본어교육 지원단체와 전문가가 설립한 '일본어포럼 전국네트'는 가칭 '일본어학습 진흥법' 제정을 제안하였다. 일본경단련은 2004년 '외국인유치 정책에 대한 제언'을 발표하였다. 연구자, 학자, 시민단체 관계자가 협력하여 작업한 '다문화공생기본법'도 제안되었다.

이상에서 예시한 바와 같은 다문화사회 거버넌스 유형은 유동적이다. 동일 주체라도 사업에 따라 수행 방식이 다를 수도 있고, 시간이 경과하면서 행위자들 사이의 관계가 변화하기도 한다. 따라서 다수 행위자가 관여하는 거버넌스 네트워크가 특정 유형으로 고정되는 것은 아니다. 다만 분석의 편의를 위해서 주어진 시점에서 특정 정책이나 프로그램과 관련된 거버넌스의 유형을 도출해보는 데 의의가 있다고 하겠다.

Ⅴ. 민주주의와 거버넌스의 딜레마

1. 거버넌스와 자율성

민주적 정책과정에 있어서 이상적인 거버넌스는 공공, 민간, 비영리부문의 다양한 행위자들 사이의 대등하고 긴밀하며 상호의존적이고 제도화된 협력관계를 상정한다. 비영리-비정부단체의 입장에서 보면 거버넌스는 행정당국으로부터 부족한 자원을 지원 받아서 정책과정에 참여하거나 공공서비스를 제공하여 조직의 공신력을 제고하고 목표 실현을 가능하게 하는 긍정적인 장치라고 할 수 있다. 행정당국 역시 제한된 자원의 문제를 극복하고 정책목표를 실행하기 위한 수단으로서 거버넌스 체제의 확산에 적극적인 입장을 취해왔다. 그러나 민주적 정책과정이라는 가치와 거버넌스 체제의 확산 사이에는 상충되는 측면이 있으며, 거버넌스 체제에 참여하는 비영리부문과 정책당국의 행위자들은 다양한 딜레마에 직면하게 된다.

우선 행정당국과의 관계에서 제3섹터-비영리단체의 자율성이 유지될 수 있는가의 문제가 있다. 다수의 비영리단체는 완전한 자율성을 확보하기에는 한계가 있음을 인식하고, 당국이나 민간기업과 협조적 관계를 원하며, 그들로부터의 지원이 주요 재원이 되고 있다. 이들 단체는 당국으로부터 더 많은 재정지원을 받고자 노력하지만 동시에 활동에 대한 당국의 간섭은 원치 않는다. 비영리단체가 어느 정도 자율성-독립성을 확보한다고 해도, 이들의 프로젝트는 활동자금을 제공하는 기관의 정책 방향이나 관심 사항과 일치해야 한다. 따라서 증가하고 있는 공공 지원금은 단체의 활동에 상당한 영향을 미칠 개연성이 있다.[49]

현실적으로 사회서비스의 비용절감 차원에서 접근하는 행정당국과 그들로부터 지원을 받는 비영리단체 사이의 권력관계에는 사업

---

49) Yasuo Takao, "The Rise of the 'Third Sector' in Japan," pp.292~293.

을 위탁하는 당국은 강자, 위탁을 받는 단체는 약자의 입장으로 불균형이 있을 수밖에 없다.[50] 이는 행정당국의 재정지원을 받는 비영리-비정부 단체의 책무성(accountability)과 관련되는 문제이기도 하다. 시민단체가 당국의 지원 없이 활동을 한다면 정부에 대한 책무성이 크게 문제가 되지는 않을 것이다. 그러나 정부의 재정지원을 받는 한 그 단체는 책무성의 요구로부터 자유로울 수 없다.[51] 책무성은 예산 지원자로서의 정부에 의한 비영리단체의 통제를 정당화한다.

일본의 경우 전통적으로 정부는 비영리부문을 국가행정과 불가분의 한 부분으로 간주하고 공공서비스를 비영리단체에 위임하고, 비영리단체는 당국의 정책방향과 의도에 순응하는 행정의 대리인 역할을 수행하는 경우가 많았다. 정부는 비영리단체를 일부 행정업무를 맡기는 수단으로 간주하거나, 행정의 보완 역할로 적극적으로 활용하였으며, 동시에 각종 규제를 통해 이들에 대한 통제를 유지하려고 했다. 비영리단체의 법적 지위를 부여하고 활동을 촉진하기 위해 1998년 제정된 '특정비영리활동촉진법(NPO법)'에도 불구하고 일본의 비영리단체의 재정은 여전히 허약하고 불안정하다. 민간으로부터의 기부금에 의한 재정 안정화가 용이하지 않은 가운데 비영리단체에 대해 중앙정부, 지방자치체가 사업위탁을 하여 간접적으로 지원하는 것은 단체의 중요한 재원이 된다. 일본의 비영리법인은 특히 지방자치체의 지원금, 위탁사업 등에 크게 의존하고 있다. 최근 일본의 대부분의 지방자치체가 시민활동 지원을 기본방침으로 정했고,

---

50) Akihiro Ogawa, *The Failure of Civil Society?: The Third Sector and the State in Contemporary Japan* (Albany: State University of New York Press, 2009); Akihiro Ogawa, *The Failure of Civil Society?: The Third Sector and the State in Contemporary Japan.*

51) Kosuke Oyama, "The Public Service Governance in Japan: Is NPO an Agent or a Partner?"

중앙정부의 각 부처도 비영리단체와의 협력에 적극적이 되었다. 그러나 당국의 간섭을 원치 않는 단체는 재정적 혜택을 포기하면서 법적 지위 없이 활동한다. 정부의 허가를 득한 단체는 정부 부처나 자치체에 재정적인 의존으로 인해 독립성, 자발성, 자율성이 손상되거나, 행정당국의 대리인 또는 하청업자의 지위로 전락할 위험을 안고 있다.[52)]

NPO법 제정 이후 일본의 비영리-제3섹터는 상당한 외관상의 변화가 일어났다. 무엇보다도 법이 제정된 1998년 이후 수만 개의 비영리단체가 법인화하는 등 비영리 부문이 급격히 활성화되는 양상을 보였다. 그러나 그 이면에는 NPO법을 계기로 일본정부, 행정당국이 공공서비스 제공을 위한 예산을 절감하고, 정부의 정책목표를 시민단체에 강요하는 수단의 확보라는 측면도 있다고 지적된다.[53)] 본래 행정당국이 담당해야 할 사회서비스를 비용절감을 위해 비영리단체에 위탁하는 경우가 빈번하다. 예를 들어 코베시는 시의 외곽단체를 통해 '커뮤니티 서포트센터 코베'라는 비영리단체에 구민센터 분관 운영을 위탁하면서, 원래 외곽단체에서 운영할 때보다 비용을 대폭 축소하였다. 서포트센터는 예산의 7할을 당국의 위탁사업으로 조달하는 가운데, 조직의 유지를 위해 행정당국에 다양한 사업을 제안-수행하면서 조직 확대와 경비 확보에 열중하였다. 행정당국에의 재정 의존도가 높아지면서, 당국의 지원이 중단되면 활동이 어려워지는 상황에 직면하게 되었다. 서포트센터 관계자는 행정당국이 자신들을 저비용 하청업체로 보고 있다고 불만을 토로하면서, 하청업체로 전락하

---

52) Yasuo Takao, "The Rise of the 'Third Sector' in Japan," pp.209~301; 駒井洋, 『移民をめぐる 自治体の政策と社会運動』, p.30.

53) Akihiro Ogawa, The Failure of Civil Society?: The Third Sector and the State in Contemporary Japan.

지 않으려면 자립 능력을 키워야 한다고 인식하고 있다.54)

행정당국이 민간의 협조를 필요로 하는 분야에서 적절한 단체가 존재하지 않을 경우 재정을 지원하여 NPO를 의도적으로 만드는 경우도 있다. 행정수요 증가와 재정적자로 인해 본래 행정에서 담당해야 할 서비스를 시민의 자기 책임 논리로 비영리단체에 위탁하는 것이다.55) 일례로 '스게카리菅刈) 네트 21'이라는 비영리단체는 일본 중앙정부 부처인 국토교통성의 보조금으로 설립되었다. 공원조성과 관련된 지역사회의 이해관계 조정을 위해 공원의 설치와 운영을 이 단체에 업무 위탁한 것이다. 그 명분은 지역사회의 자치적인 이해관계 조정과 반영이 가능하다는 것이지만, 이면에는 민간업자에 위탁하는 것보다 비용이 절감되는 이점이 고려된 것이다.56) 이러한 사례들은 소위 '관제 NPO'라는 비판의 대상이 된다.

오가와는 일본의 한 시민단체에 대한 사례연구에서 거버넌스의 확산을 '국가주도에 의한 시민사회의 제도화(state-led institutionalization of civil society)'라는 관점에서 보았다.57) 연구 대상이 된 단체는 지역 주민에게 평생교육 프로그램을 제공하기 위해 1990년대 중반에 시민단체로서 설립되었으나, NPO법 제정 이후 행정당국의 강력한 주도에 의해 NPO법인화하였다. 그 과정에서 법인화 여부에 대해 관계자들의 논의를 거쳤으나, 논의는 형식적인 것에 불과하였으며, 당국의 의도는 이 단체를 법인화하는 것으로 이미 사전에 결론이 난

---

54) 朝日新聞, 「行政依存で下請け化, ＮＰＯ第２世代：中」, ≪朝日新聞≫, 2004년 4월 2일.

55) 駒井洋, 『移民をめぐる自治体の政策と社会運動』, p.30.

56) 朝日新聞, 「行政依存で下請け化, ＮＰＯ第２世代：中」.

57) Akihiro Ogawa, *The Failure of Civil Society?: The Third Sector and the State in Contemporary Japan,* p.16, p.94, pp.114~115.

것이었다. 오가와는 이 사례가 행정당국이 지역에 대한 공공서비스 제공을 위해 자원봉사 활동을 전략적으로 동원하고, 이어서 이들을 법인화한 것으로, 결국 조직화된 자원봉사 활동은 정부가 제공해야 할 서비스를 대신하게 되었으며, 여기서 당국의 NPO 정책의 주된 목적은 비용 삭감이었다고 보았다. 그는 일본 행정당국의 NPO정책은 비영리부문을 정부당국이 식민화하는 것이라고 대단히 비판적인 입장을 취했다. 국가로부터 활동을 인정받는 데 구애되지 않거나 통제하는 것을 원치 않는 일부 봉사자들은 NPO 구조 하에서의 활동을 포기하기도 한다.

비영리부문에 공공서비스 제공, 특히 이민자 정착, 사회통합 서비스 제공의 상당 부분을 의존하고 있는 캐나다에서도 거버넌스 확산의 딜레마에 관해 많은 논의가 있다. 이민국가 캐나다에서는 과거부터 민족 집단의 공동체나 종교단체가 이민자의 정착에 도움을 주는 다양한 서비스를 제공했다. 행정당국의 능력이나 자원이 미치지 못하는 현장 서비스에 있어서 비영리단체가 대단히 중요한 역할을 담당했다. 1990년대에는 캐나다에서의 신자유주의적 구조조정이 필수적인 보건－사회서비스 제공에 있어서 제3섹터의 역할에 큰 영향을 미쳤다. 특히 이 시기에 진행된 정부 기능의 하향전가(downloading)와 사회서비스의 동결－감축은 국가의 대리인으로서 비영리－시민단체 행위자들의 역할이 증가하는 한편 정책실행에 소요되는 자원은 불충분한 데서 기인하는 다양한 문제점을 노정하는 역설적인 상황이 벌어졌다. 그에 더해 경기침체로 인해 부정적인 효과가 더욱 심각하게 부각되었다. 그 결과 캐나다에서 거버넌스 체제의 효용이 가장 높이 평가되고 있는 분야 중의 하나인 이민자 정착－사회통합

서비스도 위기에 직면했다는 견해가 제기되었다.58)

　캐나다의 연구자나 실무가들은 이민자 사회통합정책 거버넌스에 있어서 시민단체의 자율성 훼손, 정책결정 과정 참여 감소, 정부 정책 집행 대행기관으로 전락할 위험, 재정지원 감소로 인한 서비스 축소나 폐지, 서비스의 양극화 등 다양한 우려를 제기하였다.59) 에반스 등60)은 정부가 공공 서비스분야의 재정에 신공공관리론과 같은 정책 이론을 적용하여 공동체에 기반을 둔 서비스 전달자들에게 주로 단기간, 불확정적 계약 위주로 재정지원을 하며, 의도적으로 예산을 충분히 지원하지 않는다고 지적하였다. 당국의 재정지원은 서비스 전달의 비용을 전액 부담하는 것도 아니며, 더욱이 자원봉사자 개발, 훈련－교육비용에는 매우 부족하다. 이런 재정지원 방식은 서비스 불안정 및 공백, 단체의 자율성이나 소명의식 상실, 정책제안 감소, 단체 직원의 노동조건 악화 등을 초래했다고 한다.

　현장 활동가들은 이민자에게 서비스를 제공하는 주체들이 정부의 프로젝트성 예산 지원에 크게 의존하기 때문에 정부와 민간의 관계

---

58) Ted Richmond, and John Shields, "NGO-Government Relations and Immigrant Services: Contradictions and Challenges," *Journal of International Migration and Integration*, Vol. 6, No. 3/4(2005), pp.513~526.

59) Bryan Evans, Ted Richmond, and John Shields, "Structuring Neoliberal Governance: The Nonprofit Sector, Emerging New Modes of Control and the Marketisation of Service Delivery," *Policy and Society*, Vol. 24, Issue 1(2005), pp.73~97; Min-Jung Kwak and Daniel Hiebert, "Immigrant Entrepreneurship and the Role of Non-Government Organizations in an era of Neo-liberal Governance"; Tim Owen, "NGO-Government Partnership," *Journal of International Migration and Integration*, Vol. 1, No. 1(2000), pp.131~137; Ted Richmond, and John Shields, "NGO-Government Relations and Immigrant Services: Contradictions and Challenges."

60) Bryan Evans, Ted Richmond, and John Shields, "Structuring Neoliberal Governance: The Nonprofit Sector, Emerging New Modes of Control and the Marketisation of Service Delivery"; Katherine Scott, "Funding Matters: The Impact of Canada's New Funding Regime on Nonprofit and Voluntary Organizations," *The Canadian Council on Social Development*, (2003).

에 있어서 자율성이 위협을 받는다고 어려움을 토로한다. 예산지원 당국의 과도한 책무성 요구가 시민단체에 필요 이상으로 대정부 관련 행정 업무 부담을 가중시킴으로써, 귀중한 인력자원이 서비스 제공으로부터 분산되는 결과를 초래하고, 단체의 정책기획이나 정책제안을 위한 자원에 제약을 가한다고도 한다.[61]

또 이민자 정착서비스 제공 비영리단체들은 점점 더 공공교육기관이나 민간 부문 서비스 제공자와 경쟁에 직면하게 되었다고 한다. 비영리와 영리 서비스 제공자 사이의 경쟁은 효율성 제고를 목적으로 도입되었으나, 그 결과 재정지원 당국과 시민단체 사이의 관계가 심도 있는 파트너십으로 함양되기보다는 불안정한 계약관계에 의해 좌우되게 되었다. 경쟁도입으로 인해 이민자 서비스 제공 분야의 독과점화 경향도 나타났다. 구조개혁, 행정, 예산지원 기관과의 협상 등에 더 많은 재원을 투입할 수 있는 대규모, 다분야 서비스 단체가 생존 가능성이 높아진다. 이 과정에서 공동체 기반의 서비스 제공 부문은 자율성과 독립성을 점점 상실했으며 행정당국의 통제력은 강화되었다고 지적된다.[62]

캐나다의 이민자 정착－사회통합 서비스 분야는 근본적으로 서비스 전달에 있어서 정부의 역할과 비정부－비영리 단체가 수행해야

61) Robert Jovel, 「이주자와 난민 지원 서비스 섹터: 실천, 권리옹호, 공공교육을 통한 이주자 통합 (The Immigrant Serving Sector: Shaping Immigrant Integration through Practices, Public Education and Advocacy)」, 『Managing Multicultural Society in Canada and Korea: Canadian Experiences and Policy Implications for Korea』, 한국캐나다학회와 숙명여대 다문화통합연구소 주최 국제학술회의 자료집(2008.11.24).

62) Ted Richmond, and John Shields, "NGO-Government Relations and Immigrant Services: Contradictions and Challenges," p.517; Bryan Evans, Ted Richmond, and John Shields, "Structuring Neoliberal Governance: The Nonprofit Sector, Emerging New Modes of Control and the Marketisation of Service Delivery."

할 역할의 적절한 수준에 대한 의문이 제기되고 있다. 증가 일로에 있는 이민자 사회통합 서비스에 연방정부가 보다 더 적극적으로 관여해야 함에도 불구하고, 그 책임을 회피하고 업무를 민간에 저비용으로 전가하고 있다는 비판이 제기된다.[63] 서비스를 제공하는 비영리단체의 책무성에 초점을 맞추는 현재의 정책은 재정지원 당국이 효과적인 이민자 정착－통합 서비스와 관련한 정부 책임에 대한 논의를 회피하기 위한 수단이라는 주장도 있다. 이민자 통합 정책의 궁극적 책임 당사자는 이민정책에 의거하여 이민자를 유치한 정부인데 서비스 제공 책임 소재의 초점이 비영리단체에 집중되는 것은 적절하지 않다고 생각된다. 리치몬드와 실즈는 캐나다 이민자 정착－사회통합 서비스 부문과 서비스 전달 단체들은 실패한 신자유주의 재정지원 정책의 희생자가 되었으며, 이러한 정책은 최근의 유색인종 이민자들에 대한 2류의 주변화된 서비스 체제를 제도화하는 것이라고 신랄히 비판하였다.[64]

유사한 맥락에서 아그레라와 디에츠는 스페인에서는 정부가 하도급과 민영화를 적극 실행하면서 이민자 사회통합정책 집행의 비정부화(nongovernmentalization)가 진행되었는데, 이민자 통합정책이 정부 비용절감의 시험대와 같이 되었다고 보았다. 그 과정에서 스페인의 정부부처는 민간－비정부 단체의 서비스 전달과 이민자의 권리를 주장하는 이민자 지원 운동을 명확히 구분하여, 후자에게는 국

---

63) Robert Jovel, 「이주자와 난민 지원 서비스 섹터: 실천, 권리옹호, 공공교육을 통한 이주자 통합 (The Immigrant Serving Sector: Shaping Immigrant Integration through Practices, Public Education and Advocacy)」.

64) Ted Richmond, and John Shields, "NGO-Government Relations and Immigrant Services: Contradictions and Challenges," pp.519~520.

가 재정지원을 제공하지 않았다.[65] 이상에서 언급한 바와 같이 거버 년스의 이상향과는 달리 예산 지원을 통해서 비영리부문이 정부의 선호를 따르도록 압력을 가하고 통제하려는 의도가 거버넌스 체제 에 내재된 속성이 되고 있다.

신자유주의적 공공부문 개혁이나 예산삭감 등의 맥락에서 거버넌 스 체제가 확산된 일본, 캐나다 등과 대조적으로, 한국에서는 소위 다문화정책을 추진하는 정부의 적극적 정책전개와 대대적 재정 투 입으로 비교적 단기간에 이민자 통합 분야에서 거버넌스 체제가 확 산된 사례라고 할 수 있다. 정부는 정책의 집행, 공공 서비스 전달 수단으로서 비영리단체를 동원하였다. 비영리 부문은 행정당국의 정 책방향이나 목표에 의해 크게 영향을 받고, 양자의 관계에 있어서 상호의존적이기보다는 일방적인 의존관계가 형성되는 경향을 보여 왔으며, 비영리 단체들은 자율성이 약화되고 사실상 하청업자의 역 할에 머무는 경우가 대부분이다.

최근 한국정부의 이민자 통합 정책의제의 중심은 결혼이민자이다. 따라서 결혼이민자 위주의 정부 지원사업이 확대되면서 이주노동자 의 인권이나 노동권 등의 의제는 약화되고 시민단체의 운동의 약화 로 이어지고 있다. 정부의 위탁사업과 각종 민간 지원금을 받기 위 해 많은 시민단체들이 정책제안 활동보다는 사회서비스 전달에 치 중하는 경향을 보이고 있다. 또 지원금 수혜를 위한 민간단체의 경 쟁, 시민사회 내 갈등이 노정되고 있다. 연구자들은 정책참여 주체

---

65) Belen Agrela, and Gunther Dietz, "Nongovernmental versus Governmental Actors? Multilevel Governance and Immigrant. Integration Policy in Spain," in Tsuda, Takeyuki(ed.), *Local Citizenship in Recent Countries of Immigration: Japan in Comparative Perspective* (Oxford: Lexington Books, 2006), p.221.

들의 역할분담과 정책 네트워크를 통한 연계와 협력이 중요하며, 정부는 운동단체나 민간단체 등을 지원서비스의 전달자로서가 아닌 정책제안에서 서비스 전달에 이르기까지 동등한 정책협력자로서 자율성을 최대한 보장해주어야 한다고[66] 이상적 방향을 제시하지만 그것이 실현되기는 어려운 현실이다.

2. 거버넌스와 민주적 통제

민주주의 정치체제에서 거버넌스의 확산 현상은 우리에게 또 다른 차원의 딜레마를 가져올 수 있다. 로우즈는 거버넌스 개념을 네트워크 관리와 동일시한 바 있다.[67] 거버넌스를 자율적으로 조직화된 네트워크 형성과 연관된 것으로 이해할 때, 정부와 비정부－비영리 부문과의 관계는 반드시 일방적으로 후자의 전자에 대한 의존관계로만 국한되는 것은 아니다. 오늘날의 공공정책 과정에서는 전통적인 정책 수단의 근본적 한계로 인해 국가가 단독으로는 경제－사회문제를 더 이상 적절히 해결하지 못하는 상황이 빈번히 발생하고 있다.[68] 경우에 따라서는 정부가 네트워크에 의존하지 않을 수 없으며, 네트워크를 무시하면 정부의 정책집행은 성공하기 어려운 경우도 있다. 행정당국이 네트워크를 활용하려는 것은 네트워크가 서비

---

66) 김선미, 「한국의 다문화정책과 지원사업: 정부와 시민사회의 갈등, 협력, 거버넌스」, 국가안보전략연구소, 《정책연구》, 통권 168호(2011), 45~46쪽.

67) Rod Rhodes, "The New Governance: Governing Without Government," p.666.

68) Renate Mayntz, "Governing Failures and the Problems of Governability," in Jan Kooiman(ed.), *Modern Governance: New Government-Society Interactions*(London: Sage Publications, 1993).

스 전달에 효과적이고 비용의 측면에서 효율성 제고를 기대하기 때문이다.

그러나 네트워크의 확산이 반드시 정부의 정책목표 실현에 긍정적으로 작용할 것이라는 보장은 없다. 네트워크는 중앙정부의 통제력이나 정책집행능력을 신장해줄 수도 있고 제약을 가할 수도 있는 양날의 칼이다.[69] 자율성, 독자적 준거기준과 내부 논리를 가진 분화된 네트워크들은 기존의 집중화된 정치-행정적 통제를 점점 더 어렵게 할 수 있다. 네트워크로서의 거버넌스 체제가 확산됨에 따라 정부가 직면하게 된 중요한 도전은 그러한 네트워크를 작동하고 비정부-비영리부문과의 새로운 형태의 협력을 추구하는 것이다. 네트워크가 정부의 행동에 제약을 가함을 인정하고 이들을 간접적으로 관리하는 새로운 도구를 찾아야 한다는 것이다.

언급한 바와 같은 상황은 대의민주주의의 관점에서 딜레마가 된다. 이는 거버넌스 체제의 구성과도 관련이 있다. 즉 자율적으로 형성된 네트워크는 폐쇄적인 속성을 띠거나, 어떤 집단이나 개인이 네트워크로부터 배제될 수 있다. 이것은 정책과정의 민주성 손상으로 이어진다. 네트워크는 그 구성원들에 의해 집합된 이익, 일반의 의사가 아닌 단지 일부의 이익만을 추구할 가능성이 있다. 따라서 거버넌스 체제에서는 네트워크에 포함된 자와 배제된 자에 대해 주의를 기울여야 하며, 대표성의 문제를 고려해야 한다. 한편 대의민주주의에서 주권자는 국민이며, 국민은 궁극적으로 의회나 정부와 같은 정치적 권위체에 대해 책무성을 요구한다. 그런데 네트워크의 속

---

69) 안네 메테 키에르, 『거버넌스』, 51쪽.

성은 권력의 분산을 의미하며, 정책투입이나 산출에 대한 책임소재를 밝히거나 책무성을 담보하는 것을 어렵게도 한다. 정치적 권위체가 정책과정을 전적으로 통제하지 못하면 국민의 의사에 따라 정책이 수립되고 실행될 것으로 확언할 수 없다.

거버넌스의 확산에도 불구하고 위계적인 조정장치의 필요성이 제기되는 것도 그러한 이유 때문이다. 네트워크들과 위계적인 장치들은 공존하거나 중첩될 수도 있으며, 민주적 책무성의 차원에서 위계적인 모델의 유지가 바람직할 수도 있다. 왜냐하면 위계적인 조정이 대의민주주의의 근거가 되는 공식적인 모델이기 때문이다. 오늘날의 거버넌스에 비정부─비영리 행위자의 관여가 점점 증가하는 것은 사실이지만, 정책은 여전히 대의기관의 승인을 받아야 하며 정부가 그것을 충실히 집행해야 한다. 네트워크는 이러한 기본적인 민주주의의 모델을 폐기하기보다는 이를 보완하는 역할을 하는 것이 바람직하다. 그러나 민주주의의 훼손이 중앙에서의 통제를 재정립함으로써 완전히 개선된다고 믿는 것은 비현실적이다. 거버넌스를 정부(government)로 되돌리는 것이 해결책이 될 수는 없다. 하나의 대안으로 숙의민주주의가 제안되기도 한다. 숙의민주주의가 대의민주주의를 대치할 수는 없으나 네트워크의 등장으로 중앙의 선출된 대의기구가 약화될 때 대의민주주의를 강화할 수는 있다.[70] 이처럼 거버넌스의 확산은 일견 자발적─자율적 네트워크의 형성을 통한 아래로부터의 정책투입을 활성화하여 민주적 정책과정에 기여하는 측면과 동시에 민주적 책무성과 통제를 약화시킴으로써 민주주의 원리

---

70) 안네 메테 키에르, 『거버넌스』, 59쪽, 73~75쪽.

와 상충하는 측면을 동시에 가지고 있기 때문에 양자 간의 균형과 조화를 이루는 것은 오늘날 정치체제가 직면한 중요한 과제 중의 하나라고 생각된다.

VI. 나가는 말

지금까지 우리는 다문화사회의 거버넌스의 개념과 의미, 거버넌스 체제 확산의 배경, 거버넌스의 유형 등에 대해서 알아보았다. 거버넌스는 학문적-이론적 개념으로서, 정책 실무가들의 실천적 처방으로서 광범위하게 회자되고 있다. 그러나 워낙 다양한 분야-차원에서 거버넌스를 논의하기 때문에 보편적인 정의가 어렵다. 따라서 주어진 논의 주제에 따라 그에 한정된 개념 규정을 할 수밖에 없다. 이 글에서는 거버넌스를 국내의 정책과정에서 나타나는 현상에 한정하여, 전통적 국가-정부의 영역을 초월하여 공공의 목표달성을 지향하는 복합적이고 다차원적 수준의 행위자들의 유형화된 상호관계라고 규정하고, 주로 정부와 제3섹터, 즉 비영리-시민부문과의 관계에 초점을 맞추어서 논의하였다.

오늘날 공공정책 과정은 더 이상 국가의 독점적 영역이 아니며, 정부가 정책과정 전반을 통제하지는 못한다. 그러나 거버넌스는 정부의 공동화를 의미하는 것은 아니며, 국가나 정부보다는 광범위한, 정부를 포함하는 다양한 행위자들 사이의 상호관계를 통해 공공의 목표 실현을 추구하는 네트워크에 의한 통치를 의미한다. 거버넌스 체제하에서는 국가와 사회의 전통적인 2분법적 구분이 희석되고, 정부와 비정부 부문의 경계가 모호해지며, 양자 간 역할의 조정과 관계의 변형이 나타난다. 거버넌스 확산의 배경에는 기존의 국가 중심적 통치체제에 도전하는 다양한 국내외적인 구조적 요인이 있다. 즉 정치, 경제, 사회적으로 정부의 공공목표 실현 능력의 한계에 직면한 각국의 정책과정에서 중앙정부, 지방자치체, 민간기업, 제3섹터 등의 상호협력－의존 관계가 모색되며, 특히 비영리－비정부 단체의 역할이 활발하게 전개되고 있다.

한편 거버넌스 현상에는 국가가 위로부터의 필요에 의해, 정부가 정책적 의도를 가지고 사회 내 여러 부문의 가용자원을 동원하는 측면과, 아래로부터 자율적으로 형성된 조직이나 네트워크가 정책과정에 관여하게 되는 두 가지 측면이 모두 존재한다. 공공정책 수립－집행에 있어서 자원의 제약을 많이 받게 된 정부는 이를 해결하는 방식으로 공공부문 개혁, 파트너십 등의 명분을 내세워 민간－비정부 부문을 동원한다. 비영리－제3섹터의 행위자들은 자율성을 유지하고자 하는 욕구에도 불구하고 현실적으로 그들의 활동목표를 실현하는 데 도움이 된다면 정부와 협력을 하게 된다. 그것이 대등하게 균형 잡힌 상호의존 관계라면 바람직하지만 그러한 관계설정은 용이하지 않다.

다문화사회의 이민자 정착지원이나 사회통합정책은 거버넌스 체제 확산의 전형적인 분야로, 구조적 속성상 거버넌스적인 정책과정이 활성화되기에 매우 적합한 환경을 가지고 있다. 중앙정부의 이민정책 또는 노동정책의 결과로 외국인 이주자나 이민자가 대량 유입되어 정착한 경우, 지역사회에 있어서 이들에 대한 정착지원이나 사회통합

서비스 제공은 미흡하고, 비정부-비영리 단체들이 그 간극을 메우는 역할을 담당하게 되는 경우가 많다. 비영리 부문의 행위자들이 자율적으로 조직화하여 정부의 서비스가 미치지 못하는 영역에서 언어교육, 상담 등 이민자들이 필요로 하는 다양한 서비스를 제공한다. 또는 인적-재정적 자원이 부족한 행정당국이 사회통합 서비스를 제공하기 위해 비영리단체들을 동원하거나 협력을 구하게 된다.

언급한 바와 같은 양면성은 거버넌스 체제가 야기하는 딜레마의 원천이기도 하다. 거버넌스는 사회가 필요로 하는 공공정책 수요에 정부, 민간, 제3섹터의 협조를 상정한다. 제3섹터-비영리 단체들은 행정당국과 협력하면서 과거에 비해서 상당히 적극적으로 정책과정에서의 역할을 분담하게 되었다. 그러나 행정당국과 협조적인 관계를 형성하는 가운데 얼마나 자율성-독립성을 유지할 수 있는지에 대해서는 의문이 제기된다. 단체가 스스로 목표를 세우고 정책을 제안하는 기능이 약화된다든가, 행정당국이 단체를 통제하고 활동의 방향에 영향을 미친다든가, 단체가 하청업자의 지위로 전락할 가능성이 제기된다. 또 정부가 책임을 회피하고 마땅히 정부가 수행해야할 업무를 저비용으로 제3섹터에 전가한다는 비판도 있다. 그 밖에도 정책과정의 민주적 통제라는 견지에서 거버넌스가 대의민주주의의 원리를 훼손할 수도 있다. 민주주의 체제에서는 대의기관과 행정당국이 정책과정의 궁극적인 책임을 진다. 그 과정에 대표성이 없는 다양한 비정부 행위자의 참여가 제도화되는 것이다. 거버넌스는 상향적 민주적 참여의 신장이면서 동시에 민주적 책무성과 통제의 약화라는 역설적 상황을 의미한다. 거버넌스에 대한 논의는 그러한 양면성을 이해하고 접근하는 것이 바람직할 것이다.

<참고문헌>

김선미, 2011, 「한국의 다문화정책과 지원사업: 정부와 시민회의 갈등, 협력, 거버넌스」, 국가안보전략연구소, ≪정책연구≫, 통권 168호, 35~70쪽.

김의영, 2005, 「시민사회와 글로벌 거버넌스: 캐나다의 경험과 한국적 함의」, ≪국제정치논총≫, 제45권 제2호, 241~265쪽.

문순홍, 2006, 『정치생태학과 녹색국가』, 서울: 아르케.

박상필, 2006, 『NGO학 강의』, 서울: 아르케.

양기호, 2009, 「일본의 다문화 거버넌스와 한국에의 함의」, ≪다문화사회연구≫, 제2권 제1호, 135~160쪽.

이유진, 2010, 「일본의 외국인 재류관리 제도와 지원책에 대한 연구: 2000년대 후반의 시책과 제도개정을 중심으로」, ≪일본연구논총≫, 제31권, 1~30쪽.

전경옥·이유진·김영란·유숙란·금혜성, 2010, 『주요 선진국 다문화정책의 시민사회 공존사례연구용역』, 특임장관실 연구용역보고서.

안네 메테 키에르, 2007, 『거버넌스』, 이유진 옮김, 서울: 오름.

関根政美, 2000, 『多文化主義社会の到来』, 東京: 朝日新聞社.

駒井洋, 1994, 『移民社会日本の構想』, 東京: 国際書院.

_____, 2004, 「自治体の政策とNPOの活動の成果と課題」, 『移民をめぐる自治体の政策と社会運動』, 東京: 明石書店.

山本啓, 2004, 「コミュニティ・ガバナンスとNPO」, ≪年報行政研究≫, Vol. 2004, No. 39, pp.48~69.

山脇啓造, 2005a, 「多文化共生のとびら: 2005年は多文化共生元年?」, ≪自治体国際化フォ-ラム≫, Vol. 187, No. 5, pp.34~37.

_____, 2005b, 「多文化共生社会に向けて-国と地方自治体の施策を中心に」, ≪月刊 地域 ずくり≫, Vol. 178.

_____, 2008.12., 「社会統合政策の構築に向けて」, ≪経済 Trend≫, pp.34~35.

_____, 2009, 「多文化共生社会の形成に向けて」, ≪移民政策研究≫, Vol. 1, pp.30~41.

山脇啓造・近藤敦・柏崎千佳子, 2001.7., 「多民族国家日本の構想」, ≪世界≫, pp.141~160.

三竹直哉, 2005, 「外国人政策とガバナンス」, 『ガバナンスの課題』, 岩崎正洋 編, 秦野: 東海大学出版会.

西村明夫, 2008, 「多文化共生のとびら NPOと行政との「協働」成功物語-神奈川県の体験から」, ≪自治体国際化フォーラム≫, Vol. 221, No. 3, pp.31~33.

石井米雄・山内昌之, 1999, 『日本人と多文化主義』, 東京: 国際文化交流推進協会.

新川達郎, 2004, 「パートナーシップの失敗: ガバナンス論の展開可能性」, ≪年報行政研究: ガバナンス論と行政学≫, Vol. 2004, No. 39, pp.26~47.

_____, 2004, 「多文化共生社会の新しいガバナンス--市民・NPO・地方自治体のパートナーシップ」, ≪自治体国際化フォ-ラム≫, Vol. 179, No. 9, pp.2~5.

安藤洋行, 2009, 「多文化共生のとびら地域共生社会づくりの新たな拠点として: 浜松市多文化共生センター」, ≪自治体国際化フォ-ラム≫, Vol. 231, No. 1, pp.24~26.

岩崎正洋・佐川泰弘・田中信弘, 2003, 『政策とガバナンス』, 東京: 東海大学出版会.

朝日新聞, 2004, 「行政依存で下請け化, NPO第2世代：中」, ≪朝日新聞≫, 4月2日.

総務省, 2006, 「地域における多文化共生推進プランについて」, 総務省自治行政局国際室.

Agrela, Belen and Dietz, Gunther, 2006, "Nongovernmental versus Governmental Actors? Multilevel Governance and Immigrant. Integration Policy in Spain," in Tsuda, Takeyuki(ed.), *Local Citizenship in Recent Countries of Immigration: Japan in Comparative Perspective,* Oxford: Lexington Books, pp.205~233.

Burr, Kathleen, 2011, "Local Immigration Partnerships: Building Welcoming and Inclusive Communities through Multi-Level Governance," *Horizons*.

Dorais, Michel, 2002, "Immigration and Integration through a Social Cohesion Perspective," *Horizons*, Vol. 5, No. 2, pp.4~5.

Edwards, Adam and Benyon, John, 1999, "Community Governance of Crime Control," in G. Stoker(ed.), *The New Management of British Local Level Governance*, London: Palgrave Macmillan.

Evans, Bryan, Richmond, Ted, and Shields, John, 2005, "Structuring Neoliberal Governance: The Nonprofit Sector, Emerging New Modes of Control and the Marketisation of Service Delivery," *Policy and Society*, Vol. 24, Issue 1, pp.73~97.

Feeny, David, 1993, "The Demand for and Supply of Institutional Arrangements," in Ostrom, Vincent, Feeny, David, and Picht, Hartmut(eds.), *Rethinking Institutional Analysis and Development: Issues, Alternatives and Choices*, San Francisco: ICS Press. pp.159~209.

Gidron, Benjamin, M. Kramer, Ralph, and M. Salamon, Lester, 1992, *Government and the Third Sector: Emerging Relationships in Welfare States*, 1st ed., San Francisco: Jossey-Bass.

Hyden, Goran, 1999, "Governance and the Reconstitution of Political Order," in R. Joseph(ed.), *State, Conflict and Democracy in Africa*, Colorado: Lynne Rienner.

Jovel, Robert, 2008, 「이주자와 난민 지원 서비스 센터: 실천, 권리옹호, 공공교육을 통한 이주자 통합(The Immigrant Serving Sector: Shaping Immigrant Integration through Practices, Public Education and Advocacy)」, 『Managing Multicultural Society in Canada and Korea: Canadian Experiences and Policy Implications for Korea』, 한국캐나다학회와 숙명여대 다문화통합연구소 주최 국제학술회의 자료집.

Kickert, Walter J. M., and Koppenjan, Joop F. M. 1999, "Public Management and Network Management: An Overview," in Kickert, Walter J. M., Klijn, Erik-Hans, Koppenjan, and Joop F. M.(eds.), *Managing Complex Networks: Strategies for the Public Sector*, ed., R. Kickert, J. M. Klijin, E.-H. Koppenjan and F. M. Joop, London: Sage Publications, pp.35~61.

Kooiman, Jan, 1993, "Social-Political Governance: Introduction," in J. Kooiman(ed.), *Modern Governance: New Government-Society Interactions*, London:

Sage Publications, pp.1~8.

Kwak, Min-Jung and Hiebert, Daniel, 2007, "Immigrant Entrepreneurship and the Role of Non-Government Organizations in an era of Neo-liberal Governance," *Research on Immigration and Integration in the Metropolis.*

Mayntz, Renate, 1993, "Governing Failures and the Problems of Governability," in Kooiman, Jan(ed.), *Modern Governance: New Government-Society Interactions,* London: Sage Publications.

Ogawa, Akihiro, 2009, *The Failure of Civil Society?: The Third Sector and the State in Contemporary Japan,* Albany: State University of New York Press.

Owen, Tim, 2000, "NGO-Government Partnership," *Journal of International Migration and Integration,* Vol. 1, No. 1, pp.131~137.

Oyama, Kosuke, "The Public Service Governance in Japan: Is NPO an Agent or a Partner?," Paper read at The Japan/IIAS Joint Panel on Public Administration, July 11, at Athens, Greece, 2001.

Papademetriou, Demetrios G. and Hamilton, Kimberly A., 2000, *Reinventing Japan: Immigration's Role in Shaping Japan's Future,* Washington, D.C.: Carnegie Endowment for International Peace: distributed by Brookings Institution Press.

Peters, B. Guy, 2000, "Governance in Comparative Politics," in J. Pierre(ed.), *Debating Governance: Authority, Steering, and Democracy,* Oxford: Oxford University Press.

Rhodes, Rod, 1996, "The New Governance: Governing Without Government," *Political Studies*, Vol. 44, No. 4, pp.652~667.

_____, 1997, *Understanding Governance: Policy Networks, Governance, Reflexivity and Accountability,* Buckinngham: Open University Press.

Richmond, Ted and Shields, John, 2005, "NGO-Government Relations and Immigrant Services: Contradictions and Challenges," *Journal of International Migration and Integration,* Vol. 6, No. 3/4, pp.513~526.

Salamon, Lester M., 1994, "The Rise of the Nonprofit Sector," *Council on Foreign Relations,* Vol. 73, No. 4, pp.109~122.

Scott, Katherine, 2003, "Funding Matters: The Impact of Canada's New Funding Regime on Nonprofit and Voluntary Organizations," *The*

Canadian Council on Social Development.

Stoker, Gerry, 1998, "Governace as Theory: Five Propositions," *International Social Sicence Journal*, Vol. 50, No. 155, pp.17~28.

Takao, Yasuo, 2001, "The Rise of the 'Third Sector' in Japan," *Asian Survey*, Vol. 41, No. 2, pp.290~309.

Tsuda, Takeyuki, 2006, "Localities and the Struggle for Immigrant Rights: The Significance of Local Citizenship in Recent Countries of Immigration," in T. Tsuda(ed.), *Local Citizenship in Recent Countries of Immigrant: Japan in Comparative Perspective*, Oxford: Lexington Books.

World Bank, 2000, *Attacking Poverty*, Washington, D.C.: World Bank.

04

다문화정책과
지역거버넌스

양기호(성공회대학교)

Ⅰ. 들어가는 말: 다문화정책과 거버넌스

1. 지역거버넌스의 필요성

한국의 다문화인구는 2012년 8월 현재 약 143만 명으로, 총인구에서 차지하는 비율도 약 2.8%로 늘어났다. 1990년대 초부터 외국인근로자가 국내에 유입되기 시작하고, 2000년대 이후 내국인 남성과 결혼하는 외국여성이 증가하면서 다문화현상이 두드러졌다. 한국계중국인을 비롯한 재외동포가 신규 노동력으로 유입되면서 체류외국인이 더욱 증가하여, 최근 20년간 국내 등록된 체류외국인은 무려 20배 이상 증가했을 정도이다. 외국인근로자, 국제결혼이민자, 유학생 등의 국내 거주인구가 늘어나면서 한국정부와 매스컴은 많은 관심을 가지고 이들의 국내정착을 적극적으로 지원해왔다.

2005년 이후 본격화된 다문화정책은 2004년 8월 고용허가제 도입, 2006년 5월 외국인정책위원회 설치, 2007년 이후 행정안전부의 지자체 표준조례안 시행, 2008년 3월 다문화가족지원법 제정 등, 단기간에 법률과 제도를 마련하면서 시행착오를 거듭해왔다. 중앙정부의 다문화 예산도 지속적으로 늘어나서 2009년 1,033억 원, 2012년 2,104억 원으로 해마다 급증하고 있다. 전국적인 지원네트워크도 잘 구축되어 있다. 207개에 달하는 전국다문화가족지원센터 네트워크, 전국에 350개가 넘는 종교기관과 시민단체가 외국인근로자, 다문화가정, 유학생을 위한 프로그램과 상담을 하고 있다. 한국의 다문화정책은 단기간에 압축 성장을 해온 셈이다.

그러나 한국사회에서 다문화현상은 아직 생소한 것으로 선진국 못지않은 갈등요인을 안고 있다. 지난 2011년 7월 노르웨이 오슬로에서 발생한 기독교 극단주의자의 反다문화 연쇄테러는 세계 각국에 커다란 충격을 주었다. 무참한 테러로 인하여 무려 100명 이상 사망한 대참극은 유럽형 다문화주의의 모순과 한계점을 상징적으로 드러낸 것이었다. 유럽 각국의 다양한 노력에도 불구하고 다문화와 이민정책에 대한 갈등이 존재하며, 反다문화 내지 反이슬람 정서가 인종 간, 종교 간 갈등을 야기하고 있다. 한국의 경우, 심각한 종교 갈등은 존재하지 않으며 유럽 각국과 비교할 때 외국인 비율이 상대적으로 낮다는 차이가 있다. 그러나 2050년에 이르면 체류외국인 인구 비율이 8%에 달하고, 최근 들어 反다문화 현상이 빈번히 눈에 띄고 있다는 점에서 안심할 수 없는 실정이다.

한국정부는 외국인근로자를 경제성장에 필요한 노동력으로서 도입하였지만, 국내경기가 침체되면서 자국민의 고용시장을 침해하고 있다는 인식이 확산되고 있다. 단기간에 중앙정부 주도로 다문화정책이 추진되다 보니, 한국사회에 이들을 수용하는 과정이나 논의가 부족하여, 지역주민의 불만이 높아지는 경우도 있다. 일부 선진국에서 자국중심의 동화정책을 추구한 결과, 외국인들의 다양성을 인정하는 정책 도입을 주저하거나, 지역주민들이 기존공동체에 집착하여 외국인들을 배제함으로써 정신적인 단절과 주거지역의 경계가 생겨난 경우도 있다.

유럽의 실패가 던지는 시사점은 중앙정부가 추진해온 제도도입과 재정지원 중심의 다문화정책만으로는 이민문제를 해결할 수 없다는 것이다. 어디까지나 지역공동체가 외국인을 받아들여 긍정적인 변화를 시도할 경우에 비로소 지속가능한 다문화정책이 성공할 수 있다. 그동안 한국의 다문화정책이 주로 중앙정부 주도로 단기적인 성과를 낳는 데 집착해왔다면, 유럽의 실패를 거울삼아 지금부터라도 지방정부와 지역사회가 거버넌스를 구축하면서 외국인과의 공생을 추진해 나갈 필요가 있다. 말하자면, 지역주민과 시민단체가 단계적으로 외국인주민을 수용해가는 과정을 모색해야 한다. 다문화정책을 위한 지역거버넌스가 필요한 이유가 바로 여기에 있다.[1]

2. 다문화정책 체계와 문제점

그동안 중앙정부가 주도해온 다문화정책은 집중적인 법률제정과 정책집행을 통하여 적지 않은 성과를 올렸으나, 지자체, 지역사회,

---

[1] 거버넌스(**governance**)란 공공영역 내에 있는 과제를 해결하기 위하여 정책결정과 집행과정에서 공공정부, 기업, 시민단체, 지역주민 등 다양한 주체들이 공식적이거나 비공식적인 영향력을 행사하면서 참가하는 것을 말한다.

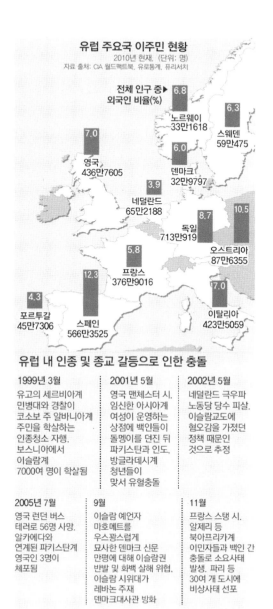

유럽 주요국 이주민 현황
2010년 현재. (단위: 명)
자료 출처: CIA 월드팩트북, 유로통계, 퓨리서치

전체 인구 중▶ 6.8
외국인 비율(%)

노르웨이
33만1618

6.3
스웨덴
59만475

7.0
영국
436만7605

6.0
덴마크
32만9797

3.9
네덜란드
65만2188

8.7
독일
713만919

10.5
오스트리아
87만6355

5.8
프랑스
376만9016

7.0
이탈리아
423만5059

4.3
포르투갈
45만7306

12.3
스페인
566만3525

유럽 내 인종 및 종교 갈등으로 인한 충돌

1999년 3월
유고의 세르비아계 민병대와 경찰이 코소보 주 알바니아계 주민을 학살하는 인종청소 자행. 보스니아에서 이슬람계 7000여 명이 학살됨

2001년 5월
영국 맨체스터 시. 임신한 아시아계 여성이 운영하는 상점에 백인들이 돌멩이를 던진 뒤 파키스탄과 인도, 방글라데시계 청년들이 맞서 유혈충돌

2002년 5월
네덜란드 극우파 노동당 당수 피살. 이슬람교도에 혐오감을 가졌던 정책 때문인 것으로 추정

2005년 7월
영국 런던 버스 테러로 56명 사망. 알카에다와 연계된 파키스탄계 영국인 3명이 체포됨

9월
이슬람 예언자 마호메트를 우스꽝스럽게 묘사한 덴마크 신문 만평에 대해 이슬람권 반발 및 화백 살해 위협. 이슬람 시위대가 레바논 주재 덴마크대사관 방화

11월
프랑스 스탱 시. 알제리 등 북아프리카계 이민자들과 백인 간 충돌로 소요사태 발생. 파리 등 30여 개 도시에 비상사태 선포

<그림 1> 유럽 주요국 내 외국인 현황(2010)[3]

시민단체의 지지와 합의를 이끌어내지 못함으로써 소통부족의 문제를 야기하고 있는 실정이다. 현재 한국정부가 추진 중인 다문화정책에 대하여 3개의 레벨로 구분하여 설계하면 다음과 같다. 다문화사회 구성을 위한 철학, 전략적 수준, 수용능력 인프라, 실천과제로서 제도적 층위를 3등분할 수 있다.[2] <표 1>을 보면 알 수 있듯이, 다문화정책의 철학을 설계하는 외국인정책위원회, 다문화가족정책위원회, 외국인력정책위원회가 있고, 인프라를 구축하는 중앙부처, 제도설계를 담당하는 법무부 등으로 나뉘어져 있다. 이러한 합의체계, 수용능력, 출입국관리에 대한 구체적인 정책목표와 과정, 방향성 등이 공유되지 않고 있다. 따라서 최상위의 다문화사회 구성에 대한 철학적인 합의나 부처별 정책정합성, 이에 따른 행동계획의 일관성이 결여된 채, 제각각 다문화정책이 추진되고 있는 실정이다.

Philosophy(Strategy): 사회구성에 관한 전략방향과 범사회적 합의체계
Receptive Capacity(Social Infra): 다문화에 대한 사회의 수용능력
Institution(Action Plan): 출입국관리정책, 다문화정책

<표 1> 다문화정책의 설계주체

	담당부처
철학(전략)	외국인정책위원회 다문화가족정책위원회 외국인력정책위원회
수용능력(인프라)	여성가족부, 안전행정부, 보건복지부, 고용노동부, 교육부
제도(행동계획)	법무부

---

2) 최홍, 「한국이민정책의 방향과 과제」, 『한국의 이민정책을 말한다』, 법무부, 이민정책포럼 발표자료 (2011.5.26).

3) "유럽 주요국 이주민 현황", ≪동아일보≫, 2011년 7월 26일자.

<표 2>는 중앙정부와 지자체, 시민단체 가운데 직접 다문화정책을 담당하는 기관별로 중앙정부, 지자체, 시민단체로 나누어 정리한 것이다. 이것을 보면 알 수 있듯이, 거의 대부분의 중앙부처가 다문화업무를 가지고 있으며, 광역단체와 기초단체는 각 담당부서에 따라 업무가 분산되어 있다. 한편 시민단체는 지역별로 제각각 다양한 단체가 참여하고 있음을 알 수 있다. 위에서 알 수 있듯이, 한국의 다문화정책은 중앙정부가 주도하면서 하향식으로 진행되다 보니 분야별로 정책과잉과 정책결핍의 불균형 속에 다문화사회로의 큰 전망이 그려지지 않고 있다.

<표 2> 다문화정책의 담당기관

집행주체		부처(부서) 및 기관
중앙정부		여성가족부/법무부/산업통상자원부/고용노동부/교육부/안전행정부/문화체육관광부/보건복지부/중소기업청/기획재정부/외교부/농림축산식품부/국토교통부/식품의약품안전처/해양경찰청
지자체	광역단체	다문화정책/가족여성정책/복지정책/국제협력/문화정책/보건위생정책/노동정책/투자진흥/외국인지원/농어촌정책
지자체	기초단체	국제결혼이민자(다문화)가족지원센터/자치행정/사회복지/민원봉사/문화체육/의약·보건/여성·아동/건강가정지원센터/외국인근로자센터
시민단체		이주여성인권센터/외국인근로자지원센터/사회복지관/민간학교/종교단체/교육센터/민간사회복지법인/이주민여성상담소/외국인근로자상담소/쉼터/이주민센터/국제교류센터/YMCA/외국인근로자의집/민간연구소/사립대학

자료: 한승준, 『한국다문화정책의 정책추진체계』, 2009.

중앙정부, 지자체, 시민단체 간 다문화 거버넌스가 구축되지 못하고 있으며, 다문화정책과 지원사업을 둘러싼 정부부처와 시민사회 내 갈등이 존재하여 다문화정책의 거버넌스를 저해하고, 중복성과 비효율성이 두드러지고 있다. 다문화정책과 지원사업을 둘러싸고 정

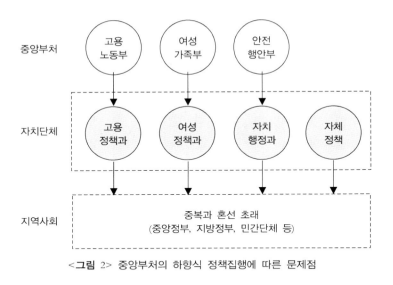

중앙부처

고용
노동부

여성
가족부

안전
행안부

자치단체

고용
정책과

여성
정책과

자치
행정과

자체
정책

지역사회

중복과 혼선 초래
(중앙정부, 지방정부, 민간단체 등)

<그림 2> 중앙부처의 하향식 정책집행에 따른 문제점

부부처 간 예산확보와 영향력 확대를 위한 경쟁, 중앙정부와 지자체 간 업무분장, 위탁사업 선정을 둘러싼 지자체와 시민단체 간 갈등, 다문화정책과 지원사업을 둘러싼 시민사회 내 갈등이 동시에 존재하여 다문화정책의 거버넌스를 저해하고, 문제점이 두드러지고 있다.[4]

선진 각국의 다문화정책은 중앙정부의 법률제정과 재정지원, 그리고 시민사회의 주역으로서 나눔과 봉사를 실천하는 시민단체, 이들 단체를 네트워크하거나 분야별로 지원하는 지자체 등으로 역할분담이 이루어지고 있다. 한국의 다문화정책은 중앙부처인 여성가족부, 법무부, 고용노동부, 교육부, 안전행정부가 주도적으로 추진하고 있으나, 지자체, 기업, 시민단체와의 공동거버넌스가 부족한 실정이다. 중앙정부 못지않게 지자체, 지역기업, 다양한 시민단체의 역할이

---

4) 양기호 외, 『한국다문화정책 개선을 위한 시민사회단체 역량강화방안』(한국다문화학회 연구보고서, 2010).

매우 크며, 앞으로 민간액터로서 중요한 기초인프라가 될 수 있다.

지금까지 중앙정부가 주도하는 다문화정책의 문제점은 공급 위주, 실적 위주, 성과 위주로 이루어지고 있는 데서 기인한다. 일본 등, 선진국에서는 지자체와 시민단체가 다문화 프로그램을 주도하며, 중앙정부는 법률과 제도 면에서 보완하는 경우가 적지 않다. 따라서 다문화사회 정착과 지역공동체의 형성을 위하여 현장성과 기동성을 지닌 지자체와 시민단체의 활력과 기능을 재평가하고 이들의 역량을 강화해 나갈 필요가 있다. 특히 지역 내 다문화기관의 상호협력과 지원체제를 연계시키기 위한 거버넌스 구축을 위해서는 지자체의 적극적인 대응이 필수적이라고 할 수 있다.

II. 지자체의 다문화정책[5]

1. 지자체 다문화정책의 주체

지자체의 다문화정책은 중앙정부보다 한발 늦게 시작되었으며, 대체로 중앙정부의 정책을 집행하는 수동적 역할에 머물러왔다. 지금까지 다문화정책은 주로 국제협력을 담당하는 부서에서 관장하였다. 국제협력은 국내지자체와 해외지자체 간 교류사업, 해외 투자기업에 대한 지원, 관내 글로벌 비즈니스 환경조성 등에 관련된 업무를 의미한다. 그러나 중앙정부의 정책이 거주외국인 지원정책에 초

---

5) 양기호 외, 『다문화가족지원센터와 지역중심의 거버넌스 체제구축』(한국다문화학회 연구보고서, 2011).

점을 맞추면서 지자체 정책도 기존 국제협력 중심에서 외국인지원과 다문화정책으로 변화해왔다.

<표 3>은 서울특별시, 6개 광역시와 다문화정책 조직을 각각 보여주고 있다. 여기서 알 수 있듯이, 대부분의 지자체는 기존조직을 활용하여 다문화 행정수요에 대응하고 있는 실정이다. 해외교류를 담당하던 국제협력 관련부서도 일정한 역할을 하고 있으며, 여기에 여성가족 담당부서, 경제고용 담당부서, 행정자치 담당부서 등이 다문화정책에 함께 참여하는 형태이다. 예를 들어 다문화 관련업무가 각각 국제통상과, 기업지원과, 가족여성과로 나누어져 있다.

<표 3> 광역시의 다문화정책 조직

구분	지자체(담당자 수)
서울특별시	행정과(1), 경쟁력정책담당관(5), 국제협력담당관(3), 마케팅담당관(2), 보건정책담당관(2), 보육담당관(1), 여성정책담당관(1), 일자리정책담당관(1), 저출산대책담당관(2)
부산광역시	국제협력과(1), 여성정책담당관실(1), 자치행정담당관실(1)
대구광역시	자치행정과(1), 여성청소년가족과(1), 국제통상과(1), 경제정책과(1), 보건위생과(1)
인천광역시	자치행정과(1), 국제협력관실(1), 여성정책과(3), 보건정책과(1), 고용정책과(1)
광주광역시	자치행정과(1), 여성청소년정책관실(2), 산업고용과(1), 마케팅기획과(1), 보건위생과(1)
대전광역시	국제교육담당관실(4), 투자마케팅과(1), 자치행정과(1), 문화예술과(2), 여성가족청소년과(1), 보건위생과(2), 민원봉사실(2)
울산광역시	국제협력과(1), 여성가족청소년과(1)

자료: 행정안전부 내부자료(2010).

지자체의 다문화정책은 아직까지 담당조직이 중앙정부의 상위부서에 대응하는 구조를 이루고 있다. 중앙정부의 안전행정부에서 관련업무가 내려오면 지방의 행정자치과에서 담당하고, 여성가족부의 업무가 내려오면 여성정책과에서 담당하는 것이다. 이는 아직 대다수의 지자체가 다문화업무를 고유 업무로 인식하기보다는 중앙정부의 업무를 집행하거나 보조하는 정도로 인식하는 데에 기인한다.

다만 최근 들어 **다문화팀**이 지자체에 본격적으로 설치되기 시작한 것은 매우 긍정적인 일이다. 2011년 6월 현재 전국 26개 지자체에서 다문화관련 과단위 3개, 계단위 23개의 부서와 125명의 공무원이 근무하고 있다. 중앙정부는 외국인인구 5만 명 이상, 또는 주민인구비 2.5% 이상 지자체에 과(課)단위 전담부서를 설치하도록 지침을 내린 바 있다.6) 서울특별시나 경기도 등 광역단체는 거주외국인에게 민원처리, 상담, 교육 등 서비스를 제공할 수 있는 독자적인 시설을 건립 운영하는 사례가 빠르게 늘어나고 있다.

2012년도 지자체가 추진하는 다문화사업은 804개 과제로 전체예산만 1,779억 원에 달하고 있다. 외국인을 위한 글로벌센터 운영 등의 적극적인 개방분야가 19%, 지자체별 다문화가족지원센터 운영 등의 사회통합 분야가 79.2%로 이를 합치면 전체사업의 98.2%를 차지하고 있다(외국인정책위원회, 2012: 30). 한편 2012년도 지방자치단체별 예산현황을 살펴보면 <표 4>와 같다. 아래에서 알 수 있듯이, 예산이 많은 지자체는 서울, 경기, 충남, 강원, 경남, 경북, 인천, 전남, 전북 등의 순서이다.

<표 4> 2012년 광역단체별 다문화과제와 예산현황(단위: 억 원)

지자체	과제 수	지자체별 예산
서울	128	552.04
부산	43	53.87
대구	39	37.74
인천	46	97.36

---

6) 외국인정책위원회, 『2012년도 중앙행정기관 시행계획: 제1차 외국인정책 기본계획 2008~2012』, 14쪽.

광주	28	20.69
대전	34	27.03
울산	39	27.75
경기	81	236.99
강원	56	133.76
충북	44	58.17
충남	34	150.29
전북	36	76.54
전남	47	86.26
경북	59	104.07
경남	65	106.66
제주	25	9.67
합계	804	1778.89

2. 거주외국인 지원조례 제정

지자체의 다문화정책을 지지하는 중요한 법률근거로서 대부분의 지자체가 제정한 거주외국인 지원조례를 들 수 있다. 2007년 2월 행정자치부는 90일 이상 체류 외국인을 대상으로 행정지원 방안을 마련하여 지역사회의 일원으로 생활할 수 있도록 하는 표준조례안을 제시하였다. 그리고 이를 통해 지자체로 하여금 거주외국인 지원조례를 제정토록 유도하였다. 2010년 4월 현재 242개의 기초자치단체 가운데 207곳에서 지원조례를 제정하였다.[7]

거주외국인지원 표준조례안은 다문화가정과 시민단체를 대상으로 하여, 공공시설을 이용하거나 행정서비스를 받고 지역공동체의 구성원으로서 정책형성에 참여할 수 있도록 노력할 것을 명기하고 있다.

---

[7] 안전행정부, 『내부자료』; 부록) 거주외국인지원 표준조례안을 참고할 것.

또한 체류외국인들의 지역사회 조기적응을 지원, 외국인 시책의 추진, 실태조사와 외국인 밀집 거주지역의 발전계획 수립 등이 포함되어 있다. 그러나 미등록 외국인이거나 국적취득 후 3년이 지난 외국출신 한국국적 취득자는 여기서 제외된다.

체류외국인에 대한 지원사업은 한국어와 기초생활 교육, 생활과 법률, 취업상담, 보건의료와 문화, 체육행사 개최 등이다. 지자체 부단체장을 위원장으로 하는 외국인지원시책 자문위원회를 구성하여 프로그램에 대한 검토와 자문을 할 수 있다. 자문위원회는 외국인지원, 지역사회 프로그램, 다문화공동체 형성 등에 대한 사항을 심의할 수 있다. 외국인단체 지원 업무위탁, 세계인의 날 시행, 외국인주민 표창 명예도민제 실시를 규정하고 있다.

외국인지원조례의 제정은 급속히 확대되었고 외관상으로 볼 때 상당히 성공적으로 추진되었다. 그러나 내용적으로 보면, 외관상의 성과만큼 내실이 있다고 보기는 어렵다. 우선 거주외국인 지원조례나 시책이 중앙정부가 일괄적으로 만든 모범 안에 의존하고 있기 때문에 지자체의 독자성을 살리지 못하고 있다. 해당 지자체의 외국인 생활여건에 어떠한 문제점이 있으며 그것이 어떻게 개선될 수 있는지에 대한 고민과 토론 속에 조례가 제정되어야 함에도 불구하고, 그러한 논의가 일체 생략된 채 중앙정부의 시책 하달에 따른 형식적인 규범으로 머물고 있는 실정이다.

조례에 따라서 다문화인구가 많은 일부 지자체는 전담부서가 설치되어 있다. 안산시의 외국인주민센터는 2008년 도비와 시비로 건립되었으며 현재 안산시에서 직영하고 있다. **안산시**의 다문화업무는 모두 이곳에서 일괄 담당한다. **20**여 명의 직원이 다자외무, 지구촌

문화, 국제교육, 외국인인권담당 부문에서 근무하고 있으며, 안산시 외국인정책을 기획하고 관리하는 역할을 하고 있다. 안산 외국인주민센터가 시행정의 일부를 그대로 가져온 것이라면 서울시의 글로벌센터는 거주 외국인 지원을 위해 별도로 설립한 지원기관이다.

서울글로벌센터는 서울시의 글로벌존 조성사업과 관련하여 2008년 설치되었다. 외국인 투자·사업·생활에 관한 지원, 외국인 투자유치, 다문화사업 등을 추진하고 있다. 서울 중구에 글로벌센터를 두고 있으며, 외국인이 집중거주하고 있는 연남, 역삼, 서래, 이촌, 성북, 영등포에 지역 글로벌빌리지센터를 두고 있다. 각 지자체 내 전담기구도 점차 늘어나고 있어서 보다 효율적인 업무대응이 기대된다.

3. 지자체의 다문화시책

지자체의 다문화시책은 크게 세 갈래로 나누어진다. 여성가족부가 지자체를 경유하여 다문화가족지원센터에서 사업을 하는 경우, 중앙정부의 국가사무를 지자체가 국비와 지방비로 집행하는 경우, 지자체가 자체사업을 실시하는 경우이다. 기본적으로 지자체의 다문화사업을 활성화시키는 것은 지방의회가 제정한 거주외국인 지원조례이다.

비교적 다문화시책이 활발한 지자체는 수도권에 집중되어 있다. 그 이유는 다문화가정이 많기 때문이다. 수요가 많기 때문에 프로그램을 만들어서 대응하고 있다. 외국인인구가 상대적으로 적은 곳은 중앙정부의 표준시책과 프로그램, 그리고 보조금에 의거하여 추진하고 있다. 전국에 207개에 달하는 다문화가족지원센터가 있어서 다문화사무를 국가업무로 인식하는 분위기도 있다.

<표 5> 주요 지자체 다문화시책 프로그램

구분		수원	성남	부천	안산	화성	천안	김해
1단계	한글교육	○	○	○	○	○	○	○
	문화체험	○	○	○	○	○	○	○
	의료서비스	○	○	○	○	○	○	○
	생활정보지	○			○	○		○
2단계	취업교육	○	○	○	○		○	
	다문화이해교육	○	○	○	○			○
	다문화자녀교육				○	○	○	
	노무상담	○			○		○	
	축제개최	○				○	○	○
	초기 정착지원		○		○	○		
2단계	임시쉼터						○	
3단계	외국인공동체 지원	○			○		○	
	외국인대표자회의	○						
	외국인협의체 운영	○			○			

위의 <표 5>는 수도권을 중심으로 다문화시책이 활발한 지자체의 프로그램을 단계별로 표시한 것이다. 제1단계는 가장 기초적인 사업으로 한글교육, 문화체험, 의료서비스, 생활정보지 발간이다. 2단계는 취업교육, 다문화이해 교육, 다문화자녀 교육, 노무상담, 다문화축제, 조기 정착지원, 임시 쉼터 제공 등이다. 안산, 수원, 천안시에서 각각 실시하는 외국인공동체 지원, 외국인대표자회의, 외국인시책 협의회 운영은 가장 높은 단계에 속한다.[8]

몇 가지 우수사례를 들어보자. **안산시**는 67개국에서 온 4만 5천

---

8) 박세훈, 「다문화정책 효율화를 위한 거버넌스 구축방안」, 외국인주민 정책의 효율성 증대를 위한 토론회(2011).

명의 체류외국인들이 살고 있다. 단원구 외국인거리는 2009년 다문화특구 지정을 받았다. 안산시청은 지상 3층, 지하 1층의 외국인주민센터 건물을 새로 지어서 공무원들이 현장에서 근무하고 있다. 외국인주민센터는 1년 365일 연중무휴이다. 외국인근로자가 송금 시에 이용하는 은행은 국내에서 유일하게 주말영업을 하고 있다. 다문화 작은도서관은 17개국 언어로 된 약 1만 권의 책이 비치되어 국제결혼이민자와 자녀들이 자주 이용한다.

지역사회 적응지원과 귀국 후 기술교육도 실시하고 있다. 태권도 수업이나 생활체육 교실도 있고, 문화탐방, 축제, 공연의 한국문화 프로그램도 마련되어 있다. 안산시는 외국인주민조례 말고 인권증진조례를 별도로 제정하여 인권상을 받았다. 10개 언어로 외국인을 위한 통역지원센터도 운영하고 있다. 한방이나 치과 등 무료진료와 찾아가는 통역서비스, 외국인 응급사업도 준비되어 있다. 안산 글로벌 아동센터와 중도입국 청소년을 위한 예비학교도 있다. 체류외국인이 집중된 글로벌 빌리지이자 다문화정책의 발상지라고 할 수 있다.

수원시 체류외국인 인구는 약 4만 명, 인구비율도 3.5%로 국내지자체에서 다섯 번째로 높다. 외국인근로자가 1.7만 명으로 관내외국인의 절반을 차지한다. 국제결혼이민자도 3천4백 명으로 약 10%에 달한다. 다문화자녀도 급증하고 있다. 한국어교육과 생활 법률 상담을 통한 생활정착을 도모한다. 영어지도사, 자동차정비 교육, 컴퓨터 교육 등으로 취업지원도 실시한다. 경제적 자립을 위한 북카페, 어학카페, 다문화푸드랜드 프로그램도 있다.

나눔과 소통의 장으로서 무료진료, 이·미용 봉사, 교민회 등이 힘든 외국생활을 보내는 다문화가정의 수고를 덜어주고 있다. 수원시는 자체사업으로 다문화자녀의 정체성 혼란을 예방하기 위한 내 모습 알아가기 캠프도 운영하고 있다. 부모나라 이해하기 교육, 자아 찾기 프로그램 등이 있다. 2010년부터 매년 40명씩 대상으로 실시하는 우수사례이다. 이 밖에도 수원시청 다문화팀이 주도하여, 다문화가족 지원센터, 외국인복지센터, 유관기관과 공동으로 다문화정책 거버넌스를 구축해가고 있다.

성남시도 자체사업으로 다문화가족 친정방문을 지원하고 있다. 다문화가정의 친정방문을 통해서 소외감을 해소하고 가족들의 사랑을 다지는 계기로 삼고 있다. 2011년에는 다문화가정 7개 팀에 왕복 항공료와 소정의 선물을 지급하였다. 총예산 2천5백만 원이 들었고, 지방비 100%로 실시하였다. 다문화가정의 행복한 모습을 사진앨범으로 제작하여 친정에 보내주기도 한다. 국제결혼이민자 30여 명을 대상으로 앨범을 2부씩 만들어서, 1부는 고향에 1부는 본인에게 선물한다. 큰 비용을 들이지 않고도 사업효과를 기대할 수 있다.9)

Ⅲ. 다문화 지역거버넌스의 모색10)

1. 지역거버넌스의 모델

한국 다문화정책의 향후 과제로 지자체의 다문화역량 제고, 시민

---

9) 법무부 출입국·외국인정책본부, 『외국인정책 기본계획 지방자치단체 시행계획』(과천: 법무부, 2010).
10) 양기호 외, 『한국다문화정책 개선을 위한 시민사회단체 역량강화방안』(한국다문화학회 연구보고서, 2010).

단체와 외국인단체, 지역주민과의 소통강화, 대기업과 중소기업의 참여 등을 들 수 있다. 다문화정책 주체 간 거버넌스 강화를 위해서 자체적으로는 연대를 통한 역량 강화, 자기혁신, 안정적 재정 확보 등이 무엇보다 필요하겠지만, 중앙정부도 지역현장에서 다문화사회가 확산될 수 있도록 지속적이고 충분한 지원을 제공해야 한다. 다문화 네트워크 구축을 통하여 더욱 풍요롭고 균형 잡힌 다문화정책을 세워나갈 필요도 있다.

지역 내 다문화 거버넌스의 정착은 다문화주민과 지역주민들의 자발적 참여가 이루어진다는 점에서 보다 높은 사회통합 효과를 기대할 수 있다. 따라서 장기적으로 볼 때에 관주도가 아닌 지역거버넌스형 다문화정책으로 전환해야 하며, 지역주민과 외국인 간 상호공존형 다문화정책의 대안을 모색해야 한다.

지역거버넌스형 다문화정책은 외국인과 지역주민이 공동으로 생활하는 지역공간에서 다문화사회를 정착시키기 위하여 중앙정부가 제도와 법률, 재정 면에서 지원하고, 지자체, 기업체, 시민단체, 지역공동체가 다문화 거버넌스를 형성하면서 시책과 프로그램을 추진, 실행함으로써 장기적으로 지속 가능한 다문화사회를 추구하는 정책 일반을 의미한다.

지역 거버넌스형 다문화정책은 다음과 같은 개념을 공통적으로 포함하고 있다. 첫째, 외국인이 실제로 거주하고 있는 현장과 공간을 중시하고 있다. 모든 정책과 재정은 지역공간에서 효과적으로 집행되고 실현되면서 초기목적에 기여하여야 한다. 그런 점에서 다문화정책은 외국인과 아울러 지역주민의 수요에 맞추어져야 한다.

둘째, 다문화정책은 지역사회와 시민단체의 주도하에 추진되어야 한

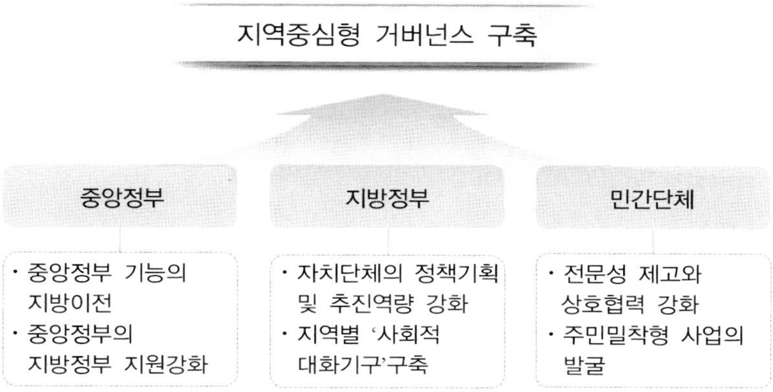

```
                    지역중심형 거버넌스 구축
                              ↑
    ┌──────────┐      ┌──────────┐      ┌──────────┐
    │  중앙정부  │      │  지방정부  │      │  민간단체  │
    └──────────┘      └──────────┘      └──────────┘
    · 중앙정부 기능의     · 자치단체의 정책기획    · 전문성 제고와
      지방이전            및 추진역량 강화       상호협력 강화
    · 중앙정부의         · 지역별 '사회적       · 주민밀착형 사업의
      지방정부 지원강화     대화기구'구축         발굴
```

<그림 3> 지역중심형 거버넌스 구축방안

다. 다문화사회는 지역주민의 자발적인 다문화수용과 외국인과의 공생을 근본적으로 지향하고 있다. 중앙정부와 지자체, 지역기업의 지원시스템은 단기적인 효과에 집착하기보다는 장기적이고 지속 가능한 다문화공동체의 형성을 촉진하는 외부환경으로서 역할을 하여야 한다.

셋째, 지역거버넌스형 다문화정책은 정책주체 간 거버넌스를 강조하고 있다. 다문화사회의 제도와 장치를 구축하는 중앙정부의 역할, 지방 행·재정 면에서 다문화정책을 집행하는 지자체, 외국인주민의 권익과 정착을 지원하는 시민단체, 유학생과 다문화가정, 외국인근로자의 노동과 교육, 생활현장에서 함께하는 지역주민의 주체 간 다문화 거버넌스의 구축을 중시한다.

한국의 다문화정책은 전국의 각 지역, 각 분야에서 균형 잡히고 균질적인 정책체계를 필요로 하고 있다. 중앙정부와 지자체, 지자체와 시민단체, 지역주민과 체류외국인, 공공기관과 자원봉사단체 간 균형 잡힌 역할분담, 외국인근로자와 국제결혼이민자, 다문화자녀에 대하여 각 지역별로, 각 유형별로, 각 대상별로 수요자입장에 맞추어 제공되는 적정하고 균질적인 다문화시책과 프로그램이 필요한 시점에 와 있다. 그리고 이들 정책주체 간 다양하고 빈번한 연계네트워크와 협력체계의 구축이 마련되고 앞으로도 지속적으로 탐색되는 바람직한 정책체계를 찾아가야 할 것이다.

2. 지역거버넌스를 위한 주체별 역할

다문화정책을 추진하는 중앙정부, 지자체, 시민단체의 상호협력과 역할보완이 지역거버넌스 구축을 위하여 불가피하다. 먼저, 중앙정부는 다문화사업의 지방이양을 추진해야 한다. 다문화정책과 관련하여 지역중심형 거버넌스를 구축하기 위해서는 중앙정부의 과감한 변화가 요구된다. 현재 다문화정책을 주도하고 있는 곳이 중앙정부인 만큼 의미 있는 변화를 위해서는 중앙정부의 노력이 필수적이다. 중앙정부는 출입국관리, 외국인정책의 기본체계, 각 부처에서 담당하는 외국인 유형별 정책 등의 업무영역을 가지고 있다. 그러나 이러한 고유 업무를 제외한 외국인 사회통합과 지원시책은 적극적으로 지자체에 이양해가야 한다.

첫째, **중앙정부**는 기능의 상당부분을 지방에 이양하기 위해서는 먼저 중앙부처 간의 정책조율이 선행되어야 한다. 현재의 사회통합정책은 법무부의 주도하에 여성가족부, 고용노동부, 교육부, 안전행정부 등이 각기 독자적인 업무를 가지고 있다. 특히 법무부와 여성가족부, 고용노동부는 독자적인 지역조직을 운영하면서 각 지역마다 사무소를 설치하여 지자체 대신 외국인 정책을 주도하고 있는 상황이다.

중앙정부는 상당부분의 사회통합 관련 기능을 지자체에 이양하고, 그 대신 제도와 예산기능을 강화할 필요가 있다. 지자체는 다문화정책의 체계가 자체적으로 정립되어 있지 않고 담당 공무원의 전문성이 부족한 것을 큰 문제점으로 느끼고 있다. 이는 다문화정책의 역사가 짧은 가운데 담당 조직이 급속히 늘어난 데에 기인한다. 향후 지자체의 역할이 늘어날 것을 감안한다면 이 부분에 대한 중앙정부의 지원이 필수적이다. 중앙정부는 지자체에 바람직한 정책모델을 제시하고, 담당 공무원의 교육을 통해 전문성을 강화하며, 해외의 우수 정책사례나 지자체 간 정보소통을 유도함으로써 지방의 정책역량 강화를 지원해야 한다.

지자체에 전국적인 표준 업무와 부서가 설치되어 있지 않다. 다문화예산의 대부분은 다문화가정, 즉 국제결혼이민자와 다문화자녀를 대상으로 집행된다. 그러나 지원업무는 여성가족부나 보건복지부→여성정책과 또는 가정복지과→다문화가족지원센터→다문화가정으로 내려간다. 지자체 고유사무와 담당부서가 지정되어 있지 않다. 가정복지나 청소년복지의 업무 일부로서만 다루어지고 있다. 따라서 현재의 26개 부서 외에 전국 지자체 어디서나 담당부서와 업무가 균질하게 배치될 수 있도록 법령이 개정되어야 한다. 다행히도 지난 2011년 12월 국회에서 다문화가족지원법이 개정되어 지원업무 기구와 공무원을 지자체에 배치할 수 있게 되었다. 앞으로 지자체의 보다 적극적인 대응이 기대된다.

둘째, **지자체**는 다문화정책 역량을 제고하고 시민단체와의 협력을 강화해야 한다. 중앙정부 기능의 지방이양이 진행되면 다문화정책의 중심에는 자연스럽게 지자체가 자리 잡게 될 것이다. 오늘날 세계적으로 지자체는 외국인 사회통합에 있어서 중심적인 역할을 수행하고 있다. 다문화정책의 세계적인 추세는 중앙정부가 보다 엄격한 출입국관리에 집중하는 반면, 지자체는 유연하고 탄력적인 정책으로 체류외국인을 포용하는 것이다. 이는 외국인의 사회통합 과제가 도시에서 훨씬 심각한 문제로 제기되며, 한편으로는 도시의 사회경제적 발전에 있어 외국인이 차지하는 비중이 점차 높아지고 있기 때문이다.

지자체는 현재와 같은 수동적인 자세에서 벗어나 다문화정책의 역량을 키우도록 노력해야 한다. 현재 대부분의 지자체는 다문화정책에서 중앙정부의 정책지침과 내용을 수동적으로 집행하는 역할에 머무르고 있다. 따라서 지역수준의 과제에 효과적으로 대응하지 못하고, 시민단체와 지역기업 등의 내부인프라를 효과적으로 동원하지 못하고 있다. 지자체는 다문화정책 관련 부문에 더 많은 관심을 가져야 한다. 외국인증가에 대비해서 외국인에 대한 실태조사, 시민단체의 지원사업에 대한 현황파악 등이 필요하며, 공무원의 전문성 함양을 위한 노력도 아끼지 말아야 한다.11)

다문화가정 지원프로그램은 초보적인 수준에 머물러 있다. 한글교실이나 고충상담, 통역지원은 가장 기본적인 지원사무이다. 또한 표준조례에 집착하여 다양한 프로그램을 만들어내지 못하고 있다. 다문화가정의 프로그램 참가율은 평균 20%를 넘지 못하는 등, 별로

---

11) 지자체의 역량 강화를 위해서는 일본의 '외국인집주도시회의'와 같은 형태의 지자체 연합회의를 구성하는 것도 좋은 방법이다. 아직까지 외국인 정책을 담당하는 지방공무원들은 서로의 실태와 정책에 대해 소통하고 학습할 기회가 없었다. 늦게나마 2012년 11월 발족한 전국다문화도시협의회를 통하여 다양한 시책을 상호 학습한다면 정책역량을 높이는 데 크게 도움이 될 것이다.

성과를 거두지 못한다. 앞으로 지자체가 다문화가정의 수요실태를 먼저 파악하여 필요한 콘텐츠를 제공해야 한다. 또한 지역주민의 자원봉사를 통하여 학습과정에 지역주민과 다문화가정의 공동참가를 유도해야 한다. 지역사회에 뿌리내릴 수 있도록 다문화 상생에 초점을 맞추어가야 할 것이다.

지자체는 다문화시책에서 컨트롤타워 기능을 수행하기 위해서 지역수준에서 민관이 함께 참여하는 '사회적 대화기구'를 구축해야 한다. 천안시와 수원시, 안산시에서 추진하고 있는 민관협의체의 운영은 그러한 의미에서 매우 중요한 시도이다. 이러한 사회적 대화기구에는 공공기관과 시민사회단체, 그리고 지역주민과 외국인대표가 동등하게 참여해서 다문화정책과 관련된 사항을 주도적으로 결정하고 지자체에서 이를 수용하는 형태가 되어야 할 것이다. 아직까지 우리 현실에서 사회적 대화기구가 분명한 책임과 권한을 가진 법적 기구가 되기는 어려울 것이다. 그러나 운영하기에 따라서 얼마든지 실질적인 권한을 가진 거버넌스 기구로 만들 수 있다. 이는 지자체의 노력과 지역사회와의 협력으로 개선할 수 있다고 본다.

셋째, **시민단체**는 보다 주민밀착형 다문화사업을 발굴해가야 한다. 공공기관과 비교해볼 때, 시민단체는 외국인 지원에 있어 장점과 단점을 동시에 갖고 있다. 우선 공공기관이 공정성, 형평성, 그리고 법률적으로 구속되어 있다면, 시민단체는 비교적 자유롭다. 특정 외국인 단체나 미등록 외국인근로자에 대한 지원, 지역의 다문화정책 방향에 대한 비판적 제언 등도 시민단체에서는 가능하다. 그리고 이러한 장점을 바탕으로 현장에서 외국인과 밀접한 네트워크를 구축하고 지원 노하우를 확보하고 있다.

물론 그 반면에 시민단체의 약점도 존재한다. 무엇보다도 이들 단체는 재원이 부족하다. 따라서 아이디어와 노하우가 있다고 하더라도 많은 재원이 소요되는 사업은 시민단체에서 추진할 수 없다. 공공기관의 행정력이 필요한 업무에 대해서도 취약할 수밖에 없다. 경찰서, 출입국관리사무소, 동사무소 등 관계기관과의 협조가 필요한 사안은 시민단체보다는 행정기관에서 효과적으로 대응할 수 있을 것이다. 시민단체의 이러한 강점과 약점은 곧 행정 기관과의 협력관계를 필요로 하는 근거가 된다.

지역 내 거버넌스 구축을 위해서는 시민단체 간 소통과 협력을 위한 노력이 필요하다. 각 단체는 지역의 현실에 비추어서 중복되는 사업을 지양하고, 지원이 미치지 못하는 공백을 찾아 자신의 강점을 활용할 수 있는 사업에 집중할 필요가 있다. 장기적으로 시민단체도 이러한 전문성을 확보하지 못하면 지자체와 효과적인 파트너십을 구축하기 어려울 것이다. 보다 대승적인 관점에서 지역 내 다른 민간단체와 협력을 도모해야 한다.

IV. 지역거버넌스의 구축 사례

1. 일본형 다문화 지역거버넌스

한국이 1990년대 이후 유입된 외국인근로자로 인하여 다문화현상이 시작된 것에 비하여, 일본은 강점기부터 한국인, 중국인이 존재해왔다는 점이 다르다. 이들은 **올드커머**(oldcomer)로 불리면서 전전부터 지역주민으로서 생활해왔다. 중앙정부의 다문화정책이 부재한 시점에서 일본지자체나 시민단체는 지역에서 외국인들이 동일한 권리를 누릴 수 있도록 추진해왔다. 지역주민으로서 교육, 의료, 보험, 교육, 복지 등 다양한 분야에서의 권리향상 운동이 그것이다.

일본의 중앙정부는 그동안 부정적인 태도를 유지해왔다. 1960년대 고도성장기에 외국인근로자 찬반논란이 있었지만 반대에 부닥쳤고, 현재까지 적극적인 다문화정책을 검토하고 있지 않다. 중앙정부의 무관심 속에서 일본의 지자체와 시민단체의 다문화시책은 매우 돋보이고 있다. 특히 일본지자체는 외국인도 당연히 행정서비스를 누릴 수 있도록 노력하고 있다. 외국인을 위한 법률과 제도를 수동적으로 운용하는 중앙정부에 비하여, 일본의 지자체는 지역주민인 외국인이 일상생활에 보다 쉽게 적응할 수 있도록 다양한 시책을 실시하고 있는 것이 특징이다.

일본정부의 다문화정책은 아직까지 많은 문제점이 지적되고 있지만, 오히려 일본의 지자체와 시민단체는 공동거버넌스를 통하여 사실상 다문화공생을 선도하는 주체가 되고 있다. 다문화공생은 "국적이나 민족이 다른 사람들이 서로 문화적인 차이를 인정하면서 대등한 관계를 구축하여 지역사회 구성원으로서 함께 살아가는 것"으로 정의하고 있다.[12] 일본의 지자체는 행정, 취업, 교육, 거주, 사회보장 등 다양한 분야에 걸친 다문화시책을 종합조정하거나, 정기적으로 협의할 수 있는 조직을 구축하고자 노력하고 있으며, 시민단체와의

---

12) 總務省,「地域における多文化共生推進プラン」,『地域の国際化の推進』, 多文化共生の推進(2006).

연계를 형성해오고 있다.

예를 들면, 일본 지자체는 민관협력 형태로 **국제교류협회**를 대부분 설치하고 있다. 국제교류협회에 파견된 지방공무원은 시민단체와 공동으로 다양한 다문화 프로그램을 운영하고 있다. 국제교류협회는 일본지역에서 다문화 거버넌스를 구축하는 핵심적인 역할을 맡고 있다. 적극적인 다문화시책을 위한 기초단체 간 정보교환, 시민단체와의 네트워크 구축, 외국인회의 개최, 다양한 재정지원을 중심으로 활동하고 있다. 지금까지 외국지자체와의 국제교류에 중심을 둔 조직운영에서 벗어나, 다문화시책을 동시에 추진하면서 지역의 내향적 국제화에 노력하고 있다.

한국의 법률과 조례가 다문화정책을 규정하는 기본제도라고 한다면, 일본의 경우 지방의회의 조례는 별로 많지 않다. 흥미로운 점은, 지자체의 조례에서 거버넌스 구축을 위하여 다문화시책별로 각 주체의 역할을 규정하고 종합적인 정책체계 수립을 의무화하고 있다는 것이다. 각 주체의 역할은 지자체, 기업체, 지역주민으로 나뉘어져 있다. 지자체는 다문화공생사회 추진에 관한 종합적인 시책과 실시 책임을 맡는다, 기업체는 기본이념에 따라 다문화공생사회 추진에 노력하고 공공기관의 시책에 협력한다, 지역주민은 지역, 직장, 학교, 가정, 그 밖에 각 분야에서 다문화공생사회 추진에 기여한다고 되어 있다. 한국도 일본사례를 본받아 형식적인 법률과 조례보다는 다문화에 참여하는 많은 주체들이 나름대로 역할과 기능을 다할 수 있도록 시스템을 재구성할 필요가 있다.

한국에서 가장 본받을 만한 일본의 모범사례는 외국인인구 비율이 높은 도시들 간 연합체인 **외국인집주도시회의(外國人集住都市會**

議)이다. 외국인집주도시회의는 외국인비율이 높은 지자체들의 연합체로서 다문화시책을 추진하고 중앙정부에 대책을 촉구하기 위한 네트워크로서 매우 활발하게 활동하고 있다. 외국인집주도시회의는 뉴커머 외국인이 다수 거주하는 지방정부와 국제교류협회가 모여서 2001년 5월 하마마쓰시(浜松市)에서 설립되었다.[13] 2012년 9월 현재 29개 회원도시가 있으며, 이들 도시의 외국인 가운데 일본계브라질인이나 중국인, 한국인, 필리핀인이 높은 비중을 차지하고 있다.

외국인집주도시회의는 2001년 다문화 관련부처인 총무성, 법무성, 외무성, 문부과학성, 문화청, 후생노동성, 사회보험청의 7개 성청에 대하여 외국인대책 수립을 요구하는 긴급 하마마쓰 선언을 제안하였다. 2005년에는 외국인과 시민단체가 참가하여 다문화정책을 시급히 제정하도록 요망서를 관계성청에 제출하였다. 2007년에는 주요관심을 지역코뮤니티, 외국인취업, 외국인아동 교육으로 나누어 프로젝트팀을 결성하고 연구회를 발족시키기도 하였다. 2008년에도 외국인대책의 종합적인 입안과 전담 성청의 설치, 외국인주민의 일본어습득 기회보장을 중앙정부에 요구한 '미노카모(美濃加茂) 도시선언'을 발표하였다. '정착과 공생'을 중시하는 일본지방정부의 정책지향은 한국에 적지 않은 시사점을 던지고 있다고 본다.

2. 전국다문화도시협의회 설립

최근 안산시를 비롯한 다문화도시가 전국다문화도시협의회를 구

---

13) 외국인집주도시회의 홈페이지 참조, http://www.shujutoshi.jp(검색일 2012.9.24).

성하고자 시도한 점은 주목할 만하다. 취지내용을 보면, 세계적인 흐름인 多가치, 多문화시대를 맞아, 자치단체별로 각각 추진되는 다문화정책에 대한 공유와 상호 긴밀한 유대를 통하여 급속히 증대되는 다문화 행정수요에 능동적으로 대처하고자 '전국다문화도시협의회' 설립에 대한 지방의회의 동의를 구하고자 한다는 것이다.

특히 다문화정책이 중앙부처별로 제각각 추진됨에 따라 예산낭비와 비효율성으로 일선 지자체와 외국인주민들이 피부로 느끼기에는 턱없이 부족한 실정이다. 외국인을 둘러싼 갈등과 사회문제가 점차 본격화되는 과도기로 접어들고 있는 현 단계에서 더불어 사는 다문화사회의 정책방향을 견고히 하기 위해서는 기초지자체 간의 협력과 대응이 절실히 필요하다고 할 수 있다. 이에 전국다문화도시협의회를 설립하여 다문화시대에 따른 기초지자체 간의 현안사항 해결과 경쟁력 강화방안을 모색하고, 지역별, 유형별, 대상에 맞는 현장 중심의 다문화정책이 이루어질 수 있도록 중앙정부와 유기적 관계를 형성하고자 한다.

다문화도시협의회는 외국인주민 수 5천 명 이상인 기초단체 가운데 24개 도시가 모여서 구성한 것이다. 지방자치법 제152조에 따른 협의체로서, 다문화관련 시책 조사연구, 문화관련 제반사항 협의 및 개선방안 등을 모색하고 있다. 협의회 참여도시는 서울 5, 인천 1, 광주 1, 경기도 13, 충남 2, 경남 1이다. 참가도시를 나열하면, 서울특별시의 금천구, 서대문구, 종로구, 성동구, 강서구, 인천광역시 남동구, 광주광역시 광산구, 경기도의 안산, 수원, 화성, 성남, 부천, 시흥, 용인, 고양, 김포, 포천, 광주, 안양, 남양주시이다. 충청남도는 천안과 아산, 경상남도는 김해시이다.

구성개요를 보면, 명칭은 전국다문화도시협의회로 대상도시는 24개 기초지자체, 구성형태는 기초자치단체장 협의회와 담당 실·과장의 실무협의회로 한다. 전국다문화도시협의회의 인원구성은 24개 기초단체장 가운데 회장 1명, 부회장 1명, 위원 20명으로 하며, 권한은 안건 토의와 표결권으로 한다. 실무협의회의 인원구성은 24개 기초단체 담당 실·과·소장이며, 권한은 상정안건에 대한 실무 검토 및 결과 보고 협의회로 한다. 주요 협의사항은 다문화와 관련한 제반사항에 대한 협의 및 개선방안 제시, 다문화와 관련한 현안 등에 관한 의견교환 및 해결방안 공동모색, 다문화와 관련된 시책에 관한 연구, 협의회에서 결정된 사항을 중앙부처 등에 정책건의, 기타 협의회의 목적을 달성하는 데 필요한 사업 등이다.

그동안 추진경과를 살펴보면, 2012년 1월 전국다문화도시협의회 구성의 필요성이 제기되었다. 이것은 도쿄에서 열린 제1회 한·일·유럽 다문화공생도시 서미트에서이며, 일본의 외국인집주도시 협의체와 유사한 기능이 필요하다는 인식에서 나온 것이었다. 2012년 5월 안산시가 외국인주민 숫자 1만 명 이상인 38개 도시를 비롯한 42개 기초단체에 협의회 구성을 제안하였다. 이 가운데 24개 도시가 참여하기로 결정되었으며, 6월1일 협의회 구성을 위한 실무자협의회가 개최되었다. 협의회 성격 및 기능에 대한 논의, 조직, 기능, 운영, 실무협의회 등 기본 규약(안) 마련, 시(구)의회 동의안 의결 관련 등이 있었다. 향후 계획으로 2012년 하반기 전국다문화도시협의회 참여지자체에서 지방의회 의결과 고시를 거쳐서 11월 7일 창립대회를 개최하였다.

3. 한·일·유럽 다문화도시 서미트

한국, 일본, 유럽의 다문화서미트가 2012년 1월 도쿄에서 개최되었는데 이것은 아시아에서 단체장이 공동으로 모여 다문화를 논의한 최초의 국제회의라고 할 수 있다. 한국에서는 안산시, 수원시, 서대문구의 각 단체장, 일본에서는 하마마쓰시, 오타구, 신주쿠구, 유럽에서는 포르투갈 리스본시, 스웨덴 보토실카시, 이탈리아 레기오에밀리아시 단체장 등이 참석하였다.

다문화의 문제점에 직면한 유럽에서는 이문화 간의 상호공존과 교류를 중시하는 인터컬처럴리즘(InterCulturalism, 상호문화주의, 간문화주의)에 관심을 가지고 있다. 일본에서도 한국과 달리 처음부터 다문화가 아닌 다문화공생(多文化共生)을 용어로 사용하고 있는바, 이것은 유럽의 인터컬처럴리즘에 상당히 가까운 것이라고 할 수 있다.

도시주민 구성의 다양성을 성장과 활력의 근원으로 여기면서 교류와 공생 자체에 중점을 두는 새로운 트렌드라고 할 수 있다.14) 한국, 일본, 유럽의 단체장들이 합의한 '다문화도시 네트워크 도쿄선언(2012년 1월 18일)'을 그대로 인용하면 다음과 같다.

> "오늘 우리는 여기서 상호 간 지혜와 경험을 공유하고, 현재와 미래에 도시가 직면하는 주요과제에 대하여 어떻게 대응할 것인가 논의하였다. 그리고 한국과 일본 도시의 성과와 과제, 유럽평의회와 유럽위원회의 InterCultural City 프로그램에 참가하는 유럽도시

---

14) Council of Europe and the European Commission has been involved in the Intercultural cities programme since 2008, in which participating cities tries to manage and explore the potential of their cultural diversity to stimulate creativity and innovation and thus generate economic prosperity and a better quality of life(밑줄은 필자의 강조부분).

의 전략에 대하여 검토하였다.

세계화 시대에 있어서 사회경제가 크게 변화하고 있는 가운데, 아시아와 유럽 그리고 세계의 도시에 있어서 다문화공생의 새로운 이념과 실천이 앞으로도 더욱 중요해질 것이라는 공동인식에 합의하였다.

우리는 문화적 다양성을 자원으로 여기고, 도시의 활력과 혁신, 창조와 성장을 원천으로 한 새로운 도시이념을 구축하여, 다문화도시 상호 간 소통을 통하여 그 성과를 학습하고 공통과제를 해결하고자 한다. 그리고 서로 다른 문화적 배경을 지닌 지역주민이 함께 살아가면서, 번영되고 조화로운 미래를 구축해가고자 한다."

V. 나가는 말

한국의 다문화정책은 2006년 이후 중앙정부가 다양한 법령과 제도, 재정지원을 통한 시책안을 만들면서 추진되어 왔으나, 지나치게 많은 제도와 프로그램이 양산되면서 효율성이 떨어진다는 문제점이 있다. 중앙정부, 지자체, 유관기관에서 다양한 법령과 대책을 경쟁적으로, 단기적인 대책을 제시하고 있어서 정책주체 간 거버넌스 부재, 업무와 예산 중첩, 외국인주민과 프로그램의 연계성 부족 등 비효율성이 큰 문제점으로 나타나고 있다.

동시에 지나치게 중앙정부 주도로 진행되면서 정책공급의 적정성, 균형성, 현장성 등이 떨어진다는 문제점이 두드러지게 나타난다. 국제결혼이민자와 다문화가족에 대한 집중적인 재원배분과 외국인근로자에 대한 정책부재 등은 행정서비스 제공에 있어서 불균형을 유발하고, 유형별, 대상별, 지역별 격차가 두드러지고 있다. 그러다 보니 중앙정부, 지자체, 시민단체 간 다문화 거버넌스가 제대로 작동하지 않고 있다.

다문화정책은 중앙정부와 지자체, 지역사회와 시민단체, 대기업과 중소기업, 외국인 간 공동노력과 타협이라는 거버넌스 과정에서 진행되어야 한다. 다문화정책이 지역주민과 외국인 간 화학적 융합을 전제로 장기적인 시각에서 추진되어야 함에도 불구하고, 국내 다문화정책과 프로그램은 동화, 격리, 활용 개념을 중시하다 보니 갖가지 문제점이 드러난다.

다문화사회의 구축은 한국사회나 지역경제에 미치는 영향을 고려해야 한다. 형식적인 제도와 재원에 의존하기보다도 생활현장에서 지역주민과 체류외국인 간 상생과 화해를 모색하면서 매우 신중하고 점진적으로 대응할 필요가 있다. 다문화정책 기본 틀을 중앙정부가 제시하면서 지자체와 시민단체가 지역주민과 협력하여 체류외국인을 수용해가는 과정이 바람직하다. 더 나아가서 시민주도형 다문화정책을 모색하면서, 중앙정부, 지자체, 시민단체, 지역사회 간 거버넌스가 구축되어야 한다.

또한 지역중심형 거버넌스 구축을 위하여 중앙정부의 일방적인 정책주도, 지자체의 소극적인 태도, 시민단체 간 네트워크 부재라는 종합적인 문제점을 극복해야 한다. 다문화정책의 공공성과 현장성을 제고하고, 보다 효과적이고 효율적인 추진체계를 구축하기 위해서는 중앙정부-지자체-시민단체 간 새로운 역할분담과 조정 메커니즘이 요구되고 있다. 지역중심형 거버넌스를 구축하기 위하여 다문화정책 주체 간 대화기구나 협의체를 강화하는 방안도 적극 검토해야 한다.

다문화정책의 추진체제 정비는 각 주체별 역할분담과 거버넌스로 구성된다. 중앙정부는 외국인 수용을 위한 기본방침, 외국인주민을 위한 법률과 제도정비, 그리고 각 부처 간 종합적인 정책형성을 위한 체계정비가 필요하다. 지자체는 전국에서 균질적인 다문화정책을 실시하고 지역 내 다양한 주체 간 네트워크를 구축해가야 한다. 시민단체는 중앙정부와 지자체의 지원하에 현장에서 적극적으로 다문화시책을 실천하고 지자체, 지역사회와 외국인주민 간 가교역할을 떠맡아가야 한다. 기업은 외국인근로자를 고용하면서 노동법을 준수하고 사회보장에 노력해야 한다. 또한 지역주민은 지자체, 시민단체와 연계하여 외국인주민이 지역사회에 정착할 수 있도록 협력해야 할 것이다.

근본적으로 다문화정책 추진 주체들 간에 다문화현상이 지역사회 발전과 성장에 도움이 된다는 인식을 공유하는 것이 중요하다. 국제결혼이민자와 유학생 등 젊은 남녀의 지역 내 유입과 인구증가에 따른 지역활성화, 외국인근로자 유입과 경제적 활력 증가, 지역문화의 다양성과 혁신이 궁극적으로 지역발전과 국제도시 형성에 기여한다는 인식의 공유가 필요하다. 지역주민의 의식제고와 창의적인 다문화 시책 추진이 지자체가 떠맡아야 할 가장 핵심적인 역할이기도 하다.

앞으로 중앙정부 주도형 톱다운(top-down) 방식보다는 지역거버넌스형 보텀업(bottom-up) 다문화정책이 지자체와 지역사회, 시민단체의 주도하에 추진되어야 한다. 다문화사회는 지역주민의 자발적인 수용과 체류외국인과의 공존을 근본적으로 지향하고 있다. 다문화정책은 지역주민과 체류외국인 간의 소통과 화합이 불가결하다. 중앙정부, 지자체, 시민단체, 기업과 유관기관, 지역주민과 체류외국인 간 거버넌스를 구축하면서 보다 장기적으로 추진되어야 할 것이다.

<참고문헌>

동아일보, 2011.7.26., "유럽 주요국 이주민 현황."

박세훈 외, 2010, 『다문화사회에 대응하는 도시정책 연구(2): 지역중심형 외국인정책 추진방안』, 경기도: 국토연구원.

_____, 2011, 「다문화정책 효율화를 위한 거버넌스 구축방안」, 외국인주민 정책의 효율성 증대를 위한 토론회(2011.12.14).

법무부 출입국·외국인정책본부, 2010, 『외국인정책 기본계획 지방자치단체 시행계획』, 과천: 법무부.

신지원, 2011, 『2010년 한국의 주요 이민동향』, 경기도: IOM이민정책연구원.

오경석 외, 2007, 『한국에서의 다문화주의: 현실과 쟁점』, 경기도: 한울아카데미.

양기호, 2006, 「지방정부의 외국인대책과 내향적 국제화」, ≪한국지방자치학회보≫, 제18권 제2호(통권54호), 67~85쪽.

_____, 2009, 「일본의 다문화거버넌스와 한국에의 함의」, ≪다문화사회연구≫, 제2권 제1호, 135~191쪽.

_____, 2010, 『글로벌리즘과 지방정부』, 서울: 논형.

양기호 외, 2010, 「한국 다문화정책 개선을 위한 시민사회단체 역량강화방안」, 한국다문화학회 연구보고서(2006).

_____, 2011, 『다문화가족지원센터와 지역중심의 거버넌스 체제구축』, 한국 다문화학회 연구보고서.

윤인진, 2007, 「국가주도 다문화주의와 시민주도 다문화주의」, 『한국적 '다문화주의'의 이론화』, 한국사회학회, 동북아시대위원회 용역과제 07-7, 251~291쪽.

외국인정책위원회, 2012, 『2012년도 중앙행정기관 시행계획: 제1차 외국인정책 기본계획 2008-2012』, 서울: 법무부 출입국·외국인정책본부.

최병두, 2011, 『다문화공생: 일본의 다문화사회로의 전환과 지역사회의 역할』, 서울: 푸른길.

최홍, 2011, 「한국이민정책의 방향과 과제」, 『한국의 이민정책을 말한다』, 법무부, 이민정책포럼 발표자료(2011.5.26.), 97~112쪽.

한승준, 2009, 『한국다문화정책의 정책추진체계』, 연구보고서.

행정안전부, 2012, 『이주민의 지역사회 정착과 사회통합정책 연구』, 연구보고서.

駒井洋, 2006, 『グローバル時代の日本型多文化共生社會』, 東京: 明石書店.

小井土彰宏, 2003, 『移民政策の国際比較』, 東京: 明石書店.

總務省, 2006, 「地域における多文化共生推進プラン」, 『地域の国際化の推進』, 多文化共生の推進.

_____, 2012, 『多文化共生の推進に關する研究会』報告書.

日本比較政治学会. 2009, 『国際移動の比較政治学』, 東京: ミネルヴァ書房.

山脇啓造, 2007, 「地方自治体と多文化共生」, 自治体国際化フォーラム.

Kymlicka, Will and He, Baogang, 2005, *Multiculturalism in Asia,* New York: Oxford University Press.

Pierre, Jon, 2000, *Debating Governance: Authority, Steering, and Democracy,* New York: Oxford University Press.

 [부록]

행정자치부 거주외국인 지원 표준조례안(2006년 11월)

제1장 총칙

제1조(목적)

이 조례는 ○○시에 거주하는 외국인들의 지역사회 적응과 생활편익 향상을 도모하고 자립생활에 필요한 행정적 지원방안을 마련함으로써 지역사회의 일원으로 정착할 수 있도록 하는 것을 목적으로 한다.

제2조(용어의 정의)

이 조례에서 사용하는 용어의 정의는 다음과 같다.

1. "외국인"이라 함은 대한민국의 국적을 가지지 아니한 자를 말한다.
2. "거주외국인"이라 함은 ○○시 관내 90일 이상 거주하며 생계활동에 종사하고 있는 외국인을 말한다.
3. "외국인가정"이라 함은 국내에 주소 또는 거소를 두고 있는 외국인과 혼인·입양·혈연관계 등으로 이루어져 생계 또는 주거를 함께하는 공동체를 말한다.
4. "외국인 지원 단체"라 함은 거주외국인에 대한 지원을 주된 사업으로 하여 설립된 비영리 법인 또는 단체를 말한다.

제3조(거주외국인의 지위)

① ○○시 거주외국인은 법령이나 다른 조례 등에서 제한하고 있지 않는 한 주민과 동일하게○○시의 재산과 공공시설을 이용할 수 있고, ○○시의 각종 행정 혜택을 받을 수 있다.
② ○○시장은 거주외국인이 지역공동체의 구성원으로서 ○○시 행정에 참여할 수 있도록 노력하여야 한다.

제4조(○○시의 책무)

① ○○시장은 관할 구역 내 거주하는 외국인들이 지역사회에 조기에 정착할 수 있도록 지원하고, 거주외국인들이 지역주민과 함께 살아갈 수 있는 여건 형성을 위한 적절한 시책을 추진하여야 한다.

② ○○시장은 ○○시에 거주하는 외국인의 수 등 외국인 지원 시책 추진에 필요한 실태조사를 실시한다.

제5조(지원대상)

○○시에 거주하는 다음 각 호의 하나에 해당하는 자를 지원 대상으로 한다. 다만, 출입국관리법 등에 의해 대한민국에서 합법적으로 체류할 수 있는 법적 지위를 가지지 않은 외국인은 제외한다.

1. 외국인
2. 한국국적을 새롭게 취득한 자
3. 기타 한국어 등 한국문화와 생활에 익숙하지 않은 자

제6조(지원의 범위)

① 거주 외국인에 대한 지원범위는 다음 각 호와 같다.

1. 한국어 및 기초생활 적응 교육
2. 고충·생활·법률·취업 등 상담
3. 생활편의 제공 및 응급 구호
4. 거주외국인을 위한 문화·체육행사 개최
5. 기타 거주외국인의 지역사회 적응을 위하여 ○○시장이 필요하다고 인정하는 사업 등

② ○○시장은 전항의 각호와 관련된 사업의 수행에 필요한 예산을 편성하여야 한다.

제2장 자문위원회

제7조(자문위원회의 설치)

① ○○시장은 제4조에 의한 외국인 지원시책에 대한 자문을 위하여 "○○시외국인지원시책자문위원회"(이하 "위원회"라 한다)를 구성할 수 있다.

② 위원회는 위원장 1인을 포함하여 10인 내외의 위원으로 구성하되, 위원은 다음 각 호의 자로 한다.

　1. 당연직 위원: 부시장, 교육청·경찰서·고용안정센터·출입국관리사무소 등 적정직위에 있는 자

　2. 민간위원: 외국인 지원 분야에 관한 학식과 경험이 풍부한 자 중에서 ○○시장이 위촉하는 자

③ 위원회는 부시장을 위원장으로 하고, 부위원장은 위원 중에서 호선한다.

④ 공무원이 아닌 위원의 임기는 2년으로 하며 연임할 수 있다.

제8조(위원회의 기능)

위원회는 다음 각 호의 어느 하나에 해당되는 사항에 대하여 자문기능을 수행한다.

　1. 거주외국인 및 외국인가정에 대한 지원에 관한 사항

　2. 외국인의 지역사회 적응 프로그램의 운영에 관한 사항

　3. 다문화 존중의 지역공동체 형성 사업에 관한 사항

4. 기타 위원장이 필요하다고 인정하는 사항

제9조(위원장)

위원장은 위원회를 대표하고 위원회의 업무를 총괄하며 위원장이 직무를 수행할 수 없는 경우에는 부위원장이 그 직무를 대행한다.

제10조(회의)

① ○○시장이 요구하거나 위원장이 필요하다고 인정하는 경우에 위원장은 회의를 소집하고 그 의장이 된다.
② 위원회의 회의는 재적위원 과반수의 출석으로 개의하고, 출석위원 과반수의 찬성으로 의결한다.

제11조(실비변상)

위원회의 회의에 출석한 위원에 대하여는 예산의 범위 안에서 "○○시의 위원회 실비변상 조례"가 정하는 바에 따라 참석수당 또는 여비를 지급할 수 있다.

제3장 외국인 지원 활성화

제12조(외국인 지원 단체에 대한 지원)

○○시장은 외국인 지원 단체의 활동에 필요한 행정적·재정적

지원을 할 수 있으며 '비영리민간단체 지원법'에 의한 사업비를 지원할 수 있다.

제13조(업무의 위탁)

① ○○시장은 필요하다고 인정하는 경우에는 「사무의 민간위탁 촉진 및 관리 조례」가 정하는 바에 따라 거주 외국인의 지원을 목적으로 하는 비영리법인 또는 단체에 업무의 일부 또는 전부를 위탁할 수 있다.

② ○○시장은 전항의 규정에 의하여 소관업무를 위탁하였을 경우 수탁자에게 예산의 범위 안에서 운영비를 지원할 수 있다.

③ ○○시장은 민간기관이나 단체에 업무를 위탁·운영하는 경우에 관계공무원으로 하여금 위탁 및 운영비 지원에 관한 사항에 대하여 연 1회 이상 정기점검을 실시하고 필요한 경우 수시로 지도·점검할 수 있다.

제14조(세계인의 날)

① ○○시장은 지역 내 거주하는 외국인을 포용하고 문화적 다양성의 의미를 일깨우기 위해 매년 5월 21일을 "세계인의 날"로 하고 세계인의 날로부터 1주간을 다문화 주간으로 설정한다.

② 전항의 규정에 의한 세계인의 날 및 다문화 주간을 기념하기 위하여 다음 각 호의 행사를 실시할 수 있다.

1. 기념식 및 문화·예술·체육행사

2. 연구발표 및 국제교류행사

  3. 명예시민증 수여, 유공자·단체(외국인 포함) 격려

  4. 그 밖에 외국인 및 다문화에 대한 지역적 관심을 높이기 위한 행사

③ ○○시장은 제2항에 의한 행사를 주관하며 필요한 경우 민간단체에게 행사를 추진하게 할 수 있다. 민간단체가 행사를 실시할 경우 ○○시는 필요한 행정적·재정적 지원을 할 수 있다.

제15조(포상)

○○시장은 국내거주외국인 지원활동을 통하여 국가와 지역사회에 기여한 공로가 크다고 인정되는 개인, 법인·단체에 대하여 포상할 수 있다.

제16조(외국인에 대한 표창)

① ○○시장은 다음 각 호의 어느 하나에 해당하는 외국인에 대하여 표창장을 수여할 수 있다.

  1. ○○시 행정 또는 지역사회에 공헌이 현저한 경우

  2. 외국인 지역사회통합 시책에 기여한 공적이 있는 경우

② 표창을 행할 때에는 ○○시 예산범위 안에서 상금, 상패, 기타 부상을 수여할 수 있다.

③ 그 밖의 외국인 표창에 필요한 절차 등은 '○○시 포상조례'의 규정에 따른다.

제17조(명예시민)

① ○○시장은 시정발전에 공로가 현저한 외국인에 대하여 명예
시민으로 예우할 수 있다.

② 명예시민으로서 예우, 명예시민증 수여 등에 관한 사항은 별도
조례로 정한다.

제18조(시행규칙)

이 조례의 시행에 관하여 필요한 사항은 규칙으로 정한다.

부칙

이 조례는 공포한 날부터 시행한다.

05

외국인력과
사회통합

이규용(한국노동연구원)

Ⅰ. 들어가는 말

　2000년대 들어와 국내 체류 외국인의 규모가 빠르게 증가하고 있고, 구성도 다양해지고 있다. 2012년 12월 말 현재 국내에 체류하고 있는 외국인은 145만 명으로 10년 전인 2002년의 63만 명 대비 연평균 8.7%의 증가율을 보이고 있다. 등록 외국인[1]은 2002년 말 25만 명에서 2012년 12월 말 93만 명으로 연평균 14.0%의 증가율을 보이고 있어 장기체류 외국인이 단기체류자보다 더 빠른 증가를 보이고 있다. 지난 10여 년 동안 우리 사회에 다양한 국적의 외국인 유입이 빠르게 증가하였으며 장기체류 목적의 외국인 비중이 더 높아지고 있는 현실

---

[1] 등록 외국인이란 첫째, 대한민국에 입국한 날부터 90일을 초과하여 체류하거나, 둘째, 대한민국 국적을 상실하고 외국국적을 취득하였거나 우리나라에서 출생한 외국인 등이 체류자격을 부여받아 그 날부터 90일을 초과하여 체류하려는 외국인을 의미한다. 출입국·외국인정책본부, ≪출입국·외국인정책통계연보≫ 각 호.

은 이들이 한국사회에 미치는 영향이 커지고 있음을 시사한다.

이에 따라 외국인 또는 이주자 문제에 대한 관심도 높아져 관련 정책이나 연구가 활발히 전개되었다.[2] 특히 '다문화사회'와 '사회통합'은 외국인정책의 핵심적인 주제로 등장하고 있다. 이주자 사회통합의 개념적 범주 및 이에 따른 정책목표의 다양성이 존재하기 때문에 사회통합을 일의적으로 정의하기 어렵지만 사회통합의 정책목표라는 관점에서 보면 지향점이 분명해진다. 즉 유입국의 입장에서 볼때 이주자의 사회통합이 제대로 이루어지지 않을 경우 유입국이 지불해야 할 사회 경제적 비용이 장기에 걸쳐 지속적으로 발생할 것이라는 비용－편익의 관점이 자리 잡고 있다.

그동안 다문화사회 및 이와 관련한 사회통합정책[3]은 한국국적을 취득하거나 영주 목적의 이주자에 초점이 맞추어져 주로 결혼이민자가 그 대상이 되었다. 최근에는 다문화가정의 자녀나 외국인력, 재외동포 등으로 외연이 확대되고 있는 특징을 보이고 있다. 그러나 여전히 이민자의 사회통합정책은 이민자의 국가구성원에 초점을 맞추고 초기 정착과정에 필요한 지원정책이 주를 이루고 있는 데다 전반적인 이주자를 포괄하지 못하고 있어 사각지대 문제가 제기되어 왔다.[4] 이는 정주자가 아닌 이주자의 사회통합정책을 어떻게 설정

---

2) 체류 외국인 통계에는 한국의 국적을 취득한 경우는 제외되고 있다. 따라서 다문화정책의 대상을 논의할 때는 외국인이나 국적취득자를 포괄하는 '이주자(migrants)'라는 표현이 보다 적절하다. 노동과 관련해서도 '이주노동'이라는 표현에는 취업자격으로 입국한 외국인력뿐만 아니라 경제활동에 종사하는 결혼이민자나 불법체류자가 정책대상이지만 '외국인력'이라고 표현한 경우 범위가 달라진다. 이런 점에서 개념상으로는 외국인력에 비해 이주노동자의 포괄범위가 더 넓다고 볼 수 있다.

3) 정부의 정책 및 국내 문헌에 나타난 다문화가족의 사회통합에 대한 논의에 대해서는 정기선 외 (2011)를 참조.

4) 제2차 외국인정책 기본계획에서는 기존 결혼이민자 중심의 해피스타트를 근로자, 유학생, 영주자격, 동포, 난민 등 이민자 특성별로 다양화하는 방안을 포함하고 있다. 해피스타트란 이민자가 입국 초기 국내 정착 과정에서 겪는 어려움을 덜어주기 위해 국내 생활에 필요한 법과 제도, 문화이해, 생활

해야 할 것인가에 대한 논의의 한계를 야기하기도 하였지만 또 한편으로는 이에 대한 논의가 상대적으로 부족한 데 그 원인이 있기도 하다. 이런 점에서 이주자에 대한 사회통합정책의 사각지대를 해소하기 위한 방안을 모색하기 위해서는 이주자 특성별 사회통합정책의 지향점에 대한 논의가 구체적으로 이루어질 필요가 있다.

이 글은 체류 외국인 중 가장 많은 비중을 차지하는 취업자격 외국인력, 특히 저숙련 외국인력의 사회통합문제를 비용-편익의 관점에서 검토하고 이들에 대한 사회통합정책의 지향점을 제시해보고자 한다.5) 교체 순환정책대상인 외국인력에 대한 사회통합의 필요성은 제기되어 왔지만 정책목표나 정책의 방향에 대해서는 구체적인 논의가 제대로 이루어지지 않고 있다. 이들에 대한 사회통합정책은 초기 정착과정에서의 언어지원이나 한국사회 적응지원의 틀을 크게 벗어나지 못하고 있는 실정이다. 따라서 이 글은 외국인력의 사회통합정책에 대한 담론을 이끌어내기 위한 시도를 하고자 한다. 이를 위해 이 글에서는 이주자의 적응과 통합이라는 사회통합정책의 기본목표와 외국인력의 유입 및 활용의 비용-편익관점을 결합하여 외국인력에 대한 사회통합정책의 방향을 검토하고자 한다.

국가 간 인력이동은 유입국과 송출국 모두에게 영향을 미친다. 유입국의 입장에서 보면 외국인력 유입에 따른 편익과 비용은 경제적

정보 등을 안내하는 프로그램이다. 그러나 저숙련 외국인력에 대해서는 이미 이러한 제도가 시행되고 있으며 이를 사회통합정책이라고 보기는 어렵다. 이민자나 외국인에 대한 사회통합의 목표설정에 대한 체계적인 고민이 필요하다.

5) 취업자격 외국인이란 단순인력 또는 전문인력으로 취업비자를 받아 입국한 외국인력을 의미하며 이들의 규모는 2011년 8월 말 현재 57만 명에 이른다. 체류 외국인 중에는 이러한 외국인력 외에도 취업자격 입국자는 아니지만 결혼이민자나 유학생, 불법입국자 중 합법 혹은 불법으로 취업을 하고 있는 외국인도 상당수에 달하는 것으로 보고되고 있다. 본고의 논의 대상은 취업자격 외국인력이며 이 중 고용허가제와 방문취업제로 입국한 저숙련 외국인력 정책에 한정한다.

측면, 사회문화적 측면에서 다양하다. 외국인력의 유입에 따른 편익은 인력부족해소, 국민경제에 기여, 친한파 한국인 양성, 한류의 확산효과, 한국제품에 대한 수요증가, 한국사회의 국제화에 기여 등 다양한 효과를 거론할 수 있다. 반대로 외국인력 활용에 따른 비용은 내국인 일자리 잠식, 내국인 근로조건 저하, 산업구조조정 저해, 사회적 갈등, 외국인 범죄, 외국인력 고용관리 비용 증대, 외국인력 정주화에 따른 사회적 문제 심화 등을 지적할 수 있다. 외국인력 활용의 편익과 비용은 외생적이지 않으며 이는 외국인력 정책을 어떻게 수립하는가에 따라 달라진다. 한편 송출국의 입장에서도 인력의 해외진출에 따른 비용과 편익이 존재하며 비용으로는 인적자원의 유출로 파급되는 경제적 문제나 가족해체 등 사회문화적 문제 등이 있고 편익으로는 송금에 따른 경제적 효과, 귀국 이후 인적자본의 활용 등을 지적할 수 있다.

따라서 외국인력의 사회통합정책을 논의하기 위해서는 인력의 국제이동에 따른 송출국과 유입국의 비용과 편익을 함께 고려할 필요가 있다. 양자가 상호 윈-윈 할 수 있는 사회통합정책의 지향점은 다양할 수 있는데, 본 글은 크게 다음의 세 가지 관점에서 이 문제를 검토하고자 한다.

첫째, 외국인력의 유입에 따른 내국인 노동시장의 영향 문제이다. 정주형 사회통합정책 목표 중의 하나는 노동시장 통합으로 이주자가 양질의 교육을 받고 좋은 일자리를 갖도록 하는 것이다. 노동시장 통합이 제대로 되지 않을 경우 내국인 취약계층과의 일자리 경쟁에 따른 사회적 갈등이나 이주자가정의 소득지원을 위한 많은 비용이 소요된다. 따라서 정주형 이민자의 소득안정을 위한 노동시장 통합이나 이민자의 2~3세대의 교육 및 훈련이 중요한 정책과제이다.

이에 비해 한시적 체류자인 외국인력은 일자리나 근로조건 등이 사전에 정해져 있고 귀국을 전제로 하고 있기 때문에 정주형 이민자와는 다른 환경에 놓여 있다. 내국인이 기피하는 분야의 인력부족문제를 해소하기 위해 외국인력을 유입하지만 내국인 노동시장에 영향을 미칠 가능성이 크다. 외국인력의 유입으로 내국인 일자리가 잠식되거나 임금 및 근로조건을 저하시킬 경우 사회적 갈등이 야기될 가능성이 크다. 따라서 유입된 외국인력이 내국인 노동시장을 교란하지 않도록 함으로써 내외국인 간 갈등을 줄이는 것이 필요하다. 외국인력의 유입에 따른 사회경제적 비용이 최소화될 때 내국인들의 우호적 태도가 자리 잡게 되어 내외국인 간 사회적 갈등을 완화하는 역할을 할 것이다. 즉 외국인력 유입에 따른 내국인 노동시장이 교란되지 않도록 함으로써 사회적 갈등을 완화하는 것이 사회통합정책의 한 방향이라고 볼 수 있다.

둘째, 한시적 체류 외국인력은 비정착을 전제로 하여 제도가 설계되고 이에 부합하여 자격요건을 부여하고 있기 때문에 이들의 정주문제는 기대하지 않은 사회적 비용을 야기한다. 따라서 적극적인 귀국지원 프로그램은 정주화에 따른 비용을 줄이기 위한 중요한 조치이다. 귀국지원은 좁은 의미에서 보면 귀국 과정과 귀국 후 정착과정으로 한정되지만 넓은 의미에서 보면 노동이동의 시작 시점부터 체류과정을 거쳐 귀국 및 정착에 이르기까지 노동이동과정의 생애에 걸쳐 있다. 이런 점에서 외국인력의 취업기간은 경제적 이득 외에 인적자본의 축적 과정이라고 볼 수 있다. 따라서 이들의 귀국은 해외취업을 통한 축적된 소득과 인적자본의 활용을 통해 자국에서의 재정착 및 국가 경제에 기여하도록 하는 출발점이 된다. 유입국의 입장에서 볼 때도 귀국지원은 정주화 방지 외에도 해외 인적네트워크의 구축 및 활용이나 자국의 문화나 상품의 소비자라는 측면에서 긍정적인 편익을 가져다줄 수 있을 것이다.

셋째, 적응 및 통합이 갖는 본래의 의미에서의 사회통합 노력으로서 문화충돌 및 사회적 갈등을 해소하기 위한 노력, 입국 및 체류지원, 차별금지, 외국인력 권익보호, 법과 질서의 준수 등 외국인력 유입에 따른 사회적 비용을 줄이기 위한 제반 노력을 의미한다.

이상의 세 요소 중 셋째 이슈는 일반적인 다문화사회의 사회통합정책과 맥을 같이하고 있기 때문에 이 글에서는 앞의 두 관점에 기초하여 외국인력의 사회통합정책에 대한 방향성을 논의하고자 한다. 글의 구성은 다음과 같다.

제2장에서는 외국인력 추이와 특징 및 외국인력의 유입확대에 따른 영향을 살펴보고 사회통합정책의 방향성을 검토한다. 제3장에서는 저숙련 외국인력 지원정책의 성과와 한계를 논의하고 체류 및 귀국지원이라는 관점에서 사회통합정책의 방향성을 검토한다. 끝으로 제4장에서는 외국인력에 대한 사회통합정책의 방향을 제시한다.

Ⅱ. 외국인력의 영향과 사회통합

1. 외국인력 제도의 변화

우리나라에서 저숙련 외국인력 제도가 시행된 것은 1993년 시행된 산업연수생제도의 도입부터라고 볼 수 있다. 산업연수생제 도입 이후의 외국인력 제도의 전개과정은 크게 네 단계로 구분할 수 있다.[6] 첫째, 외국인력 정책의 도입기(1993~2000. 4.)이다. 1980년대 후반 이후 3D 업종 기피현상이 심화되면서 단순기능인력 부족문제가 심각해지자 정부는 외국인력을 근로자 신분이 아닌 연수생 신분으로 도입하여 활용하는 정책을 시행하였다. 이 시기는 외국인력 활용 경험이 일천하여 불법체류자의 만연, 송출비리 문제, 사업장 내에서의 외국인력 활용을 둘러싼 갈등 등이 다양하게 표출된 시기라고 볼 수 있다.

둘째, 외국인력 활용을 둘러싼 갈등의 확대(2000. 4.~2004. 8.)이다. 이 시기는 외국인력에 대한 수요가 지속적으로 증가하였으나 연수생신분이라는 특성 때문에 정부가 도입쿼터를 확대하지 못한 관계로 불법체류자 비율이 80%에 육박하는 등 산업연수생제도의 지속적인 유지가 어려운 상황으로 전개되었다.[7] 체류기간 중 일부를 근로자신분인 연수취업제로 전환하여 연수제도와 취업제도를 결합하도록 하였으나 본질적인 제도 개선이 아니라는 점에서 한계가 있었다. 외국인력 도입과정의 투명성, 외국인력 관리의 효율화는 단순히 연수취업제의 도입으로 해결될 수 있는 문제가 아니었던 것이다. 이 시기의 또 하나의 특징은 서비스분야의 인력부족을 해소하고 국적동포의 국내취업 욕구를 충족시키기 위하여 외국국적 동포에게

---

6) 이규용 외, 『글로벌 아시아시대를 주도하기 위한 외국인력 운용과 사회통합 방안』(기획재정부 보고서, 2012a), 3~4쪽.

7) 산업연수생 활용기업의 자격요건을 엄격히 한 데다 도입쿼터도 제한적으로 운영하여 영세 중소기업은 외국인산업연수생을 활용하기 어려워 불법체류자를 고용함에 따라 불법 외국인력 시장이 급격히 팽창하였다.

방문동거체류자격을 부여해 2년간 국내 취업활동을 허용하는 '서비스분야 취업관리제'를 도입(2002. 12.)하여 저숙련 분야에 동포취업의 문이 열리게 되었다.

셋째, 고용허가제의 도입 및 정착기(2004. 8.~2007. 3.)이다. 이 시기는 고용허가제와 기존의 산업연수생제도의 병행기(~2006), 고용허가제 정착에 따른 통합시기로 구분할 수 있다. 고용허가제 시행과 동시에 취업관리제는 '특례고용허가제'라는 이름으로 고용허가제에 흡수·통합되었다. 2007년 3월 4일부터는 특례고용허가제를 국내에 호적 또는 친족이 있는 외국국적 동포뿐만 아니라 국내에 연고가 없는 외국국적 동포에게도 취업을 허용하는 방문취업제를 도입하였다. 이에 따라 고용허가제는 일반외국인을 대상으로 하는 '일반고용허가제'와 외국국적 동포를 대상으로 하는 '특례고용허가제'로 이루어져 있다. 일반고용허가제와 특례고용허가제로 이원화된 형태를 갖추고는 있지만 저숙련 외국인력 제도가 정착한 시기라고 볼 수 있다.

넷째, 고용허가제 발전기(2007. 3.~현재)이다. 제도 정착을 토대로 고용허가제는 이후 외국인력 도입 및 운용과 관련하여 많은 제도적 개선이 이루어졌다. 고용허가제가 2011년 UN 공공행정대상을 수상한 것에서 알 수 있듯이 성공적인 제도 운용은 우리와 유사한 도입체계를 갖고 있는 여타 국가들의 모범사례로 정착되었음은 주지의 사실이다. 큰 틀에서 보면 외국인력 제도의 변화는 외국인력에 대한 통제(control) 및 관리의 효율화(management) 시기를 거쳐 통합(integration)적 관리를 지향해 나가고 있는 것으로 평가할 수 있다. 이러한 제도 변화를 거쳐 고용허가제는 외국인력 유입제도로서의 틀을 구비하였고 외국인력의 권익 또한 신장되었다.[8]

외국인력 제도가 정비되면서 도입 규모가 지속적으로 확대되었으며, 외국인력의 체류기간 또한 늘어나 국내에 미치는 사회경제적 영향도 점차 증가하였다. 특히 최근에 이루어진 외국인력의 체류기간 및 체류자격의 변화는 이러한 영향이 확대될 가능성을 보여주고 있다. 고용허가제하에서 일반 외국인근로자의 고용은 당초 3년의 범위 내에서 고용하도록 하였으나 2010년 7월 4일부터는 근로계약기간을 체류기간 내(3년)에서 자율적으로 결정하고, 재고용 시 출국요건(1개월 이상) 없이 5년까지 계속 고용하도록 하여 5년의 범위 내에서 고용하도록 하였다. 2012년에는 성실 근로자 취업 재입국제도를 도입하여 재고용기간이 만료되기 전에 사용자가 일정요건을 충족하는 근로자에 대해 재입국 후의 고용허가를 신청하면 출국한 날부터 3개월 후에 재입국하여 취업활동을 할 수 있도록 제도를 신설하였다. 이에 따라 요건을 충족할 경우 외국인근로자는 4년 10개월 근무 후 3개월을 거쳐 다시 최대 4년 10개월 동안 한국에서의 취업이 가능하다. 이러한 조치는 숙련도가 높은 인력을 활용한다는 취지를 갖고 도입되었으나 외국인력의 정주화 가능성을 높였다는 점에서 또 다른 과제로 대두되고 있다.

방문취업제도 변화가 이루어졌는데 정부는 2009년 3월에 1차 산업과 제조업 등 인력난이 심한 업종에서 4년 이상 장기 근속한 동포들에게도 적극적으로 재외동포 자격변경을 허용하기 시작하였다. 이

---

8) 고용허가제를 통해 합법적으로 취업한 외국인근로자는 내국인과 동등하게 근로기준법, 최저임금법, 산업안전보건법 등 노동관계법의 적용을 받고, 노동3권 등 기본적인 권익을 보장받으며, 사업주는 '외국인근로자의 고용 등에 관한 법률' 제22조에 의거하여 외국인근로자라는 이유로 부당하게 차별한 수 없다. 따라서 외국인근로자에 대해서도 원칙적으로 근로기준법, 산업안전보건법, 최저임금법 등 노동관계법이 차별 없이 적용된다. 사업주의 근로계약 위반, 부당해고 등 위법·부당한 처분에 대해서는 근로감독과 및 노동위원회, 국가인권위원회, 법원 등을 통한 권리구제가 가능하다.

는 방문취업자격으로 입국한 동포들이 5년의 체류기간이 만료되면 중국 등으로 돌아가야 했으나 체류기간 만료 이전에 재외동포 체류자격으로 변경하면 한국에 계속 장기 거주할 수 있도록 한 것이다. 2010년 4월에는 재외동포 자격부여지침을 정비하여 방문취업자격 동포에 대해서도 재외동포(F-4) 자격으로 전환할 수 있도록 하였다. 기존의 1차 산업 및 제조업에 장기 근속한 경우 이외에 다음의 경우에도 F-4체류자격의 취득이 가능하다. 첫째, 기능사 자격을 획득한 경우, 둘째, 만 63세 이상 고령자로 국내 노동시장에서 단순노무종사자로 간주할 수 없는 경우, 셋째, 간병인, 가사도우미 등 내국인의 대체가능성이 없는 경우, 넷째, H-2 취득 2년간 200일 이상 해외거주자가 그 대상이다.[9]

이러한 제도의 변화는 노동력으로 유입된 외국인력이 정주화대상이 아니라는 이유로 사회통합정책의 대상 밖에 더 이상 머무를 수 없음을 보여주고 있다. 즉 전통적인 이주자의 사회통합정책의 관점에서 볼 때도 외국인력에 대한 사회통합정책의 필요성이 제기되고 있는 것이다. 그러나 서론에서 언급하였듯이 본고의 목적은 한시적 체류 외국인력에 대한 사회통합정책의 방향성을 모색하고 있는 만큼 교체순환 외국인력에 대한 사회통합정책의 필요성은 이러한 체류기간의 연장이라는 측면 외에 또 다른 관점에서 찾아볼 수 있다. 이는 체류외국인력의 유입규모가 확대됨에 따른 국내 사회경제적 영향의 확대이다. 이하에서는 이에 대해 검토해보도록 하자.

---

9) 이규용 외(2012b) 제3장에서 인용.

2. 외국인력 추이와 고용실태

외국인력제도가 정착되면서 외국인력의 도입 규모도 확대되었다. 외국인력의 개념 및 범주에 대해서는 법무부에서 발간하는 출입국·외국인정책통계자료를 통해 추계가 가능하다. 외국인력의 개념은 취업비자로 입국한 외국인으로 파악하는 방법이 있고, 취업활동에 종사하고 있는 체류 외국인을 통해 파악하는 방법이 있다.[10] 전자에 따르면 취업비자 자격은 크게 고용허가제와 방문취업비자로 구성된 비전문인력과 전문인력 비자로 구분된다. <표 1>에서 보듯이 비전문인력비자로 입국하여 체류하고 있는 외국인력은 2012년 말 기준으로 469,002명이고 전문인력은 50,264명이다.

<표 1> 주요 체류 자격별 체류 외국인의 변화

(단위: 명)

	총 체류자	유학생	전문인력	비전문인력	결혼이민자
2007년	1,066,273	56,006	33,502	403,687	110,362
2008년	1,158,866	71,531	37,304	490,109	122,552
2009년	1,168,477	80,985	40,627	494,646	125,087
2010년	1,261,415	87,480	43,608	506,905	141,654
2011년	1,395,077	88,468	47,095	537,663	144,681
2012년	1,445,103	87,270	50,264	469,002	148,498

주: 1) 비취업비자로 입국하여 취업에 종사하고 있는 외국인은 인력통계에서 제외하였으며, 해당 체류자격으로 입국하여 불법체류로 된 경우도 해당 비자에 포함된다.
2) 유학생 통계에는 일반유학생 외에 어학연수자가 포함된 수치이다.
3) 결혼이민자통계에는 혼인귀화자가 제외되어 있으며, 혼인귀화자의 연도별 추이를 보면, 2007년 14,609명, 2008년 22,525명, 2009년 39,666명, 2010년 49,938명, 2011년 60,671명, 2012년 68,404명이다.
자료: 법무부 출입국·외국인정책본부, 『출입국·외국인정책 통계연보』 각 연도.

---

10) 외국인력의 개념 및 범주와 이를 파악하는 방법에 대해서는 이규용 외(2010) 참조.

<표 2> 연도별 비전문취업자 및 방문취업자 체류현황

(단위: 명)

기간	구분	계	비전문취업 (E-9)	방문취업자(H-2)
2012. 12.	계	469,002	230,237	238,765
	합법체류자	409,617	176,277	233,340
	불법체류자	59,385	53,960	5,425
2011. 12.	계	537,663	234,295	303,368
	합법체류자	488,900	189,190	299,710
	불법체류자	48,763	45,105	3,658
2010. 12.	계	506,905	220,319	286,586
	합법체류자	460,208	177,546	282,662
	불법체류자	46,697	42,773	3,924
2009. 12.	계	494,646	188,363	306,283
	합법체류자	461,203	158,198	303,005
	불법체류자	33,443	30,165	3,278
2008. 12.	계	488,629	189,297	299,332
	합법체류자	454,432	156,429	298,003
	불법체류자	34,197	32,868	1,329

자료: 법무부 출입국·외국인정책본부, 『출입국·외국인정책 통계연보』 각 연도.

<표 2>는 연도별 고용허가제 일반 및 방문취업자 추이를 보여주고 있다. 표에서 보듯이 고용허가제 일반에 비해 방문취업으로 입국한 동포가 더 많다. 고용허가제 일반으로 입국한 인력 중 불법체류자 수는 2012년 12월 현재 53,960명으로 지속적인 증가 추이를 보이고 있다. 한편 앞에서도 언급한 바와 같이 방문취업자 중 일부는 재외동포로 체류자격을 변경하고 있기 때문에 이들의 취업활동 규모를 보기 위해서는 재외동포의 추이를 살펴볼 필요가 있다. 2012년 12월 말 기준 체류자격별 외국국적 동포 현황을 보면 방문취업(H-2) 자격 238,765명, 재외동포(F-4) 자격 189,508명, 거주(F-2) 자격 63,299명의 순이다. 방문취업자는 2009년 71.2%까지 증가했다가 이후 감소하여 2012년 12월

현재 전체 외국국적 동포 중 44.4%를 차지하고 있다.

영주자격 취득자는 2009년에 1,007명에 불과했으나 일부 동포들의 맹목적인 국적취득을 방지하기 위하여 국적취득요건을 갖춘 동포들에 대하여 영주자격을 부여하는 제도를 시행(2009. 12.)하였다. 이에 따라 재외동포의 영주자격 소지자가 크게 증가하여 2012년 12월에는 전체 국적동포의 9.2%(49,736명)를 차지하고 있다. 재외동포 비자 취득자는 2007년 9.5%에 불과했으나 심각한 구인난을 겪고 있는 지방의 제조업 및 농축산업 분야로 동포들의 취업을 적극 유도하기 위하여 동일업체에서 장기근속 시 재외동포(F-4) 자격을 부여하는 제도를 시행한 결과 재외동포(F-4) 자격 소지자가 지속적으로 증가하여 2012년 12월 현재 35.2%(189,508명)에 달하며 2010년 대비 97.8% 증가하였다.

이상의 내용은 외국인력 규모를 비자유형별로 파악한 것이지만 실제 노동시장에서는 이보다 많은 외국인력이 취업활동에 종사하고 있는 것으로 추정된다. 이는 비취업비자로 입국하여 취업활동에 종사하고 있거나 유학생, 국적 미취득 결혼이민자, 영주권자, 재외동포 중 상당수가 취업활동에 종사하고 있기 때문이다. 이에 대해서는 통계청의 외국인 고용조사결과를 통해 확인할 수 있다.[11] 이 조사결과에 따르면 2012년 외국인력 취업자 수는 79만 1천 명이며 이를 체류자격별로 보면 방문취업 24만 1천 명, 비전문취업 23만 8천 명, 재외동포 9만 9천 명, 결혼이민 6만 명, 전문인력 4만 7천 명, 영주 4만 7천 명이다. 산업별 취업자는 제조업이 36만 8천 명으로 가장 많고, 그다음으로 도소매 및 숙박·음식점업 14만 9천 명, 사업·개

---

11) 통계청은 시범조사를 거쳐 2012년에 외국인 고용조사를 실시, 그 결과를 발표하였다. 동 조사는 2012. 6. 22. ~ 7. 6. 기간에 전국의 외국인 1만 명을 대상으로 이루어졌다.

● 다문화사회 한국의 사회통합

인·공공서비스업 13만 6천 명, 건설업 8만 5천 명의 순이다. 직업별 취업자를 보면 기능원·기계조작 및 조립종사자가 33만 명이고, 단순노무종사자가 23만 9천 명이며, 그다음으로 관리자·전문가 및 관련종사자 9만 1천 명, 서비스·판매종사자 8만 7천 명의 순이다. 외국인력의 지역별 분포를 보면 경기·인천이 31만 1천 명으로 가장 많고, 그다음으로 서울 20만 4천 명, 부산·울산·경남 10만 명, 대전·충남·충북 7만 명이다.

다음으로 외국인력의 임금수준을 살펴보자. 외국인력의 임금에 대한 최근의 조사 자료로 2011년 고용노동부가 조사한 외국인력 근로실태조사가 있다. 이 조사는 고용허가제 외국인근로자를 채용하고 있는 사업장 중 고용노동부에 신고한 사업장을 대상으로 조사를 한 후 모수를 추정하였기 때문에 고용허가제 일반 외국인근로자의 모집단의 특성을 반영하고 있다는 장점이 있다. 그러나 고용허가제 특례 입국자는 신고 사업장이 많지 않아 모집단의 특성을 대표하는 것은 한계가 있다. <표 3>은 2011년 외국인근로자의 임금을 성 및 국적별로 비교한 결과이다. 여기서 내국인 근로자의 임금은 같은 사업장에서 유사한 직무를 수행하고 있는 근로자들을 대상으로 조사한 결과이다. 국적별 임금을 보면 외국인근로자의 월평균임금은 161.6만 원으로 내국인근로자의 임금 198.3만 원의 81.4% 수준이다. 이를 성별로 보면 외국인 남성근로자는 내국인 남성근로자 임금의 78.4%수준이며, 외국인 여성근로자의 임금은 내국인 여성의 89.8%이다. 한편 외국인근로자의 임금수준을 체류자격 유형별로 보면 고용허가제 일반입국자의 임금이 163.8만 원으로 방문취업입국자의 156.5만 원에 비해 약간 더 많다.

<표 3> 임금 수준(2011년)

(단위: 명, 천 원)

		월급여	정액급여	시간당 정액급여
국적	내국인	1,983	1,648	10.628
	외국인	1,616	1,263	7.322
국적성별	내국인 남성	2,127	1,765	11.580
	내국인 여성	1,589	1,328	8.007
	외국인 남성	1,667	1,264	7.759
	외국인 여성	1,427	1,261	5.708
사증	내국인	1,983	1,648	10.628
	비전문취업(E-9)	1,638	1,228	7.690
	방문취업(H-2)	1,565	1,342	6.527
	재외동포(F-4)	1,655	1,372	6.664
	기타 사증	1,442	1,242	6.418

자료: 고용노동부, 『외국인력근로실태 및 수요조사: 외국인력 근로실태 조사』, 2011.

　　내외국인 간 임금격차의 적정성에 대한 판단은 생산성이나 인적 특성 등을 감안하여 이루어져야 한다. 이를 위해서는 임금결정에 영향을 미치는 요소를 감안한 분석이 수행되어야 하지만 이에 대한 정보가 제한적이어서 여기서는 그동안 실태조사 자료 등에 나타난 정성적 질문의 결과를 통해 살펴보도록 하자. <표 4>는 그동안 연구자들이 저숙련 인력을 대상으로 같은 직무에 종사하는 내국인 근로자를 100으로 하였을 때 외국인근로자의 근로시간, 업무량, 생산성, 임금수준, 총노동비용 수준을 사업주에게 질문한 결과이다. 표에서 보듯이 외국인근로자의 임금수준이나 총노동비용은 내국인 근로자 고용비용보다 낮은 것으로 나타나 있다. 그러나 이를 생산성과 비교하면 총노동비용은 생산성 수준에서 결정되고 있음을 알 수 있다.

<표 4> 내국인 대비 외국인근로자의 생산성·임금·노동비용

(단위: 개소, %)

	근로시간	업무량	생산성	임금수준	총노동비용
2003년 조사	106.3	-	87.4	71.4	86.1
2005년 조사	100.8	88.3	84.2	85.1	-
2007년 조사	101.5	94.7	89.0	86.7	90.1
2012년 조사	100.2	91.7	85.0	82.7	90.1

자료: 각 연도의 실태조사 자료를 참조하였으며 이규용 외(2011)에서 재인용, 2012년 자료는 이규용(2012) 참조.

3. 외국인력 유입의 영향과 내국인 유휴인력문제

앞에서 살펴본 바와 같이 외국인력 제도가 정비되면서 외국인력의 도입 규모도 지속적으로 확대되었으며, 외국인력의 체류기간 또한 늘어났다. 이는 외국인력의 사회경제적 영향이 보다 확대되고 있음을 의미한다. 이하에서는 외국인력의 영향에 대한 검토 가능한 요소들을 살펴보도록 하자.

<표 5>는 외국인력 고용사업장에서 외국인력이 차지하는 비중을 고용허가제 시행 초기인 2005년과 2011년을 비교한 결과이다. 업종별로 보면 제조업의 경우 2005년 외국인근로자를 고용하고 있는 사업장의 외국인력 비중은 4.4%에서 2011년에는 17.7%로 증가하였으며, 건설업은 같은 기간 0.9%에서 55.6%로 증가하였고, 농축산업은 9.4%에서 72.7%로, 그리고 서비스업은 13.2%에서 24.0%로 증가하였다. 종업원 규모별로 보면 외국인근로자를 고용하고 있는 5인 미만 사업장의 2005년 외국인근로자 비중은 17.5%였으나 2011년에는 41.8%로 증가하였으며, 같은 기간에 5~9인 사업장은 11.0%에서 27.8%로, 10~29인 사업장은 5.4%에서 21.4%로 증가하였다.

시간이 흐를수록 외국인근로자를 고용하고 있는 사업장에서 외국 인력에 대한 의존도가 높아지고 있음을 알 수 있다. 이러한 결과가 나타난 이유가 외국인근로자가 내국인근로자를 대체하기 때문인지 아니며 외국인력 고용사업주가 외국인근로자를 선호하기 때문인지 혹은 이전에 비해 내국인근로자를 채용하기가 더 어려워졌기 때문 인지는 분명하지 않다. 이에 대해서는 보다 심층적인 분석이 요구되 지만 중요한 것은 외국인력의 유입이 국내 노동시장에 미치는 영향 이 갈수록 커지고 있다는 점이다.

<표 5> 외국인력 고용업체의 외국인 의존도

		2005			2011		
		외국인	내국인	외국인력비율	외국인	내국인	외국인력비율
업종	제조	34,926	766,097	4.36	205,262	956,004	17.68
	건설	91	10,117	0.89	14,756	11,792	55.58
	농축산	380	3,661	9.40	12,561	4,717	72.70
	서비스	10,523	69,406	13.17	34,695	110,166	23.95
	어업	6	465	1.27	3,096	620	83.32
업종	미상				488		100.00
규모	5인 미만	19,163	90,603	17.46	90,736	126,289	41.81
	5~9인	7,293	59,087	10.99	35,926	93,193	27.82
	10~29인	11,805	206,050	5.42	73,767	271,610	21.36
	30~49인	3,415	121,306	2.74	26,826	145,875	15.53
	50~99인	2,374	144,738	1.61	22,618	171,733	11.64
	100~299인	1,178	165,855	0.71	15,374	194,020	7.34
	300인 이상	107	49,820	0.21	1,034	63,280	1.61
규모	미상	591	12,287	4.59	4,577	17,299	20.92
	전체	45,926	849,746	5.13	270,858	1,083,299	20.00

주: 1) 2004~2011년 6월 기간 외국인근로자 고용경험이 있는 사업장
    2) 외국인근로자비율=[외국인근로자/(외국인근로자+내국인근로자)]×100
자료: 한국고용정보원, 고용허가제-고용보험DB 연결패널, 설동훈·이규용·노용진(2011), 이규용 외(2012)에서 재인용.

외국인력 고용에 따른 가장 부정적인 영향은 내국인 일자리 잠식이나 임금 및 근로조건의 저하라고 볼 수 있다. 고용허가제 실시 이후 외국인력 고용에 따른 내국인 노동시장 영향에 대한 국내 연구는 분석 가능한 자료의 제약으로 인해 많지 않은 실정이다. 국내의 선행 연구들은 분석대상, 분석자료, 분석기간 등에 따라 결과가 달라질 수 있는 개연성이 있음을 전제로 외국인력 유입이 국내 저숙련 근로자의 임금이나 고용에 부정적 영향이 어느 정도 있음을 지적하고 있다.[12]

원론적인 측면에서 경제이론에 근거할 경우 외국인력의 공급확대는 경쟁관계에 있는 내국인력의 일자리나 임금 등 근로조건에 부정적 영향을 미칠 가능성이 크며 현실적으로 건설현장 등에서 외국인력 유입으로 내국인 노동시장에서 일자리를 잠식하고 있다는 현장의 목소리들이 있다. 외국인력 유입에 따른 노동시장의 부정적 영향은 외국인력의 사회통합과 관련하여 매우 중요하다. 국내에 유입된 외국인력의 대부분이 저숙련 직종에 종사하고 있어 내국인 생산관련직 종사자나 임시·일용직 종사자와의 일자리 경쟁이 일어날 가능성이 커 내국인 일자리 잠식 및 임금 근로조건의 저하로 이어질 가능성이 크다.[13] 특히 고용률이 개선되지 않고 있는 데다 국내 취업애로 계층의 상당수가 구직에 어려움을 겪고 있는 현실은 외국인

---

12) 외국인력의 노동시장 구조에 관한 통계자료가 미흡하여 이에 대한 연구가 활발히 이루어지지 못하고 있는 실정이다. 이에 대한 국내의 연구로는 이규용·박성재(2008), 유경준·이규용(2009), 김정호(2009), 이규용 외(2011), 최경수(2012) 등의 연구가 있다. 최경수(2012)의 연구에 따르면 외국인력 및 이민 유입은 숙련 노동력과 저숙련 노동력 간의 임금격차를 확대시키는 반면, 대부분이 생산성이 낮은 단순인력이기 때문에 경제성장에 대한 기여는 크지 않은 것으로 분석하고 있다.

13) 최근 들어 정부는 외국인력 유입에 따른 내국인 일자리 보호를 위한 조치를 강화하였다. 동포에 의한 건설분야 내국인 일자리 침해 문제를 해결하기 위해 2009년 5월부터 '건설업 취업등록제'를 시행하였고, 2012년 5월에는 외국인 고용희망사업장의 내국인 구인노력 활성화 방안을 마련하는 등 외국인력 유입에 따른 내국인 노동시장 보호방안을 강구하고 있다.

력의 내국인 일자리 잠식 여부에 대한 실체와 관계없이 외국인력에 대한 불만으로 표출될 가능성도 잠재적으로 존재한다.

다음으로 정성적 설문조사를 이용한 분석결과를 통해 외국인력 유입에 따른 편익과 비용문제를 살펴보도록 하자. 이에 대한 연구는 고용허가제 실시 초기인 2004년의 실태조사를 토대로 이루어진 이해춘 외(2005)의 연구[14]와 이 연구방법에 기초하여 2010년에 이와 유사한 방식으로 분석한 결과가 있다.[15] 2005년의 연구에서는 외국인력의 유입에 따른 연간 사회적 순편익의 총가치가 3,400억 원으로 추정되어 양의 편익이 발생하였다. 그런데 2010년의 분석결과에 따르면 외국인력의 도입으로 1년간 발생하는 사회적 비용은 3,515억 원, 사회적 편익은 3,232억 원으로 결과적으로 사회적 순손실이 282.5억 원이 발생하는 것으로 나타났다.[16] 이러한 결과가 발생하는 원인에 대해서는 심층적인 연구가 필요하지만 외국인력 유입이 적었던 2004년에 비해 외국인력 유입규모가 급격히 증가하여 외국인력의 영향이 확대된 것이 하나의 원인이 되었을 것으로 판단된다.

외국인력의 유입확대는 내국인의 해당 부문의 일자리 기피에 따라 인력부족을 겪고 있는 기업의 외국인력 수요의 확대에 기인한다.

---

14) Hae-Chun Lee, Kyu-Yong Lee and Joonmo Cho, "Liberalizing employment of foreign workers in Korea: Public perception and assessment," *Journal of Policy Modeling*, vol. 27, issue 8(2005), pp.971~987.

15) 동 자료는 가상가치측정법에 의거하여 외국인 유입의 비용과 편익을 추정하기 위한 실태조사자료 (2010년 실시)를 이용하여 이해춘과 이규용이 분석한 것으로 분석결과를 아직 공식적으로 발표하지는 않았다. 외국인력 유입에 따른 비용과 편익의 추정을 위한 평가요소로 심리적 불편·호감, 치안행정수요의 증가·감소, 집단 갈등·화합, 혼잡·편의, 국가이미지 악화·개선, 국민경제 악화·개선, 저출산 고령화에 부정적·긍정적, 노동시장에 부정적·긍정적의 8개 항목을 선정하여 측정한 후 각각의 항목별로 편익과 비용을 추정하였다.

16) 연간 사회적 순편익 총가치＝가구당 월평균 사회적 편익×12개월×전국 가구수×(편익 지불의사 응답률)－가구당 월평균 사회적 비용×12개월×전국 가구수×(비용 지불의사 응답률)로 추정한 것이다.

적정 외국인력 도입 규모에 대한 논의는 노동시장의 수급구조의 특성이나 산업구조 문제뿐만 아니라 외국인력에 대한 기업수요의 특징 등을 종합적으로 검토하여야 하는 만큼 간단한 문제가 아니다. 현재 진행되고 있는 우리나라의 인구변동을 고려할 때 외국인력에 대한 수요는 향후 확대될 가능성이 크다. 그러나 외국인력의 유입문제를 단순히 내국인 기피라는 관점에서 접근할 경우 이는 문제해결의 본질이 아닐 가능성이 크다. 여기서는 인력부족의 현상에 대한 또 다른 측면의 해석을 보여주는 분석자료 및 국내 유휴인력이라는 관점에서 이 문제를 검토해보자.

<표 6>은 한국노동연구원에서 2012년에 수행된 실태조사 자료를 이용하여 생산직 인력부족률의 결정요인을 분석한 것이다.[17] 분석 결과에 따르면 생산직 평균연령 또는 50세 이상 근로자의 비중이 높은 사업장일수록 인력부족률이 높으며, 특히 외국인력 활용기업에서 인력부족률이 높게 나타나고 있다. 외국인력 고용업체일수록 인력부족률이 높은 것은 시사하는 바가 크다. 즉 인력부족이 심한 기업에서 외국인력을 고용하고 있음을 보여주고 있지만 또 한편으로는 외국인력 고용업체의 인력부족이 외국인력 고용에 따른 구조적인 현상에 기인할 수 있음을 시사한다.

이러한 결과는 2011년에 이루어진 고용노동부의 조사결과에서도 확인되는데 동 조사에서도 외국인력 비고용업체에 비해 고용업체에서 인력부족률이 더 높은 것으로 나타났다.[18] 이 조사는 5인 미만 사업장을 대상으로 고용허가제 허용 업종에서 외국인력을 고용하고 있는 사

---

17) 이규용 외, 『고령화 및 고학력화와 노동시장 정책과제』(서울: 한국노동연구원, 2012b).
18) 고용노동부, 「외국인력 수요조사」(2011).

<표 6> 생산직 인력부족 결정요인

(로짓 모형: 부족=1, 부족하지 않음=0)

변수	추정치(표준오차)	추정치(표준오차)
상수항	-4.1519(1.333)***	-3.1700(1.129)***
생산직 평균연령	0.0327(0.016)**	
50세 이상 근로자의 비중		0.0159(0.007)**
주당 초과근로시간	0.3968(0.197)**	0.4306(0.202)**
외국인근로자 활용 여부 (활용한 경험 있음=1)	0.8724(0.387)**	0.8333(0.385)**
임금	-9.43E-6(0.000)	-2E-6(0.000)
지역(서울 및 광역시=1)	-0.4736(0.370)	-0.6099(0.379)
종업원 규모(30인 미만=1)	1.0480(0.543)*	1.0941(0.551)**
종업원 규모(30~99인 미만=1)	0.5611(0.573)	0.5591(0.578)

주: *** p<0.01, ** p<0.05, * p<0.1
자료: 이규용 외(2012b), 『고령화 및 고학력화와 노동시장 정책과제』, 한국노동연구원에서 인용.

업체와 이들과 같은 특성을 갖는 비고용업체를 추출하여 두 집단 간 비교가 가능하도록 되어 있다. 조사결과에 따르면 외국인력 고용업체의 인력부족률은 12.7%인 데 비해 비고용업체의 인력부족률은 5.4%로 나타나 비고용업체의 인력부족률이 더 낮다. 외국인력 고용업체의 인력부족률이 더 높게 나타난 것은 이들 사업장에서 외국인력에 대한 의존도가 더 높아 내국인 인력을 충원할 의사가 상대적으로 적기 때문에 인력부족현상이 더 높게 표출되었을 가능성을 배제하지 못한다.

　이러한 연구결과들은 외국인력의 유입확대가 단기적으로는 인력부족의 완화에 기여하지만 인력부족의 궁극적인 해결방안이 될 수 없다는 점에서 인력부족을 전적으로 외국인력에 의존하는 것은 바람직한 선택 대안이 아님을 시사한다. 특히 외국인력의 유입에 따른 사회경제적 비용을 고려하면 외국인력에 대한 의존도의 심화는 바람직하지 않다.

다음에는 논의를 바꾸어 유휴인력문제를 검토해보도록 하자. 우리나라의 낮은 고용률과 실업률 이면에는 비경제활동인구의 높은 증가율이 자리 잡고 있다. <표 7>은 2003~2011년 기간 동안의 학력별·연령별 유휴인력의 추이를 보여주고 있다.[19] 유휴인력 규모를 보면 2003년 2,047천 명에서 2005년에 2,560천 명으로, 그리고 2011년에는 2,993천 명으로 지속적으로 증가하고 있다. 2011년을 기준으로 유휴인력의 규모를 학력별·연령별로 보면 20대의 경우 고졸 미만은 24천 명이며, 고졸이 442천 명으로 가장 많고, 그다음으로 대졸이상 302천 명, 그리고 전문대졸 190천 명이다. 30대도 고졸이 220천 명으로 가장 많고, 그다음으로 대졸 이상 162천 명, 전문대졸 94천 명의 순이다.

유휴인력의 특징과 인력부족 분야를 결합하여 살펴보면 인력부족은 생산관련 직종에서 높고, 이들 분야일수록 상대적으로 젊은 층을 선호할 가능성이 높다. 유휴인력의 규모를 보면 청년층의 유휴인력 규모가 크다. 외국인력의 취업분야나 인력부족 직종의 특성과 고학력화에 따른 노동공급자의 특성을 볼 때 외국인력이 차지하고 있는 일자리가 내국인 유휴인력의 유입으로 충당되기는 쉽지 않을 수 있다. 그러나 외국인력의 공급확대가 생산비용을 낮춰 해당 산업의 공급가격을 낮추는 데 기여함으로써 결과적으로 동종업종에 종사하는 내국인 근로자의 근로조건에 부정적 영향을 미칠 가능성을 배제하지 못한다. 게다가 외국인력의 공급확대는 산업구조조정에 부정적 영향을 미쳐 양질의 일자리 창출기반을 저해하는 요소로 작용할 가능성도 있다. 개연성을 토대로 한 이러한 논의가 외국인력이 필요하지 않

---

19) 여기서 유휴인력은 실업자와 비경제활동인구 중 발령대기, 취업을 위한 학원, 기관통학, 취업준비, 쉬었음에 해당하는 자를 합한 수치이다. 이하의 내용은 이규용 외(2012b)에서 인용하였다.

거나 노동시장에서 부정적인 파급효과만 야기하는 것을 주장하는 것은 아니다. 여기서 이야기하고자 하는 것은 외국인력의 도입과 국내 노동시장의 보완성 문제가 보다 강조될 필요성이 있다는 점이다.

<표 7> 학력별·연령별 유휴인력의 추이

(단위: 천 명, %)

성별	연령계층별	유휴인력				연평균 증감률			
		2003	2005	2010	2011	'03-05	'05-10	'05-11	'03-11
고졸 미만	15~19세	25	21	14	19	-8.9	-8.1	-1.1	-3.1
	20~29세	31	36	20	24	7.8	-11.2	-6.6	-3.2
	30~39세	29	31	25	21	2.8	-4.3	-6.0	-3.9
	40~49세	99	102	69	62	1.4	-7.4	-7.9	-5.6
	50~59세	127	169	193	188	15.5	2.6	1.8	5.0
	60세 이상	152	257	303	340	29.8	3.4	4.8	10.5
	60~64세	78	114	121	124	21.2	1.1	1.5	6.1
	65세 이상	75	143	183	215	38.3	5.0	7.1	14.2
	소계	464	616	623	655	15.2	0.2	1.0	4.4
고졸	15~19세	63	65	46	55	1.2	-6.5	-2.7	-1.7
	20~29세	428	459	465	442	3.6	0.2	-0.6	0.4
	30~39세	190	221	219	220	7.8	-0.2	-0.1	1.8
	40~49세	136	176	200	189	13.9	2.6	1.2	4.2
	50~59세	98	141	192	203	19.6	6.4	6.3	9.5
	60세 이상	64	103	146	180	26.4	7.2	9.7	13.7
	60~64세	42	57	82	96	16.2	7.4	8.9	10.7
	65세 이상	22	46	64	84	43.8	7.1	10.7	18.2
	소계	980	1165	1267	1288	9.0	1.7	1.7	3.5
전문대졸	15~19세	1	0	1	0	-30.8	18.2	-11.4	-16.7
	20~29세	147	198	197	190	16.1	-0.1	-0.6	3.3
	30~39세	40	57	94	94	19.3	10.4	8.6	11.1
	40~49세	13	16	28	39	9.2	12.4	16.3	14.5
	50~59세	3	6	22	21	37.9	28.9	22.1	25.9
	60세 이상	3	4	7	8	19.3	8.0	10.0	12.3
	60~64세	2	2	4	3	-1.1	8.4	6.2	4.3
	65세 이상	1	2	3	4	73.3	7.6	13.8	26.4
	소계	207	282	349	352	16.6	4.4	3.8	6.8

대졸 이상	15~19세	-	0	0	-	-	4.4	-	-
	20~29세	189	230	310	302	10.4	6.1	4.6	6.0
	30~39세	100	120	165	162	9.5	6.5	5.1	6.2
	40~49세	42	55	89	88	14.9	10.0	8.0	9.7
	50~59세	35	40	56	66	6.4	7.2	8.8	8.2
	60세 이상	29	52	72	80	32.8	6.9	7.6	13.4
	60~64세	18	29	38	41	28.6	5.6	5.9	11.1
	65세 이상	12	23	34	39	38.8	8.5	9.5	16.2
	소계	396	497	692	698	12.1	6.8	5.8	7.3

주: 유휴인력은 비경제활동인구와 실업자를 합한 값임. 비경제활동인구는 활동상태가 발령대기, 취업을 위한 학원·기관통학, 취업준비 및 쉬었음인 경우이며(단, 2003년은 설문항목에 '발령대기'가 없음), 실업자는 구직기간을 1주 기준으로 계산함.
자료: 통계청, 경제활동인구조사, 원자료, 이규용 외(2012b)에서 인용.

유휴인력의 확대와 외국인력에 대한 수요의 확대라는 두 측면은 외국인력 유입에 따른 노동시장에서 갈등구조가 발생할 개연성이 높음을 의미한다. 외국인력 도입원칙으로서 내국인 노동시장의 보완성원칙을 설정하고 있지만 이러한 원칙이 완벽하게 이루어질 수는 없을 것이다. 외국인력의 도입 및 활용정책에서 이러한 원칙이 지켜지기가 쉽지 않은 환경적 요소가 존재한다. 외국인력은 가급적 근로조건이 좋은 일자리로 이동하려는 특성이 있고, 사업주는 근로조건의 개선을 통한 내국인력 활용보다는 당장의 인력부족에 대응하여 외국인력을 활용할 유인이 크다. 외국인력과 사업주, 그리고 내국인 근로자 간 이해관계가 상충하는 측면이 있다.

이 문제에 대한 해결방안은 외국인력 활용에 따른 비용의 최소화라는 관점에서 비용부담자를 고려하는 방향에서 정책적 접근이 이루어져야 하며, 일차적으로는 외국인력과 경쟁관계에 있는 내국인 근로자이고 이차적으로는 외국인력 유입확대에 따라 불편이나 손실을 입을 수 있는 일반국민에 대한 배려가 필요하며 이러한 관점에서 외국인력 유입에 따른 사회통합정책의 필요성이 제기된다. 따라서 외국인력 활용과 내국인 노동시장의 보완성이 이루어지기 위해서는 외국인력의 도입, 선발 및 인력배분과정에서 내국인 노동시장을 보호하기 위한 조치가 보다 강조될 필요가 있으며, 필요한 경우 내국인에 대한 손실보상이라는 관점에서 다양한 지원정책을 마련할 필요가 있다. 이러한 정책이 성공적으로 수행될 경우 직접적으로 외국인력과 경쟁관계에 있는 내국인뿐만 아니라 일반 국민들의 외국인력에 대한 태도에도 긍정적인 영향을 미칠 수 있을 것이다.

III. 외국인력 체류 및 귀국지원과 사회통합

앞에서는 외국인력 사회통합 이슈를 내국인 노동시장과의 조화라는 관점에서 정책지향점을 검토하였다. 여기서는 외국인력 체류 및 귀국지원이라는 관점에서 사회통합 이슈를 살펴보고자 한다.

1. 외국인력 도입 및 체류 지원정책

외국인력의 체류 지원을 위한 다양한 정책이 시행되고 있다.[20]

---

20) 여기서는 외국인력 고용지원업무를 맡고 있는 한국산업인력공단에서 수행하고 있는 업무를 중심으로 살펴본다.

<그림 1>은 외국인력 도입과정부터 귀국에 이르기까지 우리 정부가 지원하는 프로그램으로 주요 내용을 살펴보면 다음과 같다.

첫째, 입국 초기 지원정책으로 사업장에 배치된 입국 초기 외국인 근로자(E-9)의 애로사항에 대한 모니터링을 통해 취업생활의 심리적 안정과 사업장 조기적응을 지원하는 정책을 실시하고 있다. 외국인 근로자가 최초 사업장에 배치된 후 3개월 내에 사업장에서의 적응 현황 및 애로사항에 대한 모니터링을 실시하고 있는데 사업주에 대

한국어능력시험 실시	○ 한국취업 대상자 선발을 위한 한국어능력시험 실시(EPS-KLT)
⇩	
취업희망 외국인근로자 명부 작성	○ 한국어능력시험 성적, 경력 등 객관적인 기준을 통해 송출 대상 인력을 기초로 외국인 구직자 명부 작성
⇩	
근로계약 체결 대행	○ 사업주와 선정된 외국인근로자의 표준근로계약서 작성 및 체결 대행
⇩	
입국	○ 출신국가별 외국인근로자 공항영접 및 취업교육기관에 인도
⇩	
고용·체류지원	○ 체류관리신고 등 행정지원, 재해사고 및 보험금처리 지원 ○ 언어통역 지원 등 사업장내 애로 및 갈등 조정
⇩	
기능·창업교육	○ 송출국 진출 한국기업 취업을 위한 기능교육 ○ 귀국 후 소규모 창업을 위한 기능, 실무교육
⇩	
취업알선	○ 송출국 현지진출 한국기업 취업알선
⇩	
귀국	○ 자발적 귀국, 커뮤니티 참여, 한국기업 채용 알선
⇩	
고용허가제 정착	○ 한국기업 취업 및 소규모 창업 ○ 근로자의 선발-체류-귀환의 선순환 제도 정착

자료: 한국산업인력공단, 내부자료에서 인용.

<그림 1> 외국인력 지원절차

해서는 방문 및 전화조사(방문조사 50% 이상 수행)를 하고 있고, 근로자에게는 팩스(설문지) 또는 엽서를 취업교육 시 배부하고 있다.

둘째, 외국인근로자의 국내 생활 조기정착 및 안정적인 체류활동 지원으로, 구체적으로 사업장 내 애로해소 지원, 외국인근로자 상담센터 및 지원센터 등 운영,[21] 문화행사 및 지역순회서비스 제공,[22] 외국인근로자 및 사업주 대상 교육 실시, 외국인 고용 사업장에 대한 지도·점검 등[23]을 실시하고 있다. 사업장 내 애로해소 지원은 근로계약 위반 등 사업장 내 갈등, 일상생활 고충, 언어소통문제 등의 애로를 해소할 수 있도록 방문통역을 지원하는 방식으로 운영되고 있다.[24] 외국인근로자 및 사업주 대상 교육은 사업장 변경자의 장기근속을 유도하기 위해 희망자에 대해 직장 적응 교육을 실시하고(2011년 11,915명), 생산성 향상 및 산재 감소 등을 지원하기 위해 직업훈련을 실시(2011년 4,005명)하고 있다. 또한 사업주를 대상으로 외국문화 이해, 노사 화합을 도모할 수 있도록 교육·컨설팅을 실시(2011년 3,020명)하고 있다. 외국인근로자의 한국생활 적응 지원은 주로 외국인력 상담센터를 통해 이루어지고 있는데 여기서는 주로 외국인근로자의 한국 생활 지원을 위해 고충상담·노동상담, 한국어 교육, 무료 의료진료 등 서비스를 제공하고 있다.

---

21) 외국인근로자에 대한 방문상담 및 한국어·한국문화 강좌, 의료지원 등을 위해 전국 34개소의 외국인력 지원센터가 운영 중이다. 이중 7개는 거점센터이고 소지역센터는 27개소이다.

22) 국가별 근로자 모임을 통해 서로 소회를 나누고 정보를 공유할 수 있도록 송출국 대사관과 함께 문화행사를 개최하고, 비용 일부를 지원하고 있다.

23) 외국인근로자를 고용하고 있는 사업장에서 노동관계법 등의 위반이 없도록 사업장 지도·점검을 실시하여 2011년에 4,700개소를 점검하고 2,200개 사업장에 대해 시정조치를 하도록 하였다. 산업인력공단 내부자료.

24) 통역원 현황을 보면 한국산업인력공단 671명(상시 68명, 통역풀 603명), 상담센터 38명, 외국인력 지원센터 43명이다. 한국산업인력공단 내부자료.

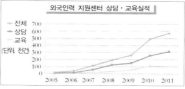

자료 : 한국산업인력공단 내부자료

<그림 2> 외국인력 지원센터 실적

셋째, 재직 외국인근로자에 대한 교육훈련 지원정책이다. 한국산업인력공단에 따르면 외국인력의 교육훈련은 국내 체류 및 취업기간 중 관련제도 및 문화에 대한 교육을 의무화함으로써 외국인의 사업장 변경 관리를 효율적으로 할 수 있을 뿐 아니라 합리적인 한국문화 교육으로 다문화사회 안정화에 기여하고, 나아가 외국인근로자들이 사업장 내에서 필요한 지식과 기능을 습득하여 중소기업의 생산성을 제고함을 목적으로 하고 있다. 훈련내용을 보면 중소기업체에서 주로 활용되는 기초 기능 훈련으로 외국인근로자를 직업능력개발훈련시설에 위탁하여 훈련을 실시하고 있다. 교육인원은 연간 5,000명이며 교육과정은 컴퓨터 활용, 기계장비, 용접, CNC선반 등으로 이루어졌고 훈련 난이도별 기초·심화 과정으로 운영하고 있다. 훈련 대상자의 선정은 사업주 추천자, 체류기간 중 기능교육을 희망하는 자이다.

넷째, 외국인근로자 귀국지원정책이다. 귀국지원정책은 자발적 귀환프로그램으로 운영되고 있는데 크게 다음의 네 가지로 구성되어 있다. 먼저, 자발적 귀환 및 불법고용 예방 캠페인으로 고용허가제 도입에 따른 외국인근로자의 불법고용 예방을 위한 캠페인(공익 광고)을 통해 체류기간이 만료되는 외국인근로자가 불법체류자로 전락하지 않고 성공적인 귀환을 할 수 있게 함으로써, 국가별로 성공적인 재정착 모범사례를 발굴 전파하고 자발적 귀환을 고취하는 데 역점을 두고 있다. 다음으로 귀국자 네트워크 구성 및 운영이다. 송출국 주재원이 자진 귀국자 현황을 파악한 후 송출기관 및 재외공관과 협조하여 네트워크를 형성하고 송출국 지역별 고용허가제 홍보 및 사전 교육 시 강사로 활용하고 있다. 네트워크의 추진절차는 <그림 3>과 같다.

자료: 한국산업인력공단, 내부자료에서 인용.

<그림 3> 네트워크 추진절차

세 번째로 체류기간 만료자 취업알선으로 주로 귀국근로자의 현지진출한 한국기업에 초점을 맞추고 취업알선사업을 실시하고 있으며 취업알선 절차는 <그림 4>와 같다.

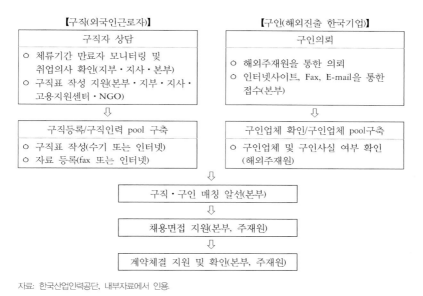

자료: 한국산업인력공단, 내부자료에서 인용.

<그림 4> 귀국근로자 취업알선 절차

끝으로 기능·창업훈련 실시이다. 외국인근로자가 체류기간 만료 후 귀국하여 자립할 수 있도록 기능교육 및 소규모 창업을 위한 교육 프로그램을 실시하고 있다. 훈련은 송출국 현지 진출 한국기업에 맞는 직종을 발굴하여 맞춤형 교육으로 실시하고 훈련 후 취업알선을 함으로써 체류기간 만료자의 합법적 귀국 유도에 기여하도록 하고 있다. 현지 훈련시설 장비를 활용한 훈련운영 및 한국기업의 인

력을 지원하기 위하여 현지 국가별 특성에 맞는 과정을 선정하고 있으며 대상자는 사업주 추천자, 체류기간만료 후 귀국자 중 훈련을 희망하는 자로 하고 있다.

2. 현행 지원정책의 평가와 문제점

외국인력 사회통합을 위한 지원정책은 어느 정도 성과를 거두고 있다고 평가될 수 있으나 여전히 과제를 안고 있는 것이 현실이다. 여기서는 외국인력의 사회통합이라는 관점에서 현행 지원정책을 간략히 평가해보고자 한다. 먼저, 언어문제이다. 언어는 이주자의 빠른 정착을 위한 핵심적인 요소 중의 하나이다. 현행 고용허가제는 한국어 능력시험을 통해 언어능력을 갖춘 외국인력을 도입하고는 있지만 여전히 언어능력이 문제로 되고 있다. 외국인근로자가 수행하는 업무는 비교적 단순하기 때문에 짧은 기간 동안 업무의 숙지가 가능하다. 따라서 초창기 외국인력의 생산성은 한국어 능력에 크게 의존하며, 외국인력의 사회통합이나 사회적 정착 과정에서도 한국어 능력은 매우 중요하다. <표 8>은 입국 연도별로 외국인근로자의 한국어 능력에 대한 자가평가 결과다. 전체 응답자의 12.3%는 한국말을 거의 하지 못한다고 응답하였으며, 8.0%는 '직장에서 업무를 수행하는 데 어려움이 많다'고 응답하고 있는데 이를 입국 연도별로 보면 당연한 결과이지만 최근에 입국한 인력일수록 언어능력에 문제가 많은데, 특히 2009년 입국자의 경우 응답지의 1/4가량이 '한국말을 거의 하지 못한다'고 응답하여 한국어 능력 테스트의 유효성에 대한 검증이 필요하거나 혹은 체류지원정책으로서 한국어 지원정책이 보다 적극적으로 이루어져야 함을 시사하고 있다.

<표 8> 외국인근로자의 한국어 능력

		사례수	한국어 능력											
			한국말을 거의 하지 못한다		직장에서 업무를 수행하는 데 어려움이 많다		간단한 의사소통 정도만 가능하다		한국인 동료와 어느 정도 의사소통 가능		일상적인 생활을 하는 데 언어상의 어려움없음		무응답	
			명	비중	명	비중	명	비중	명	비중	명	비중	명	비중
전체		796	98	12.3	64	8.0	345	43.3	212	26.6	56	7.0	21	2.6
입국연도	2004년 9월 이전	58	5	8.6	4	6.9	26	44.8	20	34.5	2	3.4	1	1.7
	2004.9.~2005년	126	10	7.9	11	8.7	41	32.5	45	35.7	13	10.3	6	4.8
	2006년	127	17	13.4	10	7.9	59	46.5	22	17.3	15	11.8	4	3.1
입국연도	2007년	116	7	6.0	13	11.2	54	46.6	32	27.6	7	6.0	3	2.6
	2008년	193	24	12.4	14	7.3	92	47.7	53	27.5	9	4.7	1	0.5
	2009년	90	23	25.6	8	8.9	40	44.4	14	15.6	2	2.2	3	3.3
	잘 모름	86	12	14.0	4	4.7	33	38.4	26	30.2	8	9.3	3	3.5

자료: 유경준·이규용(2009), 이규용 외(2011)에서 인용.

둘째, 재직자 훈련의 실효성이다. 외국인근로자나 사업주 모두 훈련의 필요성에 대해 공감하지만 훈련의 실효성에 대해서는 검토가 필요하다. 외국인근로자의 직무가 단순하여 훈련에 대한 필요성이 많지 않을 가능성이 있다. 이는 훈련이 필요 없다는 문제가 아니라 현행 외국인력 활용기조가 적절한지에 대한 문제이다. <표 9>는 지금 하는 일에 숙달되는 데 소요되는 기간을 질문한 결과이다. 1개월이라고 응답한 비율이 27.5%로 가장 많으며 그다음으로 2~3개월 20.2%이며, 1주일 미만이라고 응답한 비율은 16.4%이며, 2~3주일은 20.2%로 조사되어 응답자의 약 69%는 한 달 정도면 현 직무에

<표 9> 현재 일 숙달 소요 시간: 체류기간별 비교

	1년 미만	1년	2년	3년	4년	5년	6년 이상	전체
1주일	8.0	14.4	20.0	20.5	13.3	14.4	20.8	16.1
2~3주일	20.5	11.1	20.6	21.3	18.3	21.2	9.4	18.7
1개월	29.5	32.2	26.5	21.3	29.4	27.3	18.9	27.5
2~3개월	29.5	31.1	22.9	17.3	16.7	20.5	20.8	20.5
4~5개월	5.7	4.4	3.5	6.3	8.3	6.1	11.3	6.0
6개월 이상	1.1	6.7	1.8	7.1	8.3	6.8	11.3	6.2
무응답	5.7	0.0	4.7	6.3	5.6	3.8	7.5	5.0
합계(%)	100.0	100.0	100.0	100.0	100.0	100.0	100.0	100.0
사례 수	(88)	(90)	(170)	(127)	(180)	(132)	(53)	49.26
평균(일)	47.04	53.68	39.43	48.29	54.28	50.06	64.63	(967)

자료: 정기선 외(2010), 「2010 체류외국인 실태조사」, 한국이민정책연구원의 자료를 재구성, 전체 응답자와 체류
기간에 대한 응답자 중 결측치가 있어 전체와 체류기간별 응답자의 합이 일치하지 않음.

숙달된다고 응답하였고, 3개월 이내면 숙달된다는 응답자가 **87.4%**
이다. 한국체류기간이 길어질수록 현 직무에 숙달되는 기간도 약간
씩 증가되어 기술숙련도를 더 필요로 하는 일을 하고 있다고 해석할
수 있다. 하지만 6년 이상 한국에 체류하고 있는 외국인근로자들 중
에서도 **49.1%**가 현 직무에 숙달되는 데 1개월 이하면 된다고 하는
점을 미루어 보아 숙련도가 아주 높은 것이 아님을 알 수 있다.

이러한 결과는 외국인력의 기능이 낮기 때문에 낮은 직무를 부여
한 결과로 나타난 것일 수도 있지만, 또 한편으로는 기업이 외국인력
에게 요구하는 직무가 본래부터 매우 단순하여 숙련의 필요성이 크
지 않은 업무가 대부분이기 때문일 수도 있는데, 외국인력 고용사업
장의 특성을 고려할 때 후자의 이유가 보다 타당할 가능성이 있다.25)

셋째, 귀국지원정책 문제이다. 통계청의 2012년 외국인력 고용조

---

25) 사업주가 외국인력의 훈련에 대해 그다지 적극적이지 않은 것도 이러한 주장을 뒷받침한다.

사결과[26]는 외국인력의 귀국지원정책의 필요성에 대한 흥미로운 결과를 보여주고 있다. 즉 현재 비자의 체류기간 만료일 후에도 한국에 계속 체류하기를 원하는지에 대해 전체 체류 외국인의 84.2%가 계속 체류를 원하는 것으로 조사되었다. 이를 체류자격별로 보면 방문취업자는 92.2%, 비전문취업자는 79.2%, 결혼이민자 97.6%, 재외동포는 87.4%가 계속 체류를 원한다고 응답하였다. 계속 체류의 방법에 대해 체류기간 연장(59.2%), 영주자격 취득(20.1%), 한국국적 취득(13.2%), 체류자격 변경(7.0%) 등의 방법을 희망하는 것으로 나타났으나 체류자격별로 차이를 보이고 있다. 이러한 조사결과는 체류 외국인의 장기체류 경향이 매우 높음을 시사하는 것으로 체류자격에 따라 정책대응이 달라지겠지만 교체 순환 외국인력의 경우 귀국지원 및 자국에서의 정착이라는 관점에서의 사회통합정책이 중요한 과제임을 보여주고 있다.

외국인근로자가 귀국을 주저하거나 장기체류를 희망하는 이유는 여러 가지가 있지만 그중 가장 중요한 이유는 한국에서의 높은 임금소득과 자국에 귀환했을 때 적절한 일자리를 찾기가 쉽지 않은 점에 기인한다. 입국 시점이나 본국에서 일했던 시기, 직업에 따라 다르겠지만 대략적으로 본국에서 직업을 갖고 있었던 인력을 대상으로 한국에서 받는 월급과 본국에서 일할 때 받았던 월급이 어느 정도 차이가 나는지가 <표 10>에 제시되어 있다. 전체적으로 2~3배에서 4~5배가 가장 많았으나 10배 이상이라고 응답한 비중도 5.3%로 나타났다.[27] 이러한 높은 수준의 기대임금은 한국에서의 장기체류에

---

26) 통계청, "2012 외국인력 고용조사" 보도자료(2012.11.22).

27) 저숙련 외국인력의 임금수준을 아시아 국가 내에서 살펴보면, 한국이 대만이나 싱가포르, 말레이시

대한 희망을 높이며 귀국 후 재정착에 대한 어려움을 가중시키는 요소라고 볼 수 있다.[28]

<표 10> 한국에서 받는 월급과 본국에서 일할 때 받았던 월급의 비교

		사례수	현재 월급이 본국에서 일할 때 받았던 월급의 몇 배												
			같다		2~3배		4~5배		6~7배		8~9배		10배 이상		잘 모름	
			명	비중	명	비중	명	비중	명	비중	명	비중	명	비중	명	비중
전체		684	30	4.4	283	41.4	162	23.7	70	10.2	40	5.8	36	5.3	63	9.2
현재직업	농업어업	15	2	13.3	5	33.3	4	26.7	2	13.3	1	6.7	0	0.0	1	6.7
	공장의 생산직	522	22	4.2	216	41.4	130	24.9	54	10.3	33	6.3	25	4.8	42	8.0
	건설현장	29	0	0.0	12	41.4	7	24.1	3	10.3	1	3.4	3	10.3	3	10.3
	기타	56	4	7.1	22	39.3	9	16.1	6	10.7	3	5.4	4	7.1	8	14.3
	현재 일 안 함	27	0	0.0	12	44.4	3	11.1	3	11.1	2	7.4	3	11.1	4	14.8
	잘 모름	35	2	5.7	16	45.7	9	25.7	2	5.7	0	0.0	1	2.9	5	14.3

자료: 이규용 외(2011)에서 인용.

현재 인력공단을 중심으로 귀환프로그램의 일환으로서 취업교육을 실시하고 있는 것은 필요성이나 외국인근로자의 수요에 비해 바람직하다. 그러나 직업훈련의 성과에 대해서는 검토가 필요하다. 한국에 있는 동안 귀국 후의 활동에 대비해서 취업교육기회가 주어진다면 교육을 받을 의향에 대해 78.2%의 외국인근로자들이 그럴 의향이 있는 것으로 조사되었다. 출신국적별로 귀국을 대비한 취업교육을 받을 의향이 있는 정도를 비교해보면, 인도네시아(90.6%), 스리랑카(88.2%), 태국(80.2%) 근로자들이 다른 나라 출신들에 비해

　아, 두바이 등 다른 인력유입국에 비해 가장 높은 것으로 조사되고 있다. 이에 대해서는 이규용·정진호, 「각국의 외국인력 임금수준과 최저임금 적용현황에 관한 연구」, 중소기업중앙회 연구보고서(2008.9.)를 참조.

28) 이는 임금수준을 낮추자는 이야기가 아니라 귀국 후 좀 더 좋은 일자리를 갖기 위한 귀환자의 재통합정책의 필요성을 보다 강조하는 것이다.

교육의향이 높은 편이며, 중국 근로자가 55.3%로 가장 낮다. 여성보다는 남성 외국인근로자일수록, 20~30대 젊은 연령층일수록, 그리고 학력수준이 높은 외국인근로자들일수록 귀국에 대비하여 한국에서 취업교육을 받을 의향이 높은 것으로 나타난다.

귀국 후의 활동을 대비해서 한국에서 취업교육의 기회가 주어진다면 교육을 받을 의향이 있는지에 대해 조사에 응한 외국인근로자들 중 78.2%(756명)가 기회가 주어진다면 교육을 받을 의향이 있다고 답하였다. 귀국대비 취업교육을 받을 의향이 있는 외국인근로자들을 대상으로 어떤 분야의 훈련이 필요한지에 대한 응답결과가 <표 11>에 제시되어 있다. 가장 필요를 많이 느끼는 교육 분야는 창업교육으로 39.6%가 이런 교육이 필요하다고 생각하였으며, 그다음으로 한국어교육(35.8%). 자동차수리, 용접, 중장비 운전 등 기술교육(34.3%), 컴퓨터관련 직종(21.4%), 모국에 진출한 한국기업에 취업하기 위한 중간관리자 과정(19.3%), 운전면허교육(16.1%) 순으로 필요성을 크게 느끼는 것으로 나타났다.[29]

<표 11> 귀국 후 취업교육 의향: 성별, 연령별

		전체	남자	여자	20대	30대	40대 이상
교육 받을 의향	있다	78.3	80.1	69.1	75.5	84.5	63.1
	없다	11.0	9.7	17.8	12.8	8.2	15.4
	무응답	10.7	10.2	13.2	11.7	7.3	21.5
(사례 수)		(935)	(783)	(152)	(436)	(426)	(65)

29) 정기선 외, 『2010 체류외국인 실태조사』, 73~74쪽에서 인용.

		전체	무학/ 초등학교	중학교	고등학교	2년제 대학교	4년제 대학교/ 대학원
교육 받을 의향	있다	78.3	56.8	71.1	81.3	80.2	81.0
	없다	11.1	35.1	15.7	8.9	9.6	7.6
	무응답	10.6	8.1	13.3	9.8	10.2	11.4
(사례 수)		(956)	(37)	(166)	(461)	(187)	(105)

자료: 정기선 외(2010) 자료를 재구성.

이와 같이 높은 교육수요에 부응하여 귀국 외국인근로자를 대상으로 하는 교육훈련을 실시하고 있지만 성과라는 관점에서 재검토할 필요가 있다. 고용허가제로 일한 후 귀국한 35명의 인도네시아와 베트남 인력들의 정착과정을 조사한 이정환 외(2012)는 다양한 유형의 성공 및 실패 사례를 보여주고 있다. 이 연구는 재정착에 성공한 요인들과 실패한 요인들을 정리하고 있는데 현지 적응의 어려움을 정리한 내용을 중심으로 살펴보면 다음과 같다.

첫째, 귀환 외국인근로자들은 낮은 임금으로 근로의욕을 상실한 경우가 많았으며 그나마 그러한 일자리도 많지 않은 실정이다. 둘째, 사업을 하려는 계획을 가지고 있어도 자금부족이나 기술부족으로 난관에 봉착하고 포기하는 경우가 많다. 셋째, 창업을 했어도 본국 경제의 불안정성과 시장이 협소하여 가게나 공장문을 닫고 한국에서 벌어온 돈을 소진하면서 생활하는 경우도 종종 발견된다. 넷째, 한국에서 습득한 기술을 활용해 취업이나 창업을 계획했지만 한국에서의 기술 및 산업표준과 본국에서의 그것이 일치하지 않아 포기한 경우도 있다. 그리고 한국에서 습득한 기술이나 지식 대부분은 낙후된 본국의 경제 상황으로 인해 무용지물이나 다름없는 상태다.

다섯째 귀국 외국인근로자들이 가장 힘들어하는 것 중 하나가 한국에서 생활하는 동안 본국의 변화 상황을 알지 못하고 이미 한국식 사고방식과 문화를 내재화함으로 인해 경험하게 되는 낯설음이다. 본국에 대한 정보가 부족하다 보니 창업이나 취업에 막연한 두려움을 가지고 있다. 이런 문제는 고용허가제로 귀국한 외국인력들에 대해 귀국 이전의 한국에서의 교육 및 훈련에서부터 귀국 이후의 정착과정까지 한국과 송출국 정부 간 협력체계가 필요함을 시사한다.

또한 귀국 후 한국기업으로의 취업도 제약이 있다. 강순희·이규용[30]은 한국에서 근무 후 귀환한 인도네시아 인력들의 현지 진출 한국기업의 취업 가능성을 살펴보기 위한 실태조사를 수행하였다. 조사결과에 따르면 인도네시아 진출 한국 기업들이 고용허가제로 한국에 근무 후 귀국한 외국인근로자들을 활용하는 데 제약요건이 있는 것으로 조사되었는데 그 이유는 크게 두 가지로 요약된다. 첫째, 한국에서의 직장생활 동안 받았던 급여와 인도네시아 현지 한국기업에 채용되어 근무 시 받게 되는 보수 간 격차가 커 취업하고자 하는 의지가 높지 않은 점이 현실적 제약이다. 둘째, 이들이 갖고 있는 숙련도가 높지 않아 기술인력으로 활용할 수 없으며 별도의 직업훈련이 필요한 실정이어서 숙련수준으로서의 장점이 크지 않다.

이러한 이유로 귀국한 고용허가제 취업 인도네시아 인력들을 활용하는 데 제약이 있으나 이들의 활용수요도 존재한다. 즉 인도네시아에 진출할 예정이거나 진출한 지 얼마 되지 않은 기업의 입장에서 보면 한국에서의 취업경험을 갖고 있는 인력의 활용이 필요한 것으

---

30) 강순희·이규용, 「인도네시아 중소기업의 HRD 시스템 개혁방안」, 『인도네시아의 경제역량 강화를 위한 정책자문』, 권오규 편(서울: 한국개발연구원, 2013), 2013년 발간예정.

로 평가되고 있다. 즉 초기 정착과정에서 부딪히는 인력관리의 애로
사항이나 현지 적응과정에서 어려움에 직면한 기업의 입장에서 보
면 한국어가 가능하고 한국기업에 대한 이해도가 높은 이들이 매우
도움이 되는 측면도 있다. 다만 이 경우에도 지속적인 근로관계가
유지되기 위해서는 중간관리자로서의 함양이나 사무관리 또는 기술
분야의 전문성이 담보될 필요가 있어서 이러한 역량을 높이기 위한
훈련체계가 뒷받침될 필요가 있는 것으로 파악되고 있다.

위의 두 조사가 함의하는 내용은 교육훈련이 보다 체계적으로 이
루어져야 하며 이는 교육훈련 프로그램이 한국에 입국한 시기부터
외국인력의 생애 프로그램으로 설계되고, 귀국 후 정착지원을 위한
프로그램이 보다 정교히 설계되어야 할 뿐만 아니라 이 이슈에 대해
한국과 송출국과의 협력이 강화될 필요가 있음을 시사한다.

IV. 나가는 말: 외국인력 사회통합 정책과제

이 글은 외국인력에 대한 사회통합정책이 지향해야 할 방향성을
비용-편익이라는 관점에서 검토하였다. 외국인력 지원정책과 사회
통합정책의 구분필요성은 이민정책과 사회통합정책의 관련성에서
찾아볼 수도 있지만, 무엇보다도 정부가 실시하고 있는 사회통합정
책 내에 다양한 이민자별 정책프로그램의 차별성과 통합을 어떻게
이룰 것인가에 대한 논의의 단초를 제공하는 데 있다. 이 글의 목적
이 외국인력에 대한 사회통합정책의 방향성을 검토하는 데 있기 때

문에 결론의 성격을 갖는 이 장에서는 향후 정책의 지향점을 정리하면서 마무리를 하고자 한다.

첫째, 외국인력에 대한 사회통합정책의 방향은 외국인력 활용과 내국인력 노동시장 간 보완성에서 찾을 수 있다. 이는 외국인력 활용의 사회경제적 편익을 제고하고 외국인력에 대한 내국인력 나아가 내국인들의 우호적 환경의 기반이 된다. 이런 점에서 현행 외국인력의 도입 및 선발체계의 개선뿐만 아니라 외국인력 수요의 특성, 활용기업의 요건, 산업구조조정정책과의 병행 등 외국인력 도입정책에서 이러한 요소를 보다 강화할 필요성이 있다. 우리나라의 인구변동을 고려할 때 향후 외국인력에 대한 수요가 보다 증가할 가능성이 큰 만큼 외국인력의 활용도를 높이기 위해서도 내국인 노동시장과의 보완성이라는 정책기조의 정립을 위한 실천적인 방안의 모색은 매우 중요하다. 이는 외국인력의 유입에 따른 사회적 갈등 및 이로 인한 비용을 줄이는 데 기여함으로써 궁극적으로 사회통합정책이 갖는 적응과 통합이라는 정책목표와 부합한다고 볼 수 있다.

둘째, 체류 및 귀국지원 정책이다. 먼저 체류지원정책과 관련해서는 한국사회에서의 적응이라는 관점에서 현재의 제도를 지속적으로 보완하도록 한다. 체류지원과 관련하여 또 하나 고려해야 할 요소는 본 연구에서는 다루지 않았으나 차별금지에 대한 정책방향의 문제이다.[31] 사회통합정책과 이주자의 차별금지라는 보편적인 논의에 추가적으로 외국인력에 대한 차별금지 문제를 어떻게 접근할 것인가에 대한 검토가 필요하다. 다음으로 본 연구에서 여러 차례 언급

---

31) 강동관(2010)에 따르면 외국인근로자가 외국인으로서 차별을 받은 경험이 있는 경우는 약 절반 정도(46%)인 것으로 조사되고 있어서 여전히 높은 차별문제가 존재하고 있음을 보여주고 있다.

한 바와 같이 귀국지원정책은 사회통합에서 갖는 의미가 매우 크다. 귀국지원은 우리나라의 입장에서 보면 외국인력의 정주화에 따른 사회적 비용을 줄인다는 점에서 중요하며, 외국인근로자 및 송출국의 입장에서 보면 귀환 및 정착을 통해 자국의 경제발전에 대한 기여와 본인의 재적응이라는 점에서 의미가 크다. 나아가 양국이 상호 우호적 네트워크를 구축할 수 있는 계기가 된다는 점에서 상호 윈-윈 할 수 있는 긍정적 파급효과를 갖고 있다. 귀국지원정책의 방향은 외국인력의 도입, 체류 및 귀국이라는 전 단계에 걸쳐 이루어져야 하며, 이는 송출국과의 협력체계를 갖추고 추진하는 것이 매우 중요하다. 구체적인 정책 또한 프로그램의 공급자 관점이 아닌 수요자 관점에서 접근이 이루어져야 하며, 외국인력의 인적자원개발이라는 측면과 귀국 이후 노동시장 통합 및 재적응이라는 정책목표를 병행할 필요가 있다.

셋째, 동포인력의 문제이다. 동포의 사회통합정책은 일반 외국인력과 궤를 같이하지만 동포의 특수성이 있는 만큼 이에 적합한 사회통합정책의 방향을 모색할 필요가 있다. 귀국을 전제로 하는 경우 인적자원개발과 귀국 후 재정착이라는 관점에서는 앞에서와 같은 정책 방향이 적합할 것이다. 그러나 체류 동포의 연령이 40대 이상이 많고, 한국에 장기 정주하는 특성을 갖고 있다는 점, 그리고 영주자로 전환하는 규모가 점차 증가하고 있다는 점에서 동포의 사회통합정책은 또 다른 접근이 필요하다.

끝으로 현행 사회통합정책의 개선과 관련하여 두 가지 측면에서 검토가 요청된다. 하나는 이민자의 상당수가 초기 정착과정을 벗어나고 있는 만큼 사회통합정책도 이민자 및 자녀세대의 노동시장 통합에 보다 방점을 두고 시행할 필요가 있다. 두 번째로는 사회통합정책의 사각지대의 해소와 정책대상별 사회통합정책 프로그램의 다양성과 통합을 위해 정책 거버넌스의 재구축이 필요하다. 이민자가 지속적으로 증가하는 추세에 있기 때문에 사회통합정책의 효율화를 통한 이민자 유입에 따른 사회경제적 비용을 줄이고 편익을 제고하기 위한 노력이 보다 적극적으로 이루어질 필요가 있다.

<참고문헌>

강동관, 2010, 『2010 체류외국인 실태조사: 기업체 외국인 전문인력 수요 및 고용현황』, 이민정책연구원 용역보고서(2010.12).

강순희 · 이규용, 2013, 「인도네시아 중소기업의 HRD 시스템 개혁방안」, 『인도네시아의 경제역량 강화를 위한 정책자문』, 권오규 편, 한국개발연구원, 2013년 발간예정.

고용노동부, 2011a, 『외국인력근로실태 및 수요조사: 외국인력 근로실태 조사』.

_____, 2011b, 「외국인력 수요조사」.

김정호, 2009, 『저숙련 외국인력 유입의 경제적 영향 분석』, 서울: 한국개발연구원.

노동부, 2010, 『고용허가제 업무편람』.

법무부 출입국 · 외국인정책본부, 『출입국 · 외국인정책 통계연보』, 2008~2012.

설동훈 · 이규용 · 노용진, 2011, 『외국인 고용부담금제 설계방안 연구』, 고용노동부 연구보고서(2011.10.14).

유경준 · 이규용, 2009, 『외국인력의 현황과 정책과제』, 서울: 한국개발연구원.

유길상 · 이규용, 2001, 『외국인근로자의 고용실태와 정책과제』, 서울: 한국노동연구원.

이규용, 2012, 「고용허가제 8주년 평가와 과제」, 고용노동부 주최 고용허가제 8주년 토론회자료집.

이규용 외, 2010, 『외국인 고용통계 개선방안』, 한국노동연구원 통계청 보고서.

_____, 2011, 『외국인력 노동시장 분석』, 서울: 한국노동연구원.

_____, 2012a, 『글로벌 아시아시대를 주도하기 위한 외국인력 운용과 사회통합 방안』, 기획재정부 보고서.

_____, 2012b, 『고령화 및 고학력화와 노동시장 정책과제 □□ □□: 한국노동연구원.

이규용 · 박성재, 2008, 「외국인력 고용구조와 영향」, ≪KLI 노동리뷰≫, 2008년 9월호, 27~38쪽.

이규용 · 정진호, 2008, 『각국의 외국인력 임금수준과 최저임금 적용현황에 관한 연구』, 중소기업중앙회 연구보고서(2008.9).

이진영, 2011, 「재외동포정책」, 『한국 이민정책의 이해』, 서울: 백산서당. 277~322쪽.

정기선 외, 2011, 『한국이민정책의 이해』, 서울: 백산서당.

정정훈, 2011, 「외국인 인권」, 『한국 이민정책의 이해』, 서울: 백산서당, 370~371쪽.

최경수, 2012, 「외국인력 및 이민 유입의 경제적 영향」, ≪한국개발연구≫, 제34권 제2호(통권 제115호), 95~137쪽.

통계청, 2012, "2012 외국인력 고용조사" 보도자료(2012.11.22).

한국산업인력공단, 내부자료.

Lee, Hae-Chun, Lee, Kyu-Yong, and Cho, Joonmo, 2005, "Liberalizing employment of foreign workers in Korea: Public perception and assessment," *Journal of Policy Modeling,* vol. 27, issue 8, pp.971~987.

06

사회통합을 위한 교육정책*

오성배(동아대학교)

Ⅰ. 들어가는 말: 다문화사회로의 변화

한국사회는 다문화사회로 변화하고 있으며, 다문화 구성원의 유형도 다양해지고 그 수도 지속적으로 증가하고 있다. 2010년 11월 1일을 기준으로 실시한 2010년 인구주택총조사의 전수집계 결과 전국의 다문화가구[1]는 총 387,000가구로서, 대한민국 전체 가구의 2.2%를 차지하고 있다. 이 다문화가구의 평균 가구원 수가 2.43명인 것에 비추어 보았을 때, 약 940,410명이 다문화가정의 구성원으로 살아가고 있는 것으로 추정된다. 또한 2012년 1월 1일 기준으로 국내 거주 외국계 주민[2]은 1,409,577명으로 전체 주민등록인구의

---

* 이 글은 ≪한국청소년연구≫, 제20권 제3호(2009)에 실린 것을 이 책의 구성에 맞게 수정, 보완한 것이다.

1) 다문화가구는 귀화 등 출생 이외의 방법으로 국적을 취득한 자 또는 외국인이 1명 이상 포함된 가구를 의미한다(통계청, 2011).
2) 외국계 주민은 '90일 이상 장기체류 외국인, 한국국적 취득자, 그 자녀'를 일컫는다(행정안전부,

2.8%를 차지하고 있다. 이것은 2010년 1,139,283명보다 11.4% 증가한 수치이며, 2006년 536,000여 명이었던 것에 비하면 불과 5년 만에 약 3배가량의 외국계 주민이 한국사회에 거주하고 있는 상황이다. 특히 이 가운데 국제결혼이민자 및 혼인귀화자는 220,687명이며, 외국계 주민 자녀는 168,583명이다. 외국계주민 자녀는 2011년 대비 17,429명(11.5%) 증가한 것으로 미취학아동(만 6세 이하)은 104,694명, 초등학생(만 7~12세)은 40,235명으로, 초등학생 연령 이하가 87%를 차지하고 있다.3) 자녀의 경우 연령이 낮을수록 그 수가 많다는 점에서 앞으로도 지속적으로 증가할 것으로 예측되고 있다. 뿐만 아니라 난민가정, 국제결혼 재혼가정 등 다문화가정 구성원의 유형은 점차 다양해지고 있다.

　새롭게 유입된 구성원들은 대체적으로 기존 한국사회의 언어와 문화의 적응에 어려움을 겪고 있으며, 그들에 대한 사회의 인식도 긍정적이지 않은 것으로 확인된다. 그리고 그들의 2세들도 적지 않은 어려움을 겪고 있는 것으로 보고되고 있다. 이러한 문제점이 지속적으로 나타난다면 다문화사회에서 새로운 소외계층이 형성될 수 있으며, 사회 양극화의 또 다른 현상으로 나타날 수도 있다. 특히 다문화가정 자녀들이 겪고 있는 문제들은 성장과정에서 발생하는 격차의 누적 때문에 더 큰 사회 문제를 유발할 수 있다. 따라서 새롭게 유입되는 구성원과 그들 자녀의 수가 점차 증가하는 상황에서 본격적인 다문화사회를 대비한 교육적 대책이 마련되어야 할 시점이다.

　이 장을 통하여 다인종 다문화사회로 접어드는 시점에서 다문화

2010).

3) 행정안전부, 『2012 지방자치단체 외국인주민 현황 조사결과』(행정안전부 다문화지원팀, 2012).

가정 자녀의 교육 실태와 특성을 알아볼 것이다. 특히 이 장의 한 절을 할애하여 외국인 이주노동자[4]가정 자녀가 교육의 과정에서 겪게 되는 어려움을 실제 사례를 중심으로 확인해볼 것이다.

Ⅱ. 다문화가정 자녀의 현황과 특성

1. 다문화가정 자녀의 증가와 다양화

한국사회에 거주하고 있는 다문화가정 자녀의 정확한 숫자를 확인하기는 쉽지 않은 일이다. 다문화가정의 유형이 다양해지면서 점차 증가하고 있는 것으로 추정되는 국제결혼 재혼가정의 어머니를 따라 입국하는 자녀(중도입국 자녀),[5] '불법 체류자'[6] 가정에서 출생하는 자녀(무국적 자녀)[7] 등에 대한 정부의 공식적인 통계자료는 발표되지 않아 정확한 수를 확인하기 어렵기 때문이다. 그러나 통계청의 국제결혼

---

4) 이 글의 '이주노동자'는 한국으로 이주하여 이른바 '3D 업종'에 종사하는 개발도상국 출신의 육체노동자를 일컫는다.

5) 정부는 국제결혼 이주여성이 한국인과 결혼하기 이전에 출신국 남성과의 사이에 낳은 자녀를 '중도입국 자녀'로 칭하고 있다(교육과학기술부, 2010).

6) '불법체류자'라는 용어가 적합하지 않다는 의견도 적지 않다. 단지 비자의 기한이 지났을 뿐이고, 한국의 3D 업종의 주축으로 경제 발전을 위하여 필요한 인적 자원임을 암묵적으로 인정하면서 '불법'이라는 가혹한 용어를 사용하는 것은 바람직하지 않다는 것이다. '초과체류자' 또는 '미등록 노동자'라는 용어를 사용하는 것이 그들의 삶의 질이나 자녀의 교육권에 대한 진지한 논의가 가능하게 할 것이라는 논리이다. 특히, '불법'이라는 용어로 인하여 그 자녀의 교육권에 대한 논의 자체가 부정될 가능성과 그들이 잠재적인 문제아로 낙인찍힐 우려도 존재하기에 좀 더 신중한 용어가 사용될 필요가 있다. 이 글에서는 일반적인 상황을 설명하는 것이 우선이라고 판단하여 불가피하게 '불법체류자'라는 용어를 사용하였다.

7) 부모가 모두 불법 체류자인 경우 한국 출생 자녀를 신고할 마땅한 기관이 존재하지 않는다. 따라서 이들은 서류상으로는 존재하지 않는 무국적 아동으로 남게 된다.

증감 추이와 법무부의 외국인 이주노동자 유입의 추이, 교육과학기술부 재학생 자료, 행정안전부의 외국계 주민 실태 조사 자료 등은 다문화가정 자녀가 지속적으로 증가하고 있음을 추정 가능하게 한다.

우선, 학교에 재학 중인 국제결혼가정의 자녀가 꾸준하게 증가하고 있다. 교육과학기술부에서 발표한 자료에 따르면 2012년 현재 초·중·고교에 재학 중인 국제결혼가정 자녀는 46,954명으로 2005년도의 6,121명에 비하여 불과 6년 사이에 7배 이상 증가한 수치이다(<표 1> 참조). 학교급별로 살펴보면, 초등학교에 33,792명, 중학교에 9,647명, 고등학교에 3,515명이 재학하고 있다. 고등학교에 재학하고 있는 학생 수에 비하여 중학교, 초등학교로 학교급이 내려갈수록 그 수가 가파르게 상승하고 있다는 점은 시간이 경과할수록 학교에 재학할 국제결혼가정 자녀의 수가 많아질 것임을 시사한다. 2012년 조사된 외국계주민 자녀의 수를 토대로 추산하면, 초·중·고교의 학령인구 중 외국계주민 자녀의 비중이 2017년에 초등학교에서는 3.6%, 중학교에서는 1.4%, 고등학교에서는 1.1%로 증가할 것으로 예상된다.

<표 1> 초·중·고 재학 국제결혼가정 자녀 현황

(단위: 명)

연도	초	중	고	계
2005	5,332	583	206	6,121
2006	6,795	924	279	7,998
2007	11,444	1,588	413	13,445
2008	15,804	2,205	760	18,769
2009	20,632	2,987	1,126	24,745
2010	23,602	4,814	1,624	30,040
2011	27,285	7,246	2,145	36,676
2012	33,792	9,647	3,515	46,954

자료: 교육과학기술부, 『다문화가정 학생 교육지원계획』(2006~2012).

국제결혼 가운데 재혼가정의 비율도 낮지 않다. <표 2>의 통계청 자료(인구동태통계연보 혼인·이혼 편)에 따르면, 2001년도 이후 전체 국제결혼 가운데 한국인 남성이 재혼인 경우가 매년 꾸준히 **40%** 내외를 차지하고 있다. 따라서 이주여성이 재혼인 경우까지 포함하면 다문화가정 가운데 국제결혼 재혼가정의 비중은 **40%**를 상회할 것으로 판단된다.

<표 2> 외국인과 혼인한 한국인의 혼인종류별 구성비[8]

(단위: %)

혼인종류		2001	2002	2003	2004	2005	2006	2007	2008	2009	2010
한국男+ 외국女	초혼(A)	66.8	65.5	58.3	53.5	55.7	63.6	62.8	64.7	62.9	65.3
	재혼(B)	33.2	34.5	41.7	46.5	44.3	36.4	37.2	35.3	37.1	34.7

자료: 통계청, 『인구동태통계연보(혼인·이혼 편)』 각 연도, www.kosis.kr.

그리고 국제결혼 재혼가정의 어머니를 뒤따라서 한국으로 입국하는 이주 자녀(이른바 '중도입국 자녀')의 수도 점차 증가하고 있는 것으로 추정된다. 현재 '중도입국 자녀'의 수가 얼마나 되는지에 관한 통계는 산출되지 못한 실정이다. 그러나 몇 가지의 자료를 근거로 그 수를 추산하여 보면 약 1~2만여 명에 이를 것으로 판단된다.[9]

외국인 이주노동자가정 자녀의 경우, 이주노동자의 수가 정확히 파악되어 있지 않을 뿐만 아니라 상당수가 불법체류자 신분이기 때문에 자녀들의 숫자를 파악하는 것도 쉽지 않은 일이다. 외국인 이주노동자가정 자녀가 국내에 거주하게 되는 경우는 이주노동자들의

---

8) 이 통계 수치는 남편이 재혼인 경우만을 포함한다. 따라서 실제 재혼가정의 수는 더욱 많을 가능성이 있다.

9) 오성배, 「다문화 교육정책의 과제와 방향 탐색」, 《교육사상연구》, 제24권 제2호(2010).

<표 3> 초·중·고 재학 외국인근로자가정 자녀 현황

(단위: 명)

연도	초	중	고	계
2009	834	307	129	1,270
2010	1,099	446	203	1,748
2011	1,463	489	262	2,214
2012	1,813	465	348	2,626

자료: 교육과학기술부, 『다문화가정 학생 교육지원계획』(2012).

국내 정착 후 일정기간이 지난 후에 모국에 있던 자녀를 불러들이는 경우와 국내에 거주하고 있던 이주노동자들 간의 혼인(또는 동거)을 통하여 국내에서 출생하는 경우로 구분할 수 있다. 전자의 경우 브로커를 통하여 입국한 후 출국하지 않은 경우가 대부분이고, 후자의 경우 별도의 출생신고가 되어 있지 않아 무국적인 경우가 대부분이기 때문에 그 수를 정확히 확인하기는 어려운 실정이다.[10] 다만 공교육 기관에 재학 중인 자녀의 수를 통하여 그 수가 점차 증가하고 있고 앞으로도 증가할 것임을 추정할 수 있다. <표 1>의 국제결혼가정 자녀의 학교급별 학생 수와 마찬가지로 외국인 이주노동자가정 자녀의 수도 고등학교에 재학하고 있는 학생 수에 비하여 학교급이 내려갈수록 그 수가 증가하고 있다(<표 3> 참조). 이러한 사실은 시간이 경과할수록 초·중·고에 재학할 외국인 이주노동자가정 자녀의 재학생 수가 많아질 것임을 시사한다. 이 외에도 학교 밖에 8천여 명 이상이 존재하고 있을 것으로 추정된다.[11]

---

10) 오성배, 「외국인 이주노동자가정 자녀의 교육 실태와 문제 탐색」, ≪한국청소년연구≫, 제20권 제3호(2009), 305~334쪽.

11) 국무총리실, 『다문화가정 교육지원정책 평가』(국무총리실 정책분석평가실 평가서, 2008).

이상에서 열거한 대상 외에 난민가정의 자녀도 주목할 필요가 있다. 한국은 1994년부터 난민신청을 받기 시작했으며, 2001년 최초로 난민을 인정하였다. 그리고 2011년 한 해 동안에 모두 1,011명의 신규 신청이 있었고, 이 가운데 260명이 난민으로 인정되었다. 이는 전년에 비해 2.8배 이상 많은 숫자이다. 이와 같이 난민신청가정과 난민인정가정의 수는 점차 증가할 것으로 추정되고 있다. 특히 난민신청자 가운데 17세 미만의 청소년이 136명으로(2010년에는 112명) 전년에 비해 20명 이상 크게 증가한 것을 확인할 수 있다.12) 이러한 증가 추이는 다문화가정의 새로운 유형이라 할 수 있는 난민가정 자녀들에 대한 사회적 지원의 중요성과 별도의 지원(장치)이 마련될 필요가 있음을 시사하는 것이다.

다문화가정 자녀 가운데 국제결혼가정 자녀와 외국인 이주노동자가정 자녀는 새로운 소수집단 구성원이라는 공통점 외에 몇 가지 차이점이 확인된다. 외국인 이주노동자가정 자녀들은 대부분 불법체류자 신분이고, 부모가 모두 외국 출신이기 때문에 성장과정의 양상이 국제결혼가정 자녀와 다르게 나타날 수 있는 것이다. 우선, 법적인 지위가 다르다. 국내 체류 자체의 가능 여부, 학교 입학 기회(공교육 진입 기회)가 다르다. 그리고 성장 후 한국에 계속 거주할 가능성의 정도가 다르다. 성장환경 또한 다르다. 구성원의 주 연령대도 다르다. 국제결혼가정 자녀는 대부분 초등학교 재학 이하의 연령대이지만, 외국인 이주노동자가정 자녀의 경우 영아기부터 10대 후반에 이를 정도로 연령대가 다양하다.13) 국제결혼 재혼가정의 '중도입국 자

---

12) 법무부 출입국·외국인정책본부, 『2011 출입국·외국인정책 통계연보』(경기도: 법무부 출입국·외국인정책본부 정보팀, 2012).

녀'는 한국국적을 취득하지만 교육적 측면에서 특성이 이주노동자 가정 자녀에 가깝다. 국제결혼 재혼가정 자녀 가운데 아버지가 이전의 국내결혼을 통하여 양육하고 있던 자녀들도 다문화가정의 구성원으로 분류되고 있고, 이들도 새로운 환경으로 인한 문화적 어려움을 겪을 수 있다. 합법 체류자인 난민가정의 자녀는 또 다른 특성을 지니고 있다. 이들이 다문화정책의 주 대상인 기존 국제결혼가정 자녀와 특성이 다른 만큼 실태를 면밀히 확인하고, 별도의 지원방안을 강구하고 확대 시행하여야 할 것이다. 한층 다양해진 다문화가정의 유형과 그 자녀의 유형을 정리하면 <표 4>와 같다.

<표 4> 다문화가정과 자녀의 유형[14]

가정 유형		자녀 유형
국제결혼가정	초혼가정	한국 출신 母 + 외국 출신 父의 자녀
		한국 출신 父 + 외국 출신 母의 자녀
	이혼가정	외국 출신 母 홀로 자녀를 양육하는 경우
	재혼가정	전처소생의 한국 출신 자녀
		외국 출생 후 한국에 입국(귀화)한 자녀(중도입국 자녀)
외국인 이주노동자가정		외국 출생 자녀
		한국 출생 자녀(무국적 자녀)
난민가정		난민가정 자녀

자료: 오성배, 『다문화 교육정책의 교육사회학적 탐색』(2011).

요컨대 국내에 거주하고 있는 다문화가정 자녀의 정확한 숫자는 확인하기 어렵다. 그러나 국제결혼가정으로 한정되었던 다문화가정의 특성과 배경이 점차 다양해지고 그 수도 지속적으로 증가하고 있

---

13) 오성배, 「외국인 이주노동자가정 자녀의 교육 실태와 문제 탐색」, 《한국청소년연구》, 제20권 제3호(2009)

14) 북한이탈주민 자녀를 포함시키는 데는 논란의 여지가 있지만 포함하는 경우도 있다.

음을 확인할 수 있다.

2. 다문화가정 자녀의 특성

　다문화가정 자녀의 특성을 일반화하여 단정적으로 설명하기는 어
려우며, 특성과 역량의 스펙트럼은 다양하다고 볼 수 있다. 그렇지만,
관련 연구들에서는 대체적으로 성장과정에서 어려움을 겪고 있는
것으로 확인되고 있다. '다문화(multicultural)' 사회로 변모하면서 '다
문화가정'에 대해 구성원의 특성과 교육 실태를 확인하는 작업들은
점차 많아지고 있으며, 특히 국제결혼가정 자녀의 교육 실태, 특성
과 관련된 연구들은 해마다 그 양이 많아지고 있다. 그러나 외국인
이주노동자가정 자녀의 교육 실태와 관련된 연구는 많지 않다.[15]

　국제결혼가정 자녀와 관련된 연구들에 따르면, 새롭게 유입된 국
제결혼 이주여성과 그 자녀들은 대체적으로 한국사회의 언어와 문
화 적응과정에 어려움을 겪고 있는 것으로 확인된다. 국제결혼 이주
여성 대부분은 한국의 언어와 문화의 적응을 위한 준비를 제대로 하
지 못한 상태에서 입국하여 가사와 양육을 책임지고 있다.[16] 그 자
녀들도 어머니의 영향으로 성장과정에서 언어발달과 정체성 형성
등에 문제가 나타나기도 하며, 학교교육에 부적응하는 등 교육의 과

---

15) 대체적으로 다문화 관련 연구에서 '다문화가정'의 범주는 국제결혼가정과 외국인 이주노동자가정을
　　포함한다(예컨대, 이창호 외, 2007; 이재분 외, 2009; 조영달 외, 2006 등). 그러나 '다문화가정=
　　국제결혼가정'으로 설정하는 경우도 적지 않다.

16) 윤형숙, 「국제결혼 배우자의 갈등과 적응」, 『한국의 소수자, 실태와 전망』, 최협 외 지음(서울: 한
　　울아카데미, 2004); 설동훈 외, 『국제결혼 이주여성 실태조사 및 보건·복지 지원 정책방안』(서울:
　　보건복지부, 2005); 김이선 외, 『다민족·다문화사회로의 이행을 위한 정책 패러다임 구축(Ⅰ): 한
　　국사회의 수용 현실과 정책과제』(서울: 한국여성정책연구원, 2007) 등.

정에 어려움을 겪는 경우가 많은 것으로 확인되고 있다. 그들은 대체적으로 대인관계가 매우 소극적이며 자신들의 특성이 드러나는 것을 꺼려할 뿐만 아니라 학교수업에 적극적으로 참여하지 않으며 학업능력도 상대적으로 낮은 것으로 확인된다.[17] 그리고 그들에 대한 사회 전반의 인식도 긍정적이지 않은 것으로 나타났다.[18]

또한 최근 들어 국제결혼 재혼가정의 증가로 인해 중도입국 자녀의 교육 실태와 특성 등 이들의 교육관련 삶의 전반에 대한 개관적인 실태 조사 연구들이 진행된 상황이다. 중도입국 청소년들은 입국과 동시에 일반학교에 입학하는 경우가 대부분이므로 다른 여느 청소년들이나 '초혼' 국제결혼가정 자녀와 비교하여 낮은 학교생활 적응 수준과 학업 성취 수준 등을 나타낼 가능성이 크다. 또한 중도입국 청소년들은 한국과는 다른 문화권에서 성장하여 출생국의 언어와 문화를 체득하였고, 그 국가에서 사회화 과정을 거친 후 한국으로 입국하게 된다. 이 과정에서 출생국의 문화와는 다른 한국 문화를 접하게 되면서 문화적 혼란을 겪을 가능성이 있다.[19] 그리고 중도입국 청소년들의 입국 당시 연령대는 유아기에서부터 청소년 후기에 이르기까지 다양하다. 또한 출생국에서 부모와 떨어져 있는 기간이 최소 1~2년에서부터 최대 10년 이상으로 매우 다양하다. 이러

---

17) 오성배, 「코시안(Kosian) 아동의 성장과 환경에 관한 사례 연구」, ≪한국교육≫, 제32권 제3호(2005).

18) 조혜영 외, 「다문화가정 자녀의 학업수행에 관한 문화기술적 연구」, ≪교육사회학연구≫, 제18권 제2호(2008); 이재분 외, 『다문화가정 자녀 교육실태 연구: 국제결혼가정을 중심으로』(서울: 한국교육개발원, 2008); 오성배, 「외국인 이주노동자가정 자녀의 교육 실태와 문제 탐색」, ≪한국청소년연구≫, 제20권 제3호(2009); 이민경·김경근, 「외국인근로자가정 청소년의 학교생활과 적응전략」, 한국교육학회 춘계학술대회 분과 발표회 발표논문(2009.4.25.) 등.

19) 류방란 외, 『외국출생 동반입국 청소년을 위한 교육복지 정책방안』(서울: 한국여성정책연구원, 2011); 양계민, 「중도입국 청소년의 실태 및 현황」, 한국청소년정책연구원주최 중도입국 청소년 지원정책 개발을 위한 전문가 토론회 자료집(2011).

한 별거 기간 동안 겪게 되는 소통의 단절과 별거를 선택한 부모에 대한 원망과 분노를 가지고 있는 경우가 적지 않고, 그것이 청소년 기의 정서적 특성과 맞물려져 반감으로 표출되기도 한다.[20]

외국인 이주노동자 자녀들의 교육 실태와 문제를 본격적으로 분석한 국내 연구는 많지 않은 편이다. 그럼에도 불구하고 지금까지 보고된 외국인 이주노동자가정 자녀와 관련된 연구들에 따르면, 외국인 이주노동자 자녀들은 인권실태 조사 과정에서 교육의 미비와 학습부진 등의 문제가 있음이 확인되었다. 외국인 이주노동자가정 자녀들은 학교현장에서 집단 따돌림을 받는 비율이 높았으며, 학업 성취도 낮았다.[21] 한국에 거주하고 있는 외국인 이주노동자가정 자녀의 출신국 가운데 가장 큰 비율을 차지하는 국가는 몽골이다. 몽골출신 이주노동자들의 비율은 그리 많지 않은 편이나 자녀와 동반 거주하는 비중이 대단히 큰 특성으로 인해 몽골출신의 외국인 이주노동자가정 자녀는 국내 학교에 재학하고 있는 외국인 자녀 가운데 단연 가장 큰 비중을 차지하고 있다. 학교에 재학 중인 몽골 출신 이주노동자가정 자녀들의 교육 실태를 확인한 결과, 시혜적 차원에서 학교교육이 이루어지고 있었으며 한국 학생에 비해 상대적으로 교사의 관심을 적게 받고 있었다. 그리고 상급학교로 진학하지 못하고 중도 탈락하는 경우가 많았다.[22] 한국 학생, 교사, 사회 구성원들은 분리적 시선으로 이들을 타자화하기보다는 외국인 이주노동자가정 자녀의 '학교적응전략' 파악을 통한 다각적인 이해와 접근이 필요하

---

20) 류방란 외, 『외국출생 동반입국 청소년을 위한 교육복지 정책방안』.

21) 같은 책.

22) 김정원, 「국내 몽골 출신 외국인근로자 자녀 학교교육 실태 분석」, 《교육사회학연구》, 제16권 제3호(2006).

다. 외국인 이주노동자가정 자녀들의 학교적응의 전략은 '적극적 동화'와 '거리두기', '그 사이에서 균형잡기'로 범주화할 수 있다.23) 그러나 '거리두기' 전략을 취하는 외국인 이주노동자가정 자녀들이 대부분이며, 이들을 대하는 사회구성원의 인식도 긍정적이지 못하다. 외국인 이주노동자가정 자녀의 교육 실태와 문제를 탐색한 오성배(2009)의 연구에서는 외국인 이주노동자가정 자녀에게 온당한 교육 기회 배분이 필요함을 강조하고 있다.

외국인 이주노동자가정 자녀는 국제결혼가정 자녀와 다른 양상의 교육문제를 겪고 있다. 국제결혼가정 자녀와 외국인 이주노동자가정 자녀 모두 다문화가정의 자녀라는 공통점을 지니기는 하지만 외국인 이주노동자가정 자녀들은 신분, 출신, 성장환경, 연령대 등에서 국제결혼가정 자녀와 차이가 있다. 따라서 다문화가정 자녀 가운데 국제결혼가정 자녀와 별도로 외국인 이주노동자가정 자녀의 교육 실태와 문제를 확인할 필요가 있다.

III. 외국인 이주노동자가정 자녀의 교육적 삶

이 절은 외국인 이주노동자 자녀의 교육 과정상의 실태와 문제를 실제 사례를 통해 '교육 접근', '교육 경험', '교육 성취'의 세 범주24)

---

23) 이민경·김경근, 「외국인근로자가정 청소년의 학교생활과 적응전략」, 한국교육학회 춘계학술대회 분과 발표회 발표논문(2009).
24) 강태중, 『교육 불평등 완화방안 탐색 정책연구』(서울: 국회교육위원회, 2002).

로 나누어 소개한다. '교육 접근'은 학교로 진입하는 과정에서의 문제와 취학 이전의 교육 문제를 확인하는 과정이며, '교육 경험'은 학교에 입학한 후에 경험 과정에서 나타나는 문제를 확인하는 과정이다. 그리고 '교육 성취'는 학교 교육 결과로서의 성취에 어떠한 문제가 나타나는지를 확인하는 과정이다. 이상의 세 범주 상에서 국내로 이주한 외국인노동자 자녀들의 교육 실태와 문제를 탐색하기 위해 그들의 교육 문제를 가까이에서 목격하는 부모, 담임교사, 시민단체의 종사자 등을 대상으로 심층면접을 실시하였다.

심층면담 대상 가운데 외국인 이주노동자가정 자녀는 몽골 출신들을 중심으로 중국, 러시아, 우즈베키스탄 출신을 포함하였고, 가정배경과 연령, 현재 재학하고 있는 학교의 형태 등을 안배하여 면담 대상을 선정하였다. 부모가 모두 한국에 거주하며 취업하고 있는 가정과 부모 중 한쪽이 국내 취업 연한으로 인하여 본국으로 돌아간 가정, 모친이 한국 남성과 재혼을 통하여 한국으로 이주하여 한국국적을 취득할 예정인 가정을 구분하여 대상을 선정하였다. 그리고 부모의 본국 직업과 학력을 고려하여 대상을 선정하였다. 재학하고 있는 학교 형태의 경우 일반 정규학교, 외국인근로자가정특별학급, 외국인 학교의 한 형태인 M(가명)학교, 학교 밖에 방치되어 있는 경우(무학)를 구분하여 대상을 선정하였다(<표 5> 참조).

이주노동자 자녀의 교육과 관련한 전문가 면담 대상자로 이주노동자의 자녀를 가르치고 있는 교사와 그들을 돌보고 있는 시민단체 종사자들을 선정하였다. 국내학교 교사의 경우 이주노동자 자녀의 담임을 맡고 있는 교사들을 대상으로 면담을 진행하였다. 외국인 학교인 M학교의 경우 학교의 설립 이후 학생들의 특성과 제도적·실

<표 5> 심층 면담자(이주노동자가정 자녀와 부모)의 주요 배경

사례번호	이름	출신국	성별	나이	입국연도	현재소속	부의모국직업	부의현재직업	부의학력	모의모국직업	모의현재직업	모의학력	거주지역	동거형태	체류형태
1-1	뭉샤가	몽골	남	18세	2003	k중 2년	교사	무직	대졸	교사	공원	대졸	서울	모-동거 부-모국	불법
1-2	오랑	몽골	여	17세	2005	k중 2년	공무원	공원	고졸	무직	공원	고졸	경기	부모-동거	불법
1-3	써	몽골	남	19세	2005	무	교사	무직	대졸	교사	공원	대졸	서울	모-동거 부-모국	불법
1-4	아리오	몽골	여	15세	2002	M학교중 2년	무직	무직	대졸	무직	공원	고졸	경기	모-동거 부-모국	불법
1-5	탕소트	몽골	여	10세	2006	M학교초 3년				무직	무직	고졸	인천	모-동거	합법
1-6	오대위	중국	남	14세	2006	무지개초 6년	상업	상업	고졸	무직	상업	고졸	경기	부모-동거	합법
1-7	반돌프	러시아	남	13세	2007	무지개초 5년	운동선수	공원	고졸	무직	공원	고졸	경기	부모-동거	합법
1-8	샤니	우즈벡	여	13세	2006	무지개초 5년	상업	공원	고졸	무직	공원	고졸	경기	부모-동거	합법
2	헤나	몽골	여	41세	2002	공원	써(1-5)의 어머니						서울		불법

주: 1) 표에 기술된 이름은 모두 가명임.
2) 1-1 뭉샤가, 1-4 아리오, 1-3 써의 경우 아버지가 한국에서 취업활동을 하다가 본국으로 귀국한 상태임.
3) 1-5 탕소트의 경우 어머니가 한국남성과 재혼하여 한국국적 취득 직전 단계임.
4) 1-5 탕소트의 경우 한국어가 매우 서툴러 아리오(1-4)의 도움을 받아 면담이 진행됨.

제적 상황을 비교적 구체적으로 확인할 수 있는 교감과 행정실장을 대상으로 면담을 진행하였다. 그리고 통합 교육을 진행하고 있는 어린이집의 원장을 대상으로 면담을 진행하였다. 시민단체 종사자들의 경우 외국인 이주노동자들이 밀집하여 거주하고 있는 지역의 이들을 선정하였다(<표 6> 참조).

이주노동자가정 자녀들의 학교 교육 실태를 확인하기 위하여 심층면접과 더불어 지방에 소재한 '무지개(가칭)' 초등학교의 '외국인근로자가정특별학급'의 수업과 학생들의 학교에서의 삶을 참여관찰하고, 담임교사를 면담하였다. 이 학급은 2006년도에 구성된 학급으로 2009년 현재 4년째 운영되고 있으며 15명의 외국인 이주노동자

<표 6> 심층 면담자(교사와 시민단체 종사자)의 주요 배경

사례번호	이름	주요 특징
3-1	박미순	43세, 경력 16년차, 몽샤가(1-1)의 담임교사
3-2	배영옥	50세, 경력 26년차, 오랑(1-2)의 담임교사
3-3	이경애	42세, 경력 6년차, M학교 교감
3-4	박현주	39세, 경력 6년차, M학교 행정실장
3-5	손주희	40세, 경력 17년차, 무지개초등학교 외국인근로자가정특별학급 담임교사
3-6	신대광	44세, 경력 11년차, 별빛시 평화중학교 교사
3-7	김성주	48세, 경력 20년차, 별빛시 통합(한국인+외국인) 어린이집 원장
4-1	조영지	43세, 경력 7년차, 햇빛시 이주노동자상담소 사무국장
4-2	박주영	42세, 경력 10년차, 별빛시 이주노동자상담소 총무
4-3	최영훈	40세, 경력 11년차, 별빛시 무지개 성당 주임신부
4-4	글란	44세, 경력 14년차, 필리핀이주노동자의집 신부, 필리핀인
4-5	이영민	34세, 경력 10년차, 다문화교육과정 전문가

주: 표에 기술된 이름과 학교명, 지명은 모두 가명임.

자녀들이 재학하고 있다. 그들의 국적은 중국, 인도, 우즈베키스탄, 몽골, 러시아, 콩고, 일본 등이며, 연령은 만 8세부터 만 14세까지로 다양하다. 체육과 음악, 미술 등 학생들이 비교적 어렵지 않게 적응할 수 있는 교과목은 일반학급의 수업에 참여하며, 국어, 사회, 수학 과목 등은 특별학급에서 수업을 진행하는 일종의 '디딤돌' 학급의 형태이다. 담임교사는 2006년 이후 줄곧 이 학급을 운영하고 있는 상태이며, 교직경력 17년차이다.

면담·참여관찰 자료는 2007년 4월부터 2009년 2월까지 약 23개월간 연구자가 외국인 이주노동자의 자녀, 어머니, 교사, 시민단체 종사자 등을 심층면접하고, '무지개'초등학교의 '외국인근로자가정 특별학급'을 참여관찰하여 수집하였다. 면담은 개별면접으로 진행되었으며, 면담 시간은 1회당 1~2시간 정도 소요되었다. 대부분의 경우 두 차례 이상 면담하였다. 처음에는 질문을 따로 정하지 않고 자유롭게 면담자가 이주노동자 자녀의 성장 과정과 환경에 대하여 이야기를 할 수 있게 하였다. 그리고 구체적인 질문과정을 통하여 국내 청소년들에 견주어 공통점과 차이점을 확인한 후에 부분적으로 구체적인 상황에 대하여 진술하게 하였다. 참여관찰은 담임교사가 허락하는 범위 내에서 수업시간과 휴식시간, 방과 후, 운동회 등을 통하여 교사와 학생, 학생과 학생의 상호작용과 학생 개인별 행동 특성 등을 면밀하게 확인하는 과정이었다. 참여관찰은 학기 초와 학기 말로 나누어 진행하였다.

면담의 내용은 이주노동자 자녀들의 교육 과정상에 나타는 문제점에 초점을 두었다. 정체성 형성과 성장, 한국에서의 적응, 고국으로 돌아갈 경우의 적응 등을 고려해야 하는 다소 특별한 아동·청소년기를 보내고 있는 이주노동자 자녀들에게 교육은 그 무엇보다 중요한 요소이다. 따라서 이주노동자 자녀들의 교육 과정상의 문제를 심층면담 사례를 통하여 드러내고자 하였다.

1. '교육 접근'의 삶

현행 한국의 외국인 이주노동자 자녀의 교육관련 법안과 시행령에서는 그들의 신분이 '불법'이라 하더라도 정규 학교에 다닐 수 있도록 명문화하고 있다. 그러나 실제는 이러한 제도와 달리 상당수가 정규 학교로 진입하지 못하고 있는 것으로 확인되었다. 실제 시민단체 종사자들과의 면담과정에서도 상당수의 외국인 이주노동자 자녀가 공교육에 진입할 기회를 얻지 못하고 있음을 확인할 수 있었다. 면담을 통하여 확인한 결과, 외국인 이주노동자가정의 자녀가 학교에 진입하기 어려운 이유는 제도의 비일관성, 학교장의 의지 또는 인지 부족, 경제적 어려움 등 크게 세 가지 문제에서 비롯되는 것으로 확인되었다.

첫째, 외국인 이주노동자 자녀의 교육과 관련된 제도들은 제도의 주무 부처마다 입장이 다른 것으로 판단되었다. 정부가 가입한 UN의 아동권리협약[25]에 신분의 '불법' 유무를 불문하고 이주노동자 자녀의 교육권을 보장해주게 되어 있음에도 불구하고, 부처마다 다른 입장을 견지하고 있는 것이다. 다음은 이주노동자 자녀인 유아를 돌보고 있는 어린이집 원장의 설명이다.

> 한국의 제도상으로는 이주노동자 어린이들을 받을 수가 없어요. 일반 아이들과 달리 그 아이들을 위한 지원은 없어요. 우리 어린이집의 정원이 30명인데 5명의 외국인 이주노동자 자녀를 받으면, 정부로부터 지원은 25명만큼만 받게 되어 있어요. 그 아이들은 우리 국민이 아니니까 지원이 안 되는 거죠. 그래서 외국인 이주노동자 자녀를 받고 싶어도 받으면 다른 아이들에게까지 피해가 가니까요. 그런데 이미 한국에 들어와서 아기들이 4~5세가 되도록 컸고, 불법적이기는 하지만 아이들의 부모들은 일을 하고 있어서 육아를 하지 못하니까 봐줄 곳이 필요해요. 애들을 방치할 수는 없잖아요.
>
> (사례번호 3-7. 어린이집 원장)

---

25) UN은 아동과 청소년을 보호하기 위하여 1989년 '아동의 권리협약'을 채택하였고, 한국도 1991년에 가입하였다. 이 협약에 의하면 "이주노동자 자녀들도 자기 자신을 위하여서가 아니라면 부모와 헤어지는 일이 있어서는 안 된다(제9조)", "부모가 다른 나라에 살고 있으면 부모에게 돌아가 같은 나라에서 살 권리가 있다(제10조)", "어떠한 차별 없이 그 아동들의 권리를 보장(제2조)"해주어야 하며, 교육의 권리(제28조)를 강조하고 있다. 이러한 내용은 합법적으로 체류하는 외국인들의 자녀뿐만 아니라 불법적으로 체류하는 이주노동자의 자녀들도 한국국적을 가진 아동과 동등한 교육을 받을 권리를 지닌다는 것을 의미한다.

어린이집을 운영하면서 정부에 등록된 인원만큼 재정지원을 받는데 '불법' 체류 신분인 유아들은 등록이 되지 않고, 따라서 나머지 인원만큼의 지원으로 전체 유아를 위한 프로그램을 운영하게 된다는 것이다. 이러한 이유로 다른 아이들의 부모들이 불만을 갖기도 한다고 하였다. 교육과학기술부가 관할하는 초중등 교육에서는 그들의 입학을 허용하고 있지만, 보건복지가족부가 관할하는 어린이집에서는 아직 이러한 준비가 되지 못한 것으로 판단된다. 교육과학기술부와 법무부 간의 불협화음도 확인되었다.

> 불법체류 외국인 자녀를 위한 구제조치가 생겨서 학교에 다니는 아이들이 강제출국이 되지 않았지만, 이러한 제도 때문에 자신들의 신분이나 위치가 노출되는 신변불안을 더 느끼게 된 점도 있어요. 그래서 학교 다니기가 더 불안해지는 것이죠. 이런 것은 법무부와 교육부가 손발이 맞지 않는 것에서 오는 문제인 것 같아요.[26)]
>
> (사례번호 3-5. 무지개초등학교 교사)

> 한국에서 M학교에 다니기 전에 2년 정도 일반 초등학교를 다녔는데, 담임선생님이 비자 있냐고 물어봤어요. 저는 비자 없으니까 무서워서 학교를 그만뒀어요. 그래서 M학교로 왔어요.
>
> (사례번호 1-4. M학교 학생)

'불법' 외국인 이주노동자 자녀의 재학이 허용되어 있지만, 그 가족들의 체류가 '합법'으로 변경된 것은 아니기 때문에 이주노동자가정의 입장에서는 홀가분하게 자녀를 학교에 보낼 수 있는 상황이 아니었다.

---

26) 참여관찰 초기에 학생들은 관찰자를 매우 경계하였고, 가까워지기까지는 오랜 시간이 걸렸다. 불법 체류자 단속에 대한 좋지 않은 경험과 두려움 때문에 심리적으로 불안하게 학교를 다니고 있었고, 낯선 사람을 매우 경계하는 상황이었다.

둘째, 초중등교육법 시행령 개정에 따라서 초등학교에서는 임대차계약서 등 몇 가지 서류를 통하여 외국인 이주노동자 자녀의 입학을 허용하게 되어 있다. 그러나 조사 결과, 입학을 요청하여도 학교장의 반대로 입학하지 못하는 경우가 적지 않은 것으로 확인되었다.

> 외국인 자녀를 위한 특별학급에 있는 학생들은 통학거리가 굉장히 멀어요. 한 시간 반 넘게 차를 타고 오는 아이도 있으니까요. 사실 아이들의 거주지 근처에 있는 학교에서 이 아이들을 받아줘야 되는데, 교장선생님들이 거부를 하니까 자신들을 받아주는 학교로 찾아오는 거예요. 거리는 먼데, 다들 와요.[27]
>
> (사례번호 3-5. 무지개초등학교 교사)

> ○○학교에 다니는 아이들은 살고 있는 집 근처의 학교들이 받아주지 않아서 여기까지 와서 기숙사 생활을 자처하는 아이들이 꽤 있어요.
>
> (사례번호 3-3. M학교 교사)

> 교장 선생님과 교감, 교무주임 선생님을 쫓아다니면서 이주노동자 자녀들 중에 국내에서 초등학교 졸업한 애들이라도 받아서 교육시키자고 설득을 해 봤지만, 모두들 진지하게 얘기해 보려고조차 하지 않더라고요.
>
> (사례번호 3-6. 평화중학교 교사)

학교장들이 이주노동자 자녀들의 입학을 꺼리는 이유는 세 가지로 구분될 수 있는데 우선 불법체류 신분 자체가 가지는 문제 때문에 거부하는 경향이 있다. 그리고 합법적인 체류자의 자녀라고 하더라도, 이주노동자 자녀들을 위한 교육과정이나 언어/문화와 같은

---

27) '외국인근로자가정특별학급'에 대한 참여관찰 과정에서 학생들의 거주 지역에 대한 확인 결과, 대부분의 학생들이 집 근처의 학교를 두고 원거리에 있는 이 학급의 학교로 등교를 하고 있는 실정이었다.

사회적응 프로그램, 특별학급 등의 조건이 충족되지 않은 상태에서 학습능력이 부족한 이주노동자 자녀들을 받아들이는 것은 문제를 낳을 수 있다고 보는 경향이 있다. 마지막으로 이주노동자 자녀들과 기존 학생들과의 정서적인 측면의 차이 때문에 문제가 발생할 것을 우려하여 입학을 꺼리기도 한다. 이주노동자 자녀들이 따돌림을 당할 수 있고, 이주노동자 자녀들의 심리적 위축과 집단행동이 새로운 문제를 발생할 수 있을 것이라고 판단하는 경향이 있는 것이다

> 아이들의 거주지 근처의 학교에서 이 아이들을 받아주지 않는 이유는 일단 불법체류자의 신분에서는 그것 때문에 아이들의 입학을 거부하고, 합법체류자로 신분이 바뀐 상태에서는 언어소통의 문제와 한국아이들과의 적응문제 때문에 입학을 거부하시는 것 같아요.
>
> (사례번호 3-5. 무지개초등학교 교사)

> 국내에서 불법 체류하는 외국인의 자녀들을 입학시키고 정식 학생으로 관리할 수 있는 법적 기반은 마련이 되어 있는데, 정원 내로 관리하면 학교장이 (학습지도 또는 생활지도 등의) 향상을 책임져야 하니까 정식 학생으로 받아들이는 것을 꺼리는 듯해요. 안전사고나 따돌림 같은 것이 문제가 되기도 하고요.
>
> (사례번호 3-5. 무지개초등학교 교사)

셋째, 이주노동자들이 자녀들을 학교에 보내지 못하는 이유는 단지 제도적 조치나 학교장의 의지 부족 때문만이라고 할 수 없다. 이들의 불안정한 경제적 상황도 자녀를 교육시키는 데에 걸림돌이 되고 있었다.

신변불안을 느끼는 것도 불법체류자들이 자녀를 학교에 보내지
못하는 이유지만, 또 다른 이유는 경제적인 문제예요. 학비와 급
식비 등 자녀를 학교에 보내면 들어가는 돈이 부담이 되어서 학교
에 보내지 못하는 경우가 있어요.

(사례번호 3-5. 무지개초등학교 교사)

한국에서 우리 아들한테 한국어 좀 잘 가르쳐줬으면 좋겠어요. 그
다음에는 학교에 다닐 수 있게 해줬으면 좋겠어요. 학교 다닐 때
돈 드는 것은 좀 어려울 것 같아요. 그래도 할 수 있는 만큼 여기
서 공부할 수 있게 해주고 싶어요.

(사례번호 2. 무학 어머니)

외국인 이주노동자의 입국은 대부분 경제적 목적에서 비롯된 것
이다. 그런데 수입의 적지 않은 부분을 교육비로 지출하게 된다면,
국내 입국 과정에서 투입된 비용과 고국으로의 송금 등을 감당하기
어려운 상황이었다. 배려의 차원에서 외국인 이주노동자 자녀의 학
교 진입을 위한 경제적 지원이 필요한 실정이었다.

2. '교육 경험'의 삶

외국인 이주노동자 자녀들이 학교에 진입한 이후, 교육 경험의 실
태를 수업 적응의 실태, 동료집단과의 관계, 교육비의 여건 등으로
범주를 구분하여 실태를 확인하였다. 우선 수업 적응의 실태를 학교
급별로 구분하여 확인하고자 어린이집 원장, 초등학교 교사, 중학교
교사, 몽골학교 교사 등과 면담을 진행하였다.

쟤네들은 외국인이지만 한국에서 태어났기 때문에 5~6살이라고

해도 노는 것, 생각하는 것, 말하는 것도 한국 애들과 똑같아요. 그래서 언뜻 보기에는 한국 애들과 구별이 안 되어요. 우리가 5~6살까지는 봐 줄 수 있는데, 그다음에는 어떻게 될지 걱정이 돼요.

(사례번호 3-7. 어린이집 원장)

나라에 상관없이, 그 나이는 한국말을 가르치면 한국말하고, 손으로 먹게 하면 손으로 먹고, 숟가락으로 먹게 하면 숟가락으로 먹는 시기라서요, 가르치기 힘들거나 발달이 늦다든지 그런 것은 없어요. 한국 아이들과 똑같아요. 아이들이 참 잘 따라와요.

(사례번호 3-7. 어린이집 원장)

유아기의 교육 단계에서는 다른 단계에 비하여 비교적 적응이 양호한 것으로 판단된다. 특히 이주노동자가정 자녀를 여러 명 돌보고 있는 어린이집의 경우에는 그들을 배려하는 프로그램들을 진행하고 있었으며, 자녀들도 대부분 한국에서 출생하고 한국어와 한국문화를 배우며 성장하였기 때문에 수업에 적응하는 데는 큰 문제가 없어 보인다. 그러나 부모가 한국어를 거의 하지 못하고 이주노동자가정의 자녀가 한 명만 등록되어 있어 별도의 프로그램이 없는 경우에는 어려움이 발생하는 것으로 확인되었다.

한국에서 아이를 유치원에 보내는 아프리카 말리에서 온 노동자 부부가 있어요. 아이의 엄마가 한국말을 거의 못하는데, 유치원에서 개별적으로 신경을 많이 못 써주고, 여러 명이 함께 생활해야 하니까 큰 문제없이 묻혀서 지내는 것도 같아요. 그래도 그 아이만을 위한 프로그램이 따로 있는 것이 아니라 다른 한국아이들과 함께 교육시키다 보니까 문제가 생기죠. 그런 경우 아이 엄마와 직접적인 의사소통이 되지 않으니까 말썽이 있을 때 상담소 쪽으로 연락이 오곤 해요.

(사례번호 4-1. 이주노동자상담소 사무국장)

초등학교에서는 여러 가지 어려움이 발생하고 있었다. 한국에서 출생한 유아기 자녀가 성장하여 초등학교에 입학한 경우는 많지 않고, 대부분 유년기를 모국에서 지낸 후에 부모를 따라 입국한 경우이기 때문에 새롭게 한국의 언어와 문화를 이해해야 하는 실정이다. 따라서 수업 적응에도 많은 어려움을 겪고 있었다.

> 아이들은 언어와 문화의 적응 단계와 속도가 제각각이에요. 학교 전체의 교육과정 운영상, 외국 아이들의 한국어 실력과 적응상태에 따라 분리해서 교육시키기가 힘들어요. 물론 외국 아이들을 분리해서 가르치면 그 아이들한테는 효과적이겠지만, 일반 학급에 넣는 것과 특별학급에서 공부하는 데 있어 시간표나 교과서, 교사 인력 등의 한계가 있기 때문에 그렇게 하기가 힘들어요.
>
> (사례번호 3-5. 무지개초등학교 교사)

> 외국 아이들을 한국아이들의 학급에 온종일 넣는 것만이 능사는 아닌 것 같아요. 한국어를 배우는 기간이나 한국 학교 적응을 필요로 하는 초기에는 한국 아이들과 함께 섞여 있는 것이 효과적이긴 한데, 외국 아이들이 굉장히 피곤해하고 스트레스를 받아요. 그렇다고 특별학급으로 외국 아이들을 따로 떨어뜨려 놓으면 다음 날 일반 학급에 가서 섞이질 못해요. 이런 걸 보면 정답은 없는 것 같아요.[28]
>
> (사례번호 3-5. 무지개초등학교 교사)

중학교 단계에서는 학습 능력의 격차가 누적됨으로 인하여 더욱 적응하기 힘들어하는 상황인 것으로 확인되었다. 그나마 다행인 것은 동료들이 수업 적응을 위하여 도움을 주고 있었고, 학교에서도 별도의 프로그램을 통해서 지원을 해주고 있는 상황이었다.[29]

---

[28] 실제 참여관찰 과정에서 일반학급의 수업에 참여하기 싫다고 특별학급에 남는 학생들이 간혹 있었다.

[29] 이 글에 진술된 중학생들은 M학교에서 한국과 M국의 언어와 문화를 배우고, 졸업 후 공립중학교로 입학한 경우이다. 따라서 이주 후 바로 초등학교에 입학한 학생들에 비하여 적응을 더 잘할 수

수업시간에 얌전히 앉아서 열심히 듣긴 하는데 잘 이해하고 있는 것 같진 않더라고요. 그래서 주위 친구들 보고 많이 도와주라고 얘기합니다.

(사례번호 3-1. K중학교 교사)

수업시간에 선생님 말씀하시는 것 가운데 50퍼센트 정도는 알아 듣겠는데, 나머진 무슨 말씀을 하시는지 못 알아듣겠어요. 이러다 보면 나중에 더 공부하는 게 힘들어질 것 같아서 몽골로 돌아갈 생각을 하고 있어요.

(사례번호 1-1. K중학교 학생)

(한국) 애들하고 지내는 것은 좋은데, 수업을 따라가기가 좀 힘들 어요. 못 알아듣는 말이 많아 가지고요. 공부가 잘 안 돼요.

(사례번호 1-2. K중학교 학생)

현재로는 정규 교육과정 안에서 또는 방과 후에 외국 아이들을 위 하여서 한국어를 가르친다거나, 한국문화를 접하게 하는 별도의 프로그램이 없어요. 다만 수학이나 영어와 같은 일부 과목에 대하 여서 외국 아이들이 공부를 따라가게 도와주는 프로그램은 있었 어요. 어느 정도 효과는 있는 것 같아요. 거의 개별적으로 외국인 아이들이 원하는 과목으로 진행을 했거든요.

(사례번호 3-2. K중학교 교사)

둘째, 동료집단과의 관계를 확인하였다. 함께 재학하고 있는 동료 집단과의 관계는 초등학교 단계를 제외하고는 원만한 것으로 나타 났다. 유아기의 경우 피부색이나 문화의 차이에 대한 인지능력이 덜 발달한 관계로 차이가 두드러지지 않았고, 잘 어울리고 있었다. 그 러나 초등학교 단계에서는 인종/국가적 편견이 형성되기 시작하면서 문제가 발생하기도 하였다.

있는 여건의 학생들이다.

필리핀 아이들은 다른 아이들과 잘 어울려요. 아이들끼리는 편견
이 없어요. 애들은 모이면 사심이 없어요. 그리고 장난감이나 이
런 것들로 생기는 다툼은 어른들 말을 따르기 때문에, 금세 풀어
지고 다시 잘 어울리고 그래요. 유아들은 서로 문제가 없고, 잘 지
내요. 똑같아요. 여기서부터 이런 식으로 잘 어울려서 길러지면
똑같은 아이라 생각하게 되고 큰 문제가 없는데, 갈라서 자라게
될 때부터 문제가 생길 것 같아요.

(사례번호 3-7. 어린이집 원장)

학교 행사로 운동장에서 캠프를 하는데 외국 학생들과 한국 학생
들 간에 집단 몸싸움이 벌어진 거예요. 왜 그랬냐고 물었더니 한
국애가 놀렸다고 그러더라고요. 한국 애들은 놀린 적 없다고 그러
고요. 외국 애들은 심리적으로 자격지심 비슷한 게 있어서 조금만
자존심에 상처를 입혀도 폭력적으로 돌변하는 경우가 있어요. 반
대로 한국 애들도 걔네들을 비하하는 모습이 암묵적으로 보이기
도 하지요.[30]

(사례번호 3-5. 무지개초등학교 교사)

중학교 단계에서는 서로 정신적인 성숙을 이루면서 놀림이나 집
단따돌림 현상은 확인하기 어려웠다.[31] 그러나 이주노동자 자녀들
이 적응 과정에서 자신의 나이보다 어린 연령대의 학년에 입학/편
입되기 때문에 쉽게 친구관계가 형성되지 않는 모습도 확인할 수
있었다.

한국에 와서 일반 초등학교에서 한국 친구들과 한 반에 다니면서
한국 친구들을 만들긴 했는데, 별로 친하진 않아요. 왜냐하면 제
나이보다 2~3살 어린 아이들과 같은 반에 들어가서 학교를 같이
다닐 때는 친했는데, 지금은 저는 다른 학교를 다니니까 그냥 가

---

[30] 참여관찰 결과, 폭력적인 상황은 대부분 체격이 비교적 큰 백인계통의 학생들에게서 주로 나타났
다. 반대로 흑인계통의 학생들은 모든 참여에서 매우 소극적이었다. 피부색이 드러남으로 인하여
부정적으로 바라보는 시선이 만든 상황이라고 판단되었다.

[31] 참여관찰 대상이 중학생의 경우 몽골 출신들이었기 때문에 외형적으로 차이가 드러나지 않는 점
때문에 따돌림 현상이 발생하지 않았을 수도 있다.

끔 연락 정도만 해요.

저도 그렇고 저 친구도 그렇고 우리들보다 3살 어린 애들과 같은
반에서 생활하니까 아주 친하게 지내지는 못하는 것 같아요.

한국어 실력과 학습내용에 대한 이해는 정상적인 교육과정을 거
친 한국학생들보다 떨어지는 것은 사실이나, 이 학생들의 사고 수준
은 자신의 연령대에 맞게 이루어지고 있음을 참여관찰을 통하여 확
인할 수 있었다. 그럼에도 불구하고, 자신들보다 2~3년 낮은 연령대
의 학년에 편입되는 상황은 정체성 형성과 학교 적응, 또래관계 형
성 등이 원활하게 이루어지는 것을 방해할 수 있다.

셋째, 교육비의 여건을 확인하였다. 경제적인 어려움으로 수업과
관련된 교구를 구입하지 못하는 경우도 적지 않은 것으로 확인되
었다.

우리 반 애들 거의 모두가 체육복을 구입하지 못했어요. 있는 애
들도 동복이나 하복 가운데 한 벌이 있을 뿐이죠. 수업 시간에 준
비물을 가져오는 것을 기대하는 것은 큰 무리고요. 학급 운영비로
구입을 해줍니다. 물론 그 돈도 빠듯해서 학기 중간정도부터 제
돈으로 구입을 해주는 경우도 다반사이지요. 그러다 보니 (준비물
부족 때문에) 정말 필요한 수업을 진행하지 못할 때도 많아요.

대한민국 국민이 아니며, '불법' 체류자라는 이유로 지원의 사각
지대에 놓여 있는 실정이었다. 이러한 상황은 학교에 재학 중이더라
도 이후 상급학교 진학에 큰 걸림돌로 작용하고 있었다.

3. '교육 성취'의 삶

국내로 입국한 외국인 이주노동자의 자녀들은 연령대가 다양한 것으로 추정된다. 그러나 실제 정규 공교육기관에 재학 중인 학생들은 대부분 초등학교에 재학 중인 것으로 짐작되고 있다. 앞서 살펴본, <표 3>의 '외국인가정 자녀 재학현황'도 이러한 짐작을 뒷받침하여 준다. 따라서 '교육 접근'과 '교육 경험'의 과정을 거친 후, 성취의 정도와 격차의 누적이 성장과정에서 어느 정도 발생하는지에 대해서는 구체적으로 확인하기 어렵다. 그럼에도 불구하고, 학업성취와 인성형성 등에 문제가 있는 것으로 확인되었다.

첫째, 학업성취 수준이 매우 낮은 것으로 확인되었다. '교육 접근'과 '교육 경험'의 과정에 발생하는 문제들은 '교육 성취' 수준을 매우 낮게 만드는 상황이었다. 한국사회에서 어느 정도 적응한 후에 중학교에 입학한 학생들은 입국 후 기간이 얼마 경과하지 않은 초등학생들에 비하여 상대적으로 높은 성취수준을 보였다. 그러나 그마저도 같은 동료집단의 성취 수준에 비하면 매우 낮은 상태였다. 특히 수학이나 영어 과목에 비하여 국어, 사회, 국사 등의 언어·문화에 관련된 과목의 성취 수준이 낮은 것으로 확인되었다.

> 일상적인 학교생활은 잘 적응하고 있지만, (외국에서 온) ○○학생들이 학업적인 면은 확실히 떨어져요. 의사소통이 잘 안 되는데, 지필로 하는 경우는 더 잘 안 되죠.
>
> (사례번호 3-1. K중학교 교사)

> 외국인 학생들이 우리 학교에 처음 왔을 때는 성적이 가장 낮았죠. M학교에서 아무리 한국어를 공부했다고 해도, 여기 와서 직접

한국어로 수업하는 것은 다르니까요. 한 학기 동안은 성적이 거의 밑이고요. 서술형 문제는 아예 답안지를 못 쓰더라고요. 서술형 50 점이 들어가는데, 답안을 백지로 냈더라고요.

(사례번호 3-2. K중학교 교사)

그나마 영어나 수학은 나은데 한자과목이 가장 어려워요. 국어와 사회, 국사 같은 것도 힘들고요.

(사례번호 1-2. K중학교 학생)

그렇다고 외국인 이주노동자 자녀들의 인지 능력이 부족해서 학업성취가 낮다고 판단하는 것은 문제가 있다. 적응기간이 짧고 각 학생들에게 적합한 특별 교육과정이 구체화되지 못하고 있기 때문에 나타날 수 있는 현상인 것이다.

저희 반에서 자체 시험을 보거든요. 수업 내용을 얼마나 이해하였는가에 대한 평가인 것이죠. 다른 반 아이들과 비교하면 점수는 매우 낮지만, (자체 평가를 통해서) 특별학급에서 진행한 수업에 대한 이해 정도는 대체적으로 70% 이상이라고 확인할 수 있어요. 천천히 적응할 시간을 주고 적합한 교육과정을 통해서 아이들을 가르치면 충분히 성취도가 더 올라갈 수 있을 것이라 생각합니다.[32]

(사례번호 3-5. 무지개초등학교 교사)

둘째, 인성 형성의 과정에 문제가 나타나고 있었다. 입국 후 바로 학교에 입학하는 경우와 달리, 방치기간을 거치면 학업성취와 별개로 또 다른 문제가 발생할 수 있는 것이다. 한국사회의 도덕과 예절에 대한 사회화가 제대로 이루어지지 못한 상태에서 방치기간이 길

---

32) 참여관찰의 결과, 특별학급의 수업 상황에서 학생들은 거의 대부분 매우 활발하게 수업에 참여하였고, 교사가 설정한 목표에 대부분 다다르고 있었다. 그러나 일반학급의 수업상황에서는 거의 말을 하지 않는 등 매우 소극적으로 수업에 참여하는 실정이었다.

어지면서 문제가 나타나는 것이다.

> 외국 아이들이 한국에서 방치되어 있는 기간 동안 인성교육을 제대로 못 받으니까 행동에서 자제가 안 돼요. 그래서 한국 아이들은 굳이 문제 상황으로 발전하지 않는 상황도 외국 아이들의 경우는 폭력사태로 발전하기도 해요. 그래서 외국 아이들이 많은 ○○ 지역은 학교나 학교 밖에서 그 아이들이 폭력문제를 일으키기도 해요. 특히 학급담임이 학생을 쭉 담당하는 초등학교는 덜한데, 중학교에 가서 다소 교사들의 관심에서 벗어나면 문제를 일으키는 아이들이 종종 있어요.
> (사례번호 3-5. 무지개초등학교 교사)

> 학교 안 다니는 친구들은 몰려다니면서 나쁜 짓도 가끔 해요. 그리고 그게 잘못된 일인지도 잘 몰라요.
> (사례번호 1-3. 무학 청소년)

> (한국 학생들과 외국 학생들 간의) 학업성취도 비교라고 할 것도 없어요. 우리 애들은 총괄평가 시험을 보면 거의 0점이고 잘하면 30~40점 수준이에요. 대부분 같은 학년의 다른 반 꼴찌보다도 성적이 낮죠. 한국에 온 지 3~4개월 된 아이들이 그런 시험을 보면 그게 의미가 없지요.
> (사례번호 3-5. 무지개초등학교 교사)

언어와 문화의 적응을 위한 구체적인 교육과정과 단계별 특별 학급 구성 등의 조건이 마련된다면 충분히 엄연한 사회 구성원으로 성장할 수 있는 여지가 있는 학생들인 것이다. 그러나 만일 계속 방치된다면 성장 과정에서 사회적 문제가 발생할 가능성이 크다는 것을 확인할 수 있었다.

이상에서 외국인 이주노동자가정 자녀들의 교육 과정상에서 많은 문제가 있음을 심층면담과 참여관찰을 통하여 확인하였다. 그들에게 학교 입학의 기회가 허용되어 있음에도 불구하고, 실제 학교에 진입하는 과정에는 많은 어려움이 있었다. 진입한 이후에도 수업 적응의 어려움, 동료집단과의 관계에서의 어려움, 경제적 측면의 어려움 등으로 여러 문제가 발생하고 있었다. 성취 수준도 매우 낮았으며, 학교 교육 중단 시기가 길었던 경우 인성 형성 과정에서도 문제가 발생하는 것으로 확인되었다. 특히 경제적 어려움과 단속에 대한 불안감 등으로 인하여 이중고 삼중고를 겪는 상황으로 판단되었다.

외국인 학교, 외국인근로자가정 특별학급 등 이른바 '디딤돌 학교(학급)'를 거쳐서 정규학교에 편입 또는 입학한 경우는 입국 후 바로 일반 정규학교에 진입한 경우보다 적응을 잘하고 있는 것으로 확인되었다. 그리고 초등학교나 중학교 단계보다는 유아기의 교육 과정상에서 적응을 잘하고 있음을 확인할 수 있었다. 즉 학교급이 올라갈수록 '격차의 누적' 현상이 발생하고 있었다. 디딤돌 학교(학급)의 설치 확대와 발달단계 초기 지원 강화 등의 필요성을 시사한다.

이주노동자가정 자녀들은 같은 다문화가정 자녀로 분류되는 국제결혼가정 자녀들과 다른 양상의 교육문제를 겪고 있는 것으로 확인되었다. 우선 학교 입학 과정에서부터 많은 어려움을 겪고 있었고, 이러한 어려움은 학교급이 높아질수록 더욱 심각한 상황이었다. 입학을 하더라도 대부분 한국에서 출생한 국제결혼가정 자녀와 달리 성장과정에 입국한 경우가 적지 않아 편입 학년과 연령단계의 차이 등으로 인한 혼란을 겪고 있으며, 부모의 '불법체류자' 신분으로 인하여 학업의 지속 유무가 불투명한 상황이었다. 또한 부모 모두 외국인이기 때문에 과제, 준비물, 예·복습 등에 대한 부모로부터의 교육지원도 기대하기 어려운 실정이었다. 국제결혼가정 자녀의 교육

문제와 다른 양상들을 드러내고 있는 것이다. 따라서 국제결혼가정의 자녀에 대한 교육지원 대책과 별도로 외국인 이주노동자가정 자녀에 대한 교육지원 대책의 논의가 필요한 상황이라 할 수 있다.

Ⅳ. 나가는 말

현재 한국에 거주하는 외국계 주민의 수가 140만에 육박하고 있다고 한다. 본격적인 다인종·다문화 사회가 도래하고 있는 것이다. 국제결혼가정과 더불어 외국인 이주노동자가정도 점차 증가하고 있다. 새롭게 유입된 구성원들은 대체적으로 한국사회의 언어와 문화의 적응에 어려움을 겪고 있다. 또한 그들에 대한 사회의 인식도 긍정적이지 않다. 다문화가정 자녀들이 이러한 문제가 방치된 채로 성장하게 된다면, '격차의 누적' 현상이 발생하여 소외계층으로 형성될 가능성이 크다. 또한 양극화의 심화과정을 거쳐 성인기 이후 돌이킬 수 없는 특정 집단을 형성할 가능성과 사회적 갈등으로 이어지는 등 큰 파장을 일으킬 수 있는 것이다. 따라서 격차의 누적 해소와 건전한 시민을 양성하기 위하여 교육적 배려와 지원이 필요한 상황이다. 이와 더불어 다문화 이해 교육을 통한 사회 구성원들의 의식 개선, 교육 현장에서의 실질적인 노력도 뒷받침되어야 할 것이다.

한국사회가 다문화사회로 변모하는 시점에서 다문화가정 구성원들의 유형은 점차 다양해지고 있다. 국제결혼 이주자와 국제결혼가정의 자녀뿐만 아니라, 외국인 이주노동자와 그 자녀, 난민가정 구성원, 국제결혼 재혼가정의 이주 아동·청소년 등의 수가 점차 증가하고 있다. 다문화사회의 다문화 구성원이 다양하게 포진하고 있는 것이다. 다문화사회로 변모하는 글로벌화 추세에서 이들도 엄연한 한국사회의 구성원이며, 그들의 특성에 따라 한국사회에서의 삶의 환경이 각기 다를 수 있다. 따라서 그들의 특성에 따른 교육 실태와 대안 모색을 위한 연구가 지속될 필요가 있다.

<참고문헌>

강태중, 2002,『교육 불평등 완화방안 탐색 정책연구』, 서울: 국회교육위원회.
교육과학기술부, 2006~2012,「다문화가정 학생 교육지원계획」.
국가인권위원회, 2010,「미등록 이주아동이라도 중등과정 학습권 보장돼야」, 국가인권위원회 보도자료(2010.1.25).
국무총리실, 2008,『다문화가정 교육지원정책 평가』, 국무총리실 정책분석평가실 평가서, 미발간자료.
김성원, 2009.1.17., "더불어 사는 사회 아닌가", ≪파이낸셜뉴스≫, 23면.
김이선·황정미·이진영, 2007,『다민족·다문화사회로의 이행을 위한 정책 패러다임 구축(Ⅰ): 한국사회의 수용 현실과 정책과제』, 서울: 한국여성정책연구원.
김정원, 2006,「국내 몽골 출신 외국인근로자 자녀 학교교육 실태 분석」, ≪교육사회학연구≫, 제16권 제3호, 95~129쪽.
류방란 외, 2011,『외국출생 동반입국 청소년을 위한 교육복지 정책방안』, 서울: 한국여성정책연구원.
법무부 출입국·외국인정책본부, 2008, "2007년도 출·입국자 4천만 명 육박!: 법무부, 2007년도 출입국·외국인정책 통계 발표", 법무부 보도자료(2008.1.22).
_____, 2012, http://www.immigration.go.kr 통계자료실.
_____, 2012,『2011 출입국·외국인정책 통계연보』, 경기도: 법무부 출입국·외국인정책본부 정보팀.

설동훈, 2005, 『국내 불법체류 외국인의 적정 규모 추정』, 법무부 2005년도 출입국관리국 정책연구 보고서.

설동훈 외, 2003, 『국내 거주 외국인노동자아동의 인권실태조사』, 서울: 국가 인권위원회.

_____, 2005, 『국제결혼 이주여성 실태조사 및 보건·복지 지원 정책방안』, 서울: 보건복지부.

양계민, 2011, 「중도입국 청소년의 실태 및 현황」, 한국청소년정책연구원주최 중도입국 청소년 지원정책 개발을 위한 전문가 토론회 자료집, 3~28쪽.

오성배, 2005, 「코시안(Kosian) 아동의 성장과 환경에 관한 사례 연구」, ≪한국교육≫, 제32권 제3호, 61~83쪽.

_____, 2006, 「한국사회의 소수민족(ethnic minority), '코시안'(Kosian) 아동의 사례를 통한 다문화 교육의 방향 탐색」, ≪교육사회학연구≫, 제16권 제4호, 137~157쪽.

_____, 2008, 『다문화가정 학생 교육지원 중장기계획 수립을 위한 연구』, 교육과학기술부 정책연구개발사업 보고서.

_____, 2009, 「외국인 이주노동자가정 자녀의 교육 실태와 문제 탐색」, ≪한국청소년연구≫, 제20권 제3호, 305~334쪽.

_____, 2010, 「다문화 교육정책의 과제와 방향 탐색」, ≪교육사상연구≫, 제24권 제2호, 149~170쪽.

_____, 2011, "다문화 교육정책의 교육사회학적 탐색", 『한국교육사회학회, 2011년 하계 학술대회』, 261~289쪽.

윤형숙, 2004, 「국제결혼 배우자의 갈등과 적응」, 『한국의 소수자, 실태와 전망』, 최협 외 지음, 서울: 한울아카데미, 321~349쪽.

이민경·김경근, 2009, 「외국인근로자가정 청소년의 학교생활과 적응전략」, 한국교육학회 춘계학술대회 분과 발표회 발표논문.

이재분 외, 2008, 『다문화가정 자녀 교육실태 연구: 국제결혼가정을 중심으로』, 서울: 한국교육개발원.

조혜영·서덕희·권순희, 2008, 「다문화가정 자녀의 학업수행에 관한 문화기술적 연구」, ≪교육사회학연구≫, 제18권 제2호, 105~134쪽.

통계청, 2011, 「2010년 혼인·이혼 통계 결과」, 통계청 보도자료.

행정안전부, 2012, 「2012 지방자치단체 외국인주민 현황 조사결과」, 행정안전부 다문화지원팀.

経団連, 2008.10.13., "移民受け入れ提言", ≪毎日新聞≫, 2면.

07

사회권과 이주자를
위한 사회복지

김영란(숙명여자대학교)

I. 들어가는 말: 이주자의 사회권과 사회복지

한 사회나 국가에서 사회복지란 기본적으로 모든 국민이 인간다운 생활을 할 수 있도록 최저생활을 보장하고 국민 개개인의 생활수준을 향상시킬 수 있는 제도를 시행함으로써 복지사회를 실현하려는 것이다. 복지국가의 가장 중요한 목표와 이념은 시민권의 향상과 보장으로, 특히 사회권의 실현을 추구하면서 발전해왔다.

이러한 이념은 사회권을 의미하는 것으로 18세기에는 공민권(언론, 집회, 결사의 자유, 사유 재산권 보장), 19세기에는 정치권(선거권과 피선거권을 통해 공적 활동에 참여할 수 있는 권리)과 함께 인간의 기본적 권리라고 할 수 있다. 사회권(social rights)이란 '인간다운 생활을 할 권리'를 말하는 것으로 모든 국민에게 의료, 주거, 교육, 소득 등과 관련된 기본적인 최저수준을 사회적 서비스의 급여를 통해 보장해야 한다는 것을 의미한다. 그리고 이러한 기본적인 수준은 삶의 모든 영역에서 보장되어야 하는 것을 의미한다. 사회권은 마셜(Marshall)에 의해 제시된 것으로 20세기 이래 각 국가들은 전 국민이 사회권, 즉 복지권(welfare rights)을 누리도록 하는 데 목표를 두고 있다.1) 즉 국가의 사회복지에 대한 의지와 목표는 보편적인 자격원칙에 기초하여 사회복지정책으로 명시되고 복지법의 형태로 갖추어지게 된다. 그리고 법에 따라 행정조직을 통해 복지서비스, 복지프로그램으로 구체화되는 것이다. 이런 점에서 사회권은 복지 관련법을 기반으로 다양한 서비스와 프로그램으로 실현된다고 할 수 있다.

2009년 현재 세계 인구의 약 3%인 1억 9천만여 명이 출신국을 떠나 외국에 살고 있다. 1970년대 중반부터 OECD 국가에서 이민자의 비중은 전체인구의 8.3% 정도이나 호주, 스위스는 전체인구의 23%가 넘으며 헝가리, 핀란드는 3%대이다. 대체로 이주는 본국보다는 비교적 잘사는 나라로 향한 인구이동의 역사이다.2) 앞으로 인구고령화와 인력수급 불균형을 해소하기 위해 많은 국가에서 이민자 유치는 계속 필요해질 것이다. 그런데 국제이주는 경제, 문화, 정치, 안보, 종교 등 다양한 문제들과 관련된다. 특히 이주자들이 이주 국가에서 '인간다운 삶을 살고 있는가'에 대해서는 인권과 관련된 핵심적인 문제로 국제사회에서는 국제규약으로서 이주자를 포함한 모든 사람에 대한 사회권을 명시하고 있다.

우리나라의 경우 2012년 현재 이주자는 140만 명을 넘어섰으며

---

1) Thomas Humphrey Marshall, *Citizenship and Social Class* (London: Pluto Press, 1992).

2) OECD, 『국제이주: 인간중심의 세계화(International Migration: The human face of globalisation』 (2009). http://www.oecd.org/insights/43568873.pdf.

전체인구의 2%대이다. 앞으로 저출산·고령사회로의 진입을 고려할 때 이주인구의 지속적인 유입은 불가피하다. 정부도 국제기구의 가입에 따른 국제규약 준수 및 이주자의 증가에 따른 2003년 고용허가제 도입, 2004년 국적법 개정, 2007년 재한외국인처우기본법 제정, 2008년 다문화가족지원법을 제정하는 등 사회적 추세를 반영한 정책을 만들었다. 이와 함께 사회보장기본법을 개정하여 이주자를 대상자로 포함하는 등 사회복지 수혜대상자의 범위를 확대하였다.

이주자들의 사회권은 소극적 권리와 적극적 권리로 나누어지는데 국가는 이러한 권리를 실현하는 것과 관련하여 두 가지 역할, 즉 의무를 진다. 즉 소극적 권리는 이주자들이 위협, 차별 등의 두려움 없이 권리가 자유롭게 향유될 수 있는 환경을 제공하는 것으로 입법구조, 절차, 메커니즘을 통하여 이루어진다. 적극적 권리는 건강, 교육, 수입보장, 고용 등과 같은 권리를 포함하는 것으로 국가는 이주자들에게 법적, 사법적 구제뿐만 아니라 사회복지서비스나 프로그램을 제공해야 할 의무를 가지고 있다. 그리고 사회복지정책을 마련하기 위해 법적 문제만이 아니라 정책이 어떻게 지역사회에서 복지서비스와 프로그램을 제공할 것인가와도 연결되어야 한다.[3]

특히 이주자의 사회권을 실현하기 위해서는 이주국가의 국민을 대상으로 한 복지관련법을 이주자에게 적용하는 것뿐만 아니라 이주자들을 대상으로, 이들의 요구(needs)를 고려한 복지서비스와 프로그램을 마련하는 것, 즉 차이를 고려한 보편주의 사회권이 되어야

---

3) Jim Ife, *Human Rights and Social Work: Towards Rights-Based Practice* (New York: Cambridge University Press, 2012).

한다. 본 장에서는 이주자의 사회권과 관련하여 국제규약을 살펴보고 우리나라의 이주자와 관련된 복지정책과 법을 살펴보고자 한다. 그리고 현재 우리나라의 복지관련법이 이주자들에게 어디까지 적용되며 어떤 문제가 있는지를 알아보고 앞으로 이주자들의 사회권 실현을 위한 사회복지 방향을 모색해보고자 한다.

Ⅱ. 누가 사회권을 정의하고 규정하는가?: 이주자의 사회권

일반적으로 시민권(civil rights)은 발전과정에 따라 공민권(public rights), 정치권(political rights) 그리고 사회권(social rights)으로 나누어지는데, 국제인권규약에서는 인권(human rights)과 관련하여 1세대 인권을 공민권·정치권, 2세대 인권을 경제적·사회적·문화적 권리라고 한다. 2세대 인권은 '인간다운 생활을 할 권리'를 말하는 것으로 사회권 또는 복지권(welfare rights)으로 불린다. 사회복지의 전통적 접근은 국가는 모든 국민에게 의료, 주거, 교육, 소득 등과 관련된 기본적인 최저수준을 사회적 서비스의 급여를 통하여 보장해야 한다는 것으로 삶의 모든 영역에서 이러한 기본적 수준이 보장되어야 한다.[4] 최근에는 사회복지의 영역을 확대하여 사회성원 모두의 복지를 증진시키려는 모든 형태의 노력과 함께 사회문제의

---

4) 이성순, 『이민자의 인권과 복지, 의료제도의 이해』(경기도: 법무부 출입국·외국인정책본부, 2011).

치료와 예방, 인적자원의 개발, 인간생활 향상에 직접적으로 관계되는 정책을 포함한다. 나아가 사회복지는 개인이나 가정에 대한 사회서비스의 제공뿐만 아니라 사회제도를 강화시키거나 개선시키려는 노력을 포함한다.5)

그렇다면 사회권은 누구에 의해 정의되고 규정되는가?

일반적으로 권리(rights)는 자연적인 것이 아닌 사회적으로 규정되는 것으로 대체로 선언문과 협정, 권리장전을 제정하고 법률로 입법화하는 사람들에 의해 정의되고 규정되어 왔다. 1948년 12월 제3차 국제연합총회에서 채택된 세계인권선언은 포괄적인 범위의 시민적, 문화적, 경제적, 정치적, 사회적 권리들을 서로 간에 구별을 두지 않고 포괄적으로 인정한 최초의 문서이다. 세계인권선언은 1966년에는 국가들이 '경제적, 사회적 및 문화적 권리에 관한 국제규약'을 채택하였고, 이에 따라 조약에 가입한 당사국들은 경제적, 사회적, 문화적 권리를 신장시키고 보호해야 할 법적 의무를 갖게 되었다. 이어 1976년에 '시민적 및 정치적 권리에 관한 국제규약'6)과 '경제적, 사회적, 문화적 권리에 관한 규약'으로 발효되어 국제인권규약으로 구체화되었다. '경제적, 사회적 및 문화적 권리'는 사회권이라고 불리며 인간으로서 누려야 할 노동에 관한 권리, 복지에 관한 권리, 일반 사회적 권리, 문화에 관한 권리 등으로 구분하고 있다. 우리나라

---

5) John. M. Romanyshyn, *Social Science and Social Welfare* (New York: Council on Social Work Education, 1974).

6) 시민권은 시민으로서 누려야 할 기본적 자유에 관한 것으로 사상·양심 및 종교의 자유, 표현 및 언론의 자유, 집회 및 결사의 자유, 이동 및 거주의 자유 등을 포함하는데 이는 세계인권선언 제13조, 제18~20조에 규정되어 있다. 정치권은 정치적 의사결정에 자유로이 참여할 수 있는 권리에 관한 것으로 정부에 자유롭게 참여할 권리, 공무담임권, 보통·평등·비밀, 자유선거권을 포함하며 세계인권선언 제21조에 규정되어 있다.

도 국제연합에 가입한 국가로서 사회권을 실현해야 할 법적 의무를 가지고 있다. 이를 구체적으로 살펴보면,

1) 사회적 권리는 인간의 사회적 삶과 관련된 사생활보호, 가정의 형성, 유지 및 교육에 관한 권리, 교육권, 고등교육에서 기회의 평등권 등을 포함하며, 특히 복지권은 실업, 질병, 사망, 노령, 빈곤 등의 사회적 위험에 대응하여 적합한 수준의 생활수준을 누릴 권리를 가진다는 것으로 제반 복지에 관한 권리를 포함하며 세계인권선언 제22조, 제23조, 제25조에 규정되어 있다.[7] 각 조항의 구체적인 내용은 다음과 같다.

<세계인권선언>

제22조

모든 사람은 사회의 일원으로서 사회보장제도에 관한 권리를 가지며, 국가적 노력과 국제적 협력을 통하여 그리고 각국의 조직과 자원에 따라 자신의 존엄성과 인격의 자유로운 발전을 위하여 불가결한 경제적, 사회적 및 문화적 권리의 실현에 관한 권리를 가진다.

제23조

　1. 모든 사람은 근로의 권리, 자유로운 직업 선택권, 공정하고 유리한 근로조건에 관한 권리 및 실업으로부터 보호받을 권리를 가진다.

---

7) 이성순, 『이민자의 인권과 복지, 의료제도의 이해』(경기도: 법무부 출입국·외국인정책본부, 2011).

2. 모든 사람은 어떠한 차별도 받지 않고 동등한 노동에 대하여 동등한 보수를 받을 권리를 가진다.
3. 모든 근로자는 자신과 가족에게 인간적 존엄에 합당한 생활을 보장하여 주며, 필요할 경우 다른 사회적 보호의 수단에 의하여 보완되는, 정당하고 유리한 보수를 받을 권리를 가진다.
4. 모든 사람은 자신의 이익을 보호하기 위하여 노동조합을 결성하고, 가입할 권리를 가진다.

제25조
1. 모든 사람은 식량, 의복, 주택, 의료, 필수적인 사회역무를 포함하여 자신과 가족의 건강과 안녕에 적합한 생활수준을 누릴 권리를 가지며, 실업, 질병, 불구, 배우자와의 사별, 노령, 그 밖의 자신이 통제할 수 없는 상황에서의 다른 생계 결핍의 경우 사회보장을 누릴 권리를 가진다.
2. 모자는 특별한 보살핌과 도움을 받을 권리를 가진다. 모든 어린이는 부모의 혼인 여부에 관계없이 동등한 사회적 보호를 향유한다.

2) 노동에 관한 권리: 노동의 권리, 직업선택, 노동조건 등 노동과 관련된 포괄적 권리에 관한 것으로 직업선택의 자유, 노동조건의 보호, 적정한 보수의 권리, 노동조합 결성의 권리, 적절한 휴식과 여가의 권리 등을 포함하며 세계인권선언 제23조, 제24조에 규정되어 있다.[8] 각 조항의 구체적인 내용은 다음과 같다.

---

8) 같은 책.

<세계인권선언>

제23조

1. 모든 사람은 근로의 권리, 자유로운 직업 선택권, 공정하고 유리한 근로조건에 관한 권리 및 실업으로부터 보호받을 권리를 가진다.
2. 모든 사람은 어떠한 차별도 받지 않고 동등한 노동에 대하여 동등한 보수를 받을 권리를 가진다.
3. 모든 근로자는 자신과 가족에게 인간적 존엄에 합당한 생활을 보장하여 주며, 필요할 경우 다른 사회적 보호의 수단에 의하여 보완되는, 정당하고 유리한 보수를 받을 권리를 가진다.
4. 모든 사람은 자신의 이익을 보호하기 위하여 노동조합을 결성하고, 가입할 권리를 가진다.

제24조

모든 사람은 근로시간의 합리적 제한과 정기적인 유급휴일을 포함한 휴식과 여가에 관한 권리를 가진다.

이와 같이 사회권은 모든 사람에게 인간다운 생활과 관련한 기본적 최저수준을 사회적 서비스의 급여를 통하여 보장해야 한다는 것으로 사회, 경제, 교육 등 다양한 삶의 영역과 관련된다. 따라서 삶의 모든 영역에서 이러한 기본적 수준이 보장되지 못할 때 제2세대의 인권인 사회권이 침해된다고 할 수 있다.

Ⅲ. 이주자의 사회권과 관련된 영역

이주자의 사회권은 인간다운 생활을 할 권리로 삶의 질(well-being)과 관련하여 각 영역의 기본적인 권리가 되고 있다. 따라서 사회권은 경제, 문화, 건강, 안전 등 삶을 구성하는 각 영역과 연관되는 것으로 우리나라에서 이주자들에 대한 정치 및 사회참여권, 국적취득요건, 교육접근권, 보건접근권, 복지수혜자격 등에 대해 법적으로 보장되거나 규정되어 있다.

1) 경제적 영역은 이주자들이 이주사회에서 돈을 벌 수 있는 능력, 재산을 가질 수 있는 능력과 관련되는 것으로 한국은 이주자들에게 노조가입 등의 결사권을 허용하고 있다. 현행 노조법상 외국인 근로자의 노동권에 관한 별도의 제한 규정을 두고 있지 않다. 적합하게 체류자격을 얻어 취업한 외국인근로자에게 근로기준법, 최저임금법, 산업안전법 및 산재보험법 등 각종 노동관계법이 적용된다.

2) 건강, 교육, 영양을 기본으로 하는 영역은 삶을 개선하는 데 중요한 수단이며 행복의 핵심요소이다. 질병, 문맹은 생산적 일의 장벽이다. 읽고 쓰고 하는 것은 타인과의 소통을 가능하게 하며 사회 및 정치 참여에 중요하다. 건강 및 영양의 경우, 한국은 모자복지법에 의해 임산부건강검진, 영유아건강검진, 임산부와 영유아 보충영양식품제공, 이상아 의료비지원, 예방접종이 가능하다. 건강보험의 경우 가입자격 부여에서 국민건강보험법 제7조 제2항,9) 제93조 제2

항,10) 국민건강보험법 시행령 제64조 제1항,11) 외국인근로자의 고용 등에 관한 법률 제14조12)에 의해 가능하다.

3) 사회문화적 영역은 커뮤니티의 주요한 성원으로 참여할 수 있는 능력으로 그 사회에서 사회적 지위, 존엄성을 말한다. 지역사회에서 지리적, 사회적 고립 여부는 이주자들에게는 중요한 의미를 갖는다. 한국정부의 이주민정책에서 문화적응정책으로 한국어교육, 한국문화교육, 컴퓨터교육, 부부가족상담, 가족프로그램, 자신고취프로그램, 고용알선, 직업훈련, 통역서비스, 영유아 보육료 지원, 결혼이민자가족 아동양육 도우미 파견, 유아교육비 지원 등이 있다.

---

9) 국민건강보험법 제7조(자격취득의 시기)
　① 가입자는 국내에 거주하게 된 날에 직장가입자 또는 지역가입자의 자격을 얻는다. 다만, 다음 각 호의 1에 해당하는 자는 그 해당되는 날에 각각 자격을 얻는다.
　　1. 수급권자이었던 자는 그 대상자에서 제외된 날
　　2. 직장가입자의 피부양자이었던 자가 그 자격을 잃은 날
　　3. 유공자 등 의료보호대상자이었던 자는 그 대상자에서 제외된 날
　　4. 유공자 등 의료보호대상자로서 제5조 제1항 제2호 가목의 규정에 의하여 건강보험의 적용을 보험자에 신청한 자는 그 신청한 날
　② 제1항의 규정에 의하여 자격을 얻은 경우 당해 직장가입자의 사용자 및 지역가입자의 세대주는 그 내역을 보건복지부령이 정하는 바에 의하여 자격취득일부터 14일 이내에 보험자에게 신고하여야 한다.
10) 제93조(외국인 등에 대한 특례)
　① 정부는 외국정부가 사용자인 사업장의 근로자의 건강보험에 관하여 외국정부와의 합의에 의하여 이를 따로 정할 수 있다.
　② 국내에 체류하고 있는 재외국민 또는 외국인으로서 대통령령이 정하는 사람은 제5조의 규정에 불구하고 이 법의 적용을 받는 가입자 또는 피부양자가 된다.
11) 국민건강보험법 시행령 제64조(외국인 등 가입자)
　① 법 제93조 제2항의 규정에 의하여 직장가입자가 되는 재외국민 또는 외국인은 다음 각 호의 어느 하나에 해당하는 자로서 직장가입자 적용사업장에 근무하는 자와 공무원·교직원으로 임용 또는 채용된 자로 한다. 다만, 법 제6조 제2항 각 호의 어느 하나에 해당하는 자를 제외한다.
　　1. 「출입국관리법」 제31조의 규정에 의하여 외국인등록을 한 자
　　2. 「재외동포의 출입국과 법적 지위에 관한 법률」 제6조의 규정에 의하여 국내거소신고를 한 자
12) 외국인근로자의 고용 등에 관한 법률 제14조(건강보험)
　사용자 및 사용자에게 고용된 외국인근로자에게 「국민건강보험법」을 적용하는 경우 사용자는 같은 법 제3조에 따른 사용자로, 사용자에게 고용된 외국인근로자는 같은 법 제6조 제1항에 따른 직장가입자로 본다.

4) 이주사회에서의 안전(security)은 외부의 충격을 견디도록 하는 것으로 불안정과 취약성은 다른 영역과 연결되는 중요한 차원이다. 이주자들은 질병, 범죄, 궁핍 등과 같은 위험과 자연재해, 경제적 위기, 폭력적 갈등에 취약하다. 한국에서 사회서비스는 국가·지방자치단체 및 민간부문의 도움을 필요로 하는 모든 국민에게 상담, 재활, 직업소개 및 지도, 사회복지시설의 이용 등을 제공하여 정상적인 사회생활이 가능하도록 제도적으로 지원하는 것을 말한다. 이러한 서비스는 모성보호제도, 가정폭력방지 및 피해자 보호 등에 관한 법률, 성폭력방지법 등이 있다. 이주자들의 낮은 소득, 건강문제, 교육, 외부충격에 의한 자산상실, 취약한 인권 등 각 영역은 서로 연결되어 있어 이주자들의 삶에 영향을 미친다.

5) 정치영역은 인권을 포함하는 것으로 정치적 결정에 참여할 수 있는 권리, 선거권 등이 포함된다. 정치적 약자는 정책개혁에 소리를 낼 수 없으며 자원에 접근하기 어렵다. 우리나라에서 외국인에 대한 선거권의 경우 공직선거법 제15조(선거권)와 출입국관리법 제10조(영주의 체류자격 획득일 후 3년이 경과한 외국인), 제34조(해당 지방자치단체의 외국인등록대장에 올라있는 사람), 재외동포의 출입국과 법적 지위에 관한 법률 제6조 제1항(지방자치단체의 국내거소신고인명부에 올라 있는 국민) 등이 해당된다.

<그림 1>에서 볼 수 있듯이 이주사회에서 이주자들의 사회권과 권리를 실현함에 있어 관련된 영역으로 정치적, 경제적, 사회문화적, 인간의 기본적 욕구, 안전 등의 5개 영역을 제시할 수 있다.

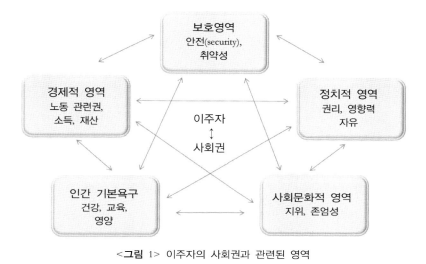

<그림 1> 이주자의 사회권과 관련된 영역

IV. 사회권은 어떻게 실현되는가? 우리나라에서 이주자들을 위한 사회복지

　다문화사회에서 이주자들에 대한 사회복지는 중요한 사회적 이슈가 되고 복지정책 및 관련법 제정 및 시행되는 이주자의 인권과 관련하여 논의되고 있다. 왜냐하면 외국인근로자, 결혼이민자와 그들의 자녀들은 인종이나 피부색 등에서 우리 사회의 소수자이며 약자이고 이로 인해 차별에 노출되기 쉽기 때문이다. 특히 다른 인종과 민족에 대한 배타의식이 강한 우리 사회에서는 외국인근로자 또는 결혼이민자 가족 등이 차별 또는 배제될 가능성이 크다. 그런데 다문화사회에서 사회복지 문제는 사회복지의 범주로 언급되는 모든 권리가 우리나라에 거주하고 있는 모든 외국인에게 적용되지 않는 다는 점이다. 우리나라의 국적을 취득한 결혼이민자 등 외국인은 내국인과 동일한 권리가 보장되지만 국적을 취득하지 않고 거주하는 외국인근로자 등에게는 내국인에게 적용되는 일부 권리가 제한될 수 있다. 사회권의 경우, 원칙적으로 자국의 영토 안에 있는 모든 사람을 보장해야 하지만 자국민의 인간다운 생활을 보장하기 위한 '국가 내적 설정권(국가의 입법에 의하여 그 내용이 확정, 제한 가능한 권리로 헌법에 규정되어 권리로 창설되는 것)'으로 인해 그 제한의 폭을 광범위하게 인정하고 있다.[13]

2012년 현재 우리나라에서 이주자들을 위한 사회복지는 두 가지 차원에서 시행되고 있다. 첫째, 이주국 국민을 대상으로 한 사회보장기본법을 개정하여 이주자에게 적용하는 방법, 둘째, 이주자들을 주 대상으로 새롭게 만들어진 법과 이를 구체화하는 복지서비스, 복지프로그램 등으로 나누어진다. 우리나라에서 이주자를 위한 사회복지의 경우, 2007년 국적법을 개정한 후 이를 기반으로 2007년 재한외국인처우기본법이 제정되고 2008년 다문화가족지원법이 제정되었다. 이러한 법 제정은 기존의 사회보장기본법에 대한 개정과 함께 이민자를 위한 사회복지가 제도화되는 계기가 되었다.

1. 우리나라 사회복지정책과 사회보장기본법

사회보장(social security)이란 생활상의 사고와 기본에 대해 개개

---

13) 자국 내 체류하는 외국인에게 이러한 제한을 두는 경향은 서구 선진복지국가에서도 복지국가 위기 이후 강화되는 추세이다.

인의 능력만으로는 대처할 수 없게 되었다는 전제 아래 사회성에 기초하여 국민의 생존권을 확인하고 그것을 보장하기 위한, 즉 국민의 최저생활을 확보하기 위해 국가가 행하는 종합적, 체계적인 정책이라고 할 수 있다. 사회보장 개념의 공통원리는 국가책임 아래서 국민의 생활유지 및 확보를 위해 새로운 제도를 확립하는 점이다. 현재 우리나라의 사회복지는 사회보장기본법이라고 불리며 1998년 이후 수차례의 개정을 통해 이주자를 수혜대상으로 하고 있다. 사회보장기본법에는 우리나라 사회복지의 목적과 이념, 사회보장의 내용 과 분류 등을 규정하고 있는데 이를 구체적으로 살펴보면 다음과 같다.

첫째, 사회복지에 대한 목적과 이념으로 제1조에서 사회보장에 관한 국민의 권리와 국가 및 지방자치단체의 책임을 정하고 사회보장 제도에 관한 기본적인 사항을 규정함으로써 국민의 복지증진에 기여함을 목적으로 하고 있음을 제시하고 있으며, 기본이념(제2조)은 사회보장은 모든 국민이 인간다운 생활을 할 수 있도록 최저생활을 보장하고 국민 개개인이 생활수준을 향상시킬 수 있도록 제도와 여건을 조성하여 그 시행에 있어 형평과 효율의 조화를 도모함으로써 복지사회를 실현하는 것임을 밝히고 있다.

둘째, 이러한 기본 이념 아래 제3조에서는, 사회보장을 질병, 장애, 노령, 실업, 사망 등의 사회적 위험으로부터 모든 국민을 보호하고 빈곤을 해소하며 국민생활의 질을 향상시키기 위하여 제공되는 사회보험, 공공부조, 사회복지 서비스 및 관련 복지제도를 말한다고 규정하였다(<표 1> 참조). 여기서 '사회보험'이란 국민에게 발생하는 사회적 위험을 보험의 방식으로 대처함으로써 국민의 건강과 소득을 보장하는 제도를 말한다. '공공부조'란 국가와 지방자치단체의 책임하에 생활유지능력이 없거나 생활이 어려운 국민의 최저생활을 보장하고 자립을 지원하는 제도를 말한다. '사회복지서비스'란 국가, 지방자치단체 및 민간부문의 도움이 필요한 모든 국민에게 상담, 재활, 직업의 소개 및 지도, 사회복지시설의 이용 등을 제공하여 정상적인 사회생활이 가능하도록 지원하는 제도를 말한다. '관련복지제도'란 보건, 주거, 교육, 고용 등의 분야에서 인간다운 생활이 보장될 수 있도록 지원하는 제도를 말한다. 이러한 사회보장기본법은 궁극적으로 우리나라 국민에게 적용되는 것으로 이주자에 대한 적용과 관련하여 제8조(외국인에 대한 적용)에서 국내에 거주하는 외국인에게 사회보장제도를 적용할 때에는 상호주의(외국인에게 자기나라의 사람과 똑같은 권리를 줄 것을 조건으로 하는 주의)의 원칙에 따르되 관계법령에서 정하는 바에 따른다고 명시되어 있다.

<표 1> 우리나라 사회보장기본법과 외국인 적용규정을 둔 사회복지 관련법

구분	법명
사회보험법	국민연금법, 국민건강보험법, 고용보험법, 산업재해보상법
공공부조	국민기초생활보장법, 긴급복지지원제도
사회서비스	모부자복지법(한부모가족지원법), 성매매방지 및 피해자보호에 관한 법률, 가정폭력방지 및 피해자보호 등에 관한 법률 등

2. 사회보장기본법과 이주자 적용

첫째, 사회보험의 경우, 사회보험이란 구체적으로 국민을 대상으로 질병, 노령, 실업, 사망, 기타 신체장애 등으로 인하여 활동능력의 상실과 소득이 감소하였을 때 보험방식에 의하여 그것을 보장하는 제도라고 볼 수 있다. 즉 국민에게 발생하는 사회적 위험을 보험방식으로 대처함으로써 국민건강과 소득을 보장하는 제도이다. 사회보험은 국민연금보험, 국민건강보험, 산업재해보상보험, 고용보험으로 노령, 건강, 질병, 산업재해, 실업 등 사회적 위험과 관련하여 국민이 수혜를 받을 수 있도록 계층별, 위험별로 대응책이 마련되어 있다.

1) 국민연금제도

연금제도란 나이가 들어 생업에 종사할 수 없게 되거나 예기치 못한 장애나 사망의 경우에 대비해 의무적으로 보험료를 납부하고 노령, 장애, 사망 시 본인이나 유족에게 연금을 지급하여 생활안전에 기여하고자 국가에서 시행하는 제도이다. 연금보험료는 사업장 근로자가 월소득액의 4.5%, 지역가입자의 경우 월소득의 9%의 금액을 부담해야 한다. 국민연금의 의무 가입자로서는 국내 거주하는 18세 이상 60세 미만의 외국인은 내국인과 동등하게 국민연금 당연적용 가입대상이 된다. 즉 1998년 개정된 국민연금법에서는 외국인 적용조항을 설치하였다. 제102조 외국인 적용조항규정에 의하면 국민연금법의 적용을 받는 사업장에 사용되는 외국인과 국내에 거주하는 외국인으로서 대통령령이 정하는 자를 제외한 외국인은 당연히 사업장가입자 또는 지역가입자가 될 수 있도록 규정하고 있다.[14] 결혼이주여성의 경우 국적취득 전 체류자격이 주로 국민배우자로서 취

---

14) 외국인의 본국법이 대한민국 국민에 대해 국민연금에 상응하는 연금을 적용하지 않는 경우 당연적용 가입대상에서 제외된다.

업하여 독자적인 소득이 있고 모국이 한국과 국민연금에 대한 상호
협정 체결이 되어 있으면 국민연금의 적용대상자가 됨으로써 연금
급여를 수혜할 수 있다.

2) 국민건강보험제도

의료보장이란 사회구성원을 위한 의료의 제공을 조직하여 질병의
비용과 건강보호를 위해 부담하는 일을 사회에 위탁함으로써 모든
사람에게 의료혜택을 줄 뿐만 아니라 건강하고 문화적인 생활수준
을 유지하도록 보장하는 것을 말한다. 의료보장방법으로는 피보험자
에게 질병, 부상 등의 사고가 발생한 경우에 요양 또는 요양비를 급
여하는 의료보험, 경제적 곤궁으로 최소한의 생활을 유지할 수 없는
생활곤궁자에 대해서 갹출금 없이 치료와 요양보호를 해주는 공공
부조로서의 의료급여, 그 외 국가재정으로 부담하여 치료뿐만 아니
라 예방, 건강증진 등의 공공보건 서비스 방법이 있다.

국민건강보험법의 경우 제93조에 외국인에 대한 특례조항을 두고
있다. 즉 국내에 체류하고 있는 재외국민 또는 외국인으로서 출입국
관리법에 의해 외국인등록을 한 자, 재외동포의 경우 국내거소 신고
를 한 자는 이 법의 적용을 받는 가입자와 피부양자가 되는 것으로
규정하고 있다. 한국국적을 취득하지 않은 외국인이라 할지라도 외
국인 등록을 한 후 국민건강보험에 가입하면 혜택을 받을 수 있다.
단 국민기초생활보장제도의 의료급여를 받은 사람은 신청에서 제외
되며 이주자를 위한 한국어상담, 영어상담이 가능하다.

3) 의료급여제도

의료급여제도는 저소득층과 특수집단의 의료궁핍을 해결함으로써 의료의 사회화를 이루려는 서비스이다. 즉 일정수준 이하의 저소득층을 대상으로 그들이 자력으로 의료문제를 해결할 수 없는 경우 국가재정으로 의료혜택을 주는 공공부조제도이다. 의료수급권자로 선정된 저소득층은 의료급여 혜택을 받을 수 있다. 1종 수급권자는 국민기초생활수급권자(근로무능력세대) 등으로 무료의료서비스, 2종 수급권자는 국민기초생활보장수급권자(근로능력세대) 등으로 진료비, 의료비 일부를 부담한다. 이주자와 관련된 것으로는 다음과 같은 것이 있다.

① 무료진료서비스: 건강보험 및 의료급여 등에 의해서도 혜택을 받지 못하는 여성결혼이민자와 그 자녀에게 입원비 및 수술비를 무료로 지원해주는 서비스이다.

② 무료 정신건강서비스: 이민자의 경우 문화차이뿐만 아니라 여타의 요인 등의 스트레스에 노출되어 있다. 이러한 스트레스와 어려움을 극복하고 건강한 생활을 영위할 수 있도록 보건소에서는 정신보건센터를 두어 상담을 지원한다. 대상은 여성결혼이민자와 그 가족들이다.

③ 저소득층 무료진료서비스: 국민건강보험과 의료급여 등의 혜택을 받지 못하는 여성결혼이민자, 외국인근로자와 그 자녀, 노숙인이 이용할 수 있다. 입원에서 퇴원까지 발생하는 진료비와 당일 외래에서 받는 수술비를 지원한다.

④ 저소득층 방문진료서비스: 방문보건서비스로서 보건소 직원이

지역주민의 가정을 방문하여 의료서비스를 제공하거나 관련 의료기관에 연결해주는 건강관리사업이다.

4) 산업재해보상보험제도

이 제도는 피해근로자와 그 가족생존권을 보장할 뿐만 아니라 사회보장제도를 확립하기 위한 것이다. 이 보험은 사용자의 무과실책임주의에 입각하여 개별사용자의 위험부담을 다수 사용자의 공동부담으로 하는 보험방식으로 제도화한 것이다. 노조법상 외국인근로자의 노동권에 관한 별도의 제한 규정을 두고 있지 않으며 적합하게 체류자격을 얻어 취업한 외국인근로자에게 근로기준법, 최저임금법, 산업안전법 및 산재보험법 등 각종 노동관계법이 적용된다.

5) 고용보험제도

고용보험 제도는 실업의 예방, 고용의 촉진 및 근로자의 직업능력의 개발, 향상을 도모하고 국가의 직업지도, 직업소개 기능을 강화하며 근로자가 실업한 경우에 필요한 급여를 실시함으로써 근로자의 생활의 안정과 구직활동을 촉진하여 경제사회발전에 이바지함을 목적으로 제도화되었다. 실업보험이란 실업을 일종의 보험사고로 간주하고 보험원리에 의하여 근로자가 실직으로 소득을 상실하였을 경우에 생활의 안정을 위하여 일정기간 일정수준의 보험급여를 지급하는 일종의 사회보험을 말한다. 회사는 실업에 대비하여 사업주와 근로자가 매달 임금의 일정액을 고용보험료로 납부하고 근로자가 실직하게 되면 고용보험에서 사업급여를 지불하고 직업훈련을 받을 수 있도록 지원한다. 노조법상 외국인근로자의 노동권에 관한 별도의 제한 규정을 두고 있지 않으며 적합하게 체류자격을 얻어 취업한 외국인근로자에게 고용보험법 등 각종 노동관계법이 적용된다.

고용보험법의 경우 동법 시행령 제3조 제2항에 외국인근로자의 경우에 적용이 제외되는 것으로 규정하고 있다.[15] 다만 예외조항으로 출입국관리국 시행령에 따른 일정한 외국인에 적용을 한정시키고 있다.

3. 공공부조

공공부조는 생활능력을 상실한 자들과 일정한 생활수준에 달하지 못한 자들에 대해 국가가 그들의 최저생활보장과 자립촉진을 목적으로 수립한 직접적, 최종적인 경제적 보호제도라고 정의할 수 있다.

1) 국민기초생활보장제도

이 제도는 시민의 사회적 권리와 국가의 의무로서 수급권을 인정한 제도로 단순 생계지원에서 자립, 자활을 촉진하는 종합적인 빈곤

---

15) 제3조 제2항 외국인근로자. 다만, 다음 각 목의 어느 하나에 해당하는 자는 제외한다.
　　가. 「출입국관리법 시행령」 제12조에 따른 외국인의 체류자격 중 주재(D-7), 기업투자(D-8) 및 무역경영(D-9)의 체류자격을 가진 자(법에 따른 고용보험에 상응하는 보험료와 급여에 관하여 그 외국인의 본국법이 대한민국 국민에게 적용되지 아니하는 경우는 제외한다)
　　나. 「출입국관리법 시행령」 제23조 제1항에 따른 취업활동을 할 수 있는 체류자격을 가진 자(고용노동부령으로 정하는 바에 따라 보험 가입을 신청한 자만 해당한다)
　　다. 「출입국관리법 시행령」 제23조 제2항 제1호·제2호 및 제3호에 해당하는 자
　　라. 「출입국관리법 시행령」 제12조에 따른 외국인의 체류자격 중 재외동포(F-4)의 체류자격을 가진 자(고용노동부령으로 정하는 바에 따라 보험 가입을 신청한 자만 해당한다)
　　마. 「출입국관리법 시행령」 제12조에 따른 외국인의 체류자격 중 영주(F-5)의 체류자격을 가진 자

대책이라고 할 수 있다. 국민기초생활보장제도의 성격은 실업부조의 성격을 가지고 있는 것으로 근로능력이 있으나 노동시장에 참여하지 않는 사람들에게 구직활동을 비롯한 자활사업에 적극적으로 참여하는 것을 전제로 급여를 제공한다. 또한 근로능력이 있는 공공부조 수급자에게 근로관련 활동에 대한 참여를 의무화하는 것으로 조건부수급자에 대한 급여는 근로연계복지의 성격을 갖고 있다. 그리고 일정한 요건을 충족하는 경우 저소득근로자에게도 현금급여를 제공한다는 점에서 빈곤근로계층에 대한 보호제도로서의 성격을 지닌다. 국민기초생활보장 수급자로 선정되면 생계급여, 의료급여, 주거급여, 교육급여, 해산급여, 장제급여, 자활급여 등 7종의 급여를 보장받을 수 있다. 수급대상자의 신청자격으로서는 가족소득인정액이 최저생계비보다 적은 다음의 공통기준에 달하는 자가 해당된다. 이주자의 경우 ① 한국국적을 갖고 있는 여성결혼이민자/남편의 부모 또는 자녀가 없거나 있더라도 경제적 도움을 받을 수 없는 자, ② 한국국적이 없지만 외국인등록을 한 여성결혼이민자/한국국적의 만 20세 미만의 자녀를 양육하는 자, ③ 한국국적과 외국인 등록을 하지 않는 여성결혼이민자, ④ 본인은 대상으로서 불가하지만 대상자조건에 부합한 가족이 있는 경우 등에 해당된다.

국민기초생활보장법의 경우 2005년 12월 개정법률에서 외국인에 대한 특례조항을 신설하였다. 2007년 1월 1일부터 국내에 체류하고 있는 외국인 중 대한민국 국민과 혼인하여 대한민국 국적의 미성년 자녀를 양육하고 있는 사람으로서 소득인정액이 최저생계비 미만이거나 소득인정액이 최저생계비 이하에 해당되지 않더라도 생활이 어려운 자로서 일정기간 동안 국민기초생활보장제도의 급여 일부 혹은 전부가 필요하다고 보건복지부장관이 인정하는 자, 부양의무자가 있어도 부양능력이 없거나 부양받을 수 없는 경우 이 제도의 급여를 받을 수 있도록 규정하고 있다.

2) 자활근로

최저생계비를 받지 못하는 사람들에게 취업의 기회를 주는 것을 말한다. 기초생활수급자(소득인정액이 최저생계비 이하)와 차상위계층(최저생계비의 120%보다 적은 경우)은 자활근로사업에 참여할 수 있고 이주자의 경우 한국국적을 취득하지 못하였어도 한국국적의 미성년 자녀를 양육하고 있는 여성은 신청이 가능하다. 자활근로사업에 참여하면 급여를 받을 수 있을 뿐만 아니라 창업과 취업의 기회를 가질 수 있다

3) 긴급복지지원제도

저소득층의 생계형 사고와 각종 위기상황에 효과적으로 대처하기 위해 만들어진 공공부조 중 하나이다. 긴급지원자로 선정되면 필요에 따라 생계비, 의료비, 주거비, 사회복지시설이용, 동절기 연료비, 해산비 및 장제비를 지원받게 된다. 이민자 중 여성결혼이민자만이 지원을 받을 수 있는데 조항 중 제3항 가구구성원으로부터 방임(放任) 또는 유기(遺棄)되거나 학대 등을 당한 경우, 제4항 가정폭력을 당하여 가구구성원과 함께 원만한 가정생활을 하기 곤란하거나 가구구성원으로부터 성폭력을 당한 경우 등이다.16)

이주자관련 긴급복지지원법(제5조의 2; 외국인에 대한 특례)을 보면, 국내에 체류하고 있는 외국인 중 대통령령으로 정하는 사람이 제5조에 해당하는 경우에는 긴급지원대상자가 된다(본조신설 2009.5.28).

4. 사회복지서비스: 여성 및 아동지원제도

사회복지서비스는 국가, 지방자치단체 및 민간부문의 도움을 필요로 하는 모든 국민에게 상담, 재활, 직업소개 및 지도, 사회복지시설의 이용 등을 제공하여 정상적인 사회생활이 가능하도록 제도적으로 지원하는 것을 말한다. 사회복지서비스는 주로 사회적 약자, 즉 노인, 아동, 여성, 장애인 등을 대상으로 하는 것으로 관계법과 시설로는 다음과 같은 것이 있다.

① 국민기초생활보장법: 장애인재활시설, 장애인요양시설, 양노시설 등
② 아동복지법: 아동일시보호시설 등
③ 성매매방지 및 피해자보호 등에 관한 법률: 일반지원시설, 자활지원센터 등
④ 장애인복지법: 장애인생활시설 등
⑤ 노인복지법: 노인주거복지시설, 의료복지시설, 여가복지시설 등
⑥ 모부자복지법: 모자보호시설, 모자자립시설 등

---

16) 「재해구호법」, 「국민기초생활 보장법」, 「의료급여법」, 「사회복지사업법」, 「가정폭력방지 및 피해자 보호 등에 관한 법률」, 「성폭력방지 및 피해자보호 등에 관한 법률」 등 다른 법률에 따라 이 법에 따른 지원 내용과 동일한 내용의 구호·보호 또는 지원을 받고 있는 경우에는 이 법에 따른 지원을 하지 아니한다. [개정 2010.4.15. 제10261호(성폭력방지 및 피해자보호 등에 관한 법률)][시행일 2011.1.1.][전문개정 2009.5.28.]

⑦ 영유아복지법: 국공립보육시설 등

이주자 중 여성과 아동에 관련된 사회복지서비스는 다음과 같다.

1) 모부자가정복지

모부자가정이란 어머니 혹은 아버지 한 사람과 18세 미만의 자녀로 이루어진 가정을 의미하며 이 가정을 대상으로 양육비, 학비, 복지자 금 대여, 임대주택 우선입주 등의 혜택을 주는 제도이다. 국민기초생 활보장제도 등 다른 제도와 중복혜택을 받을 수 없다. 신청대상자는 한국국적을 취득한 국민임을 전제로 하여, 첫째, 남편과 사별, 이혼 또는 남편으로부터 버림받음, 남편의 장애, 남편의 가출, 남편이 행방 불명되거나 수감된 경우, 남편이나 남편의 가족으로 인해 본인이 가 출한 경우, 둘째, 본인의 한국국적 유무와 상관없이 한국국적의 18세 미만 자녀를 양육하는 경우, 셋째, 저소득층 등의 전제조건이 있다.

저소득층 한부모가족에게는 모자복지법에 의거하여 다양한 지원 을 하고 있다. 저소득 한부모가족 지원대상은 모 또는 부와 그에 의 해 양육되는 만 18세 미만의 자녀(취학한 20세 미만의 자녀 포함)로 이루어진 가정이다. 한부모가족 고등학생 자녀의 입학금 및 수업료 전액을 지급하고 6세 미만의 아동이 있는 경우 아동 1인당 월 5만 원씩 양육비를 지급한다. 전국에 저소득 한부모를 위한 모자자립시 설, 일시보호시설, 미혼모시설, 양육모 그룹홈 등이 전국에 총 85개 소가 운영되고 있다.

모부자복지법의 경우 2006년 12월 법률을 일부 개정하여 외국인 에 대한 특례조항을 신설하고 2007년 3월 시행령 제10조에 특례조항을 마련하였다. 법 제5조의 2에서 국내에 체류하고 있는 외국인 중 대한민국 국민과 혼인하여 대한민국 국적의 아동을 양육하고 있는 사람으로서 대통령령이 정하는 사람이 이 법에 따른 보호대상자가 된다고 규정하였다.

2) 성매매/가정폭력 방지 및 피해자 지원

성매매 방지 및 피해자보호 등에 관한 법률의 경우, 외국인 여성 지원시설 규정을 두고 있다. 이 시설은 외국인 여성 성매매 피해자를 대상으로 3개월 이내의 숙식을 제공하고 귀국을 지원하는 시설로 규정되어 있다. 이에 따라 2005년에 성매매 외국인 피해자를 위한 보호소 2개소가 마련되었으며, 2006년에는 1개소가 추가되어 운영되고 있다.

가정폭력방지 및 피해자보호 등에 관한 법의 경우, 가정폭력피해 여성의 보호시설로 외국인 보호시설 규정을 두고 있다, 이 시설은 배우자가 대한민국 국민인 외국인 등을 2년 범위 안에서 보호하는데 현재 2개소가 운영되고 있다.

이주여성 긴급전화 1366센터 및 1577-1366은 이주여성을 위한 위기상담센터로서 365일 24시간 운영되며 본 센터는 가정폭력, 성폭력, 성매매 등 폭력을 당했거나 긴급하게 보호받고 싶을 때 이용할 수 있다. 이주여성 전문상담원의 도움으로 위기상담, 국적, 체류문제 등과 같은 법률상담과 생활상담을 받을 수 있고, 한국어 외에 6개 국어(영어, 베트남어, 러시아어, 중국어, 태국어, 몽골어) 지원이 가능하며, 상담방법은 전화, 방문, 온라인 등이 가능하다(www.

wm1366.org). 그 외에도 여성의 건강지원과 관련하여 임산부의 경우 거주지확인서류(외국인등록증) 및 소득확인서류(국기법대상증명, 의료수급자 증명 등) 등을 지참하여 보건소를 방문하면 여성건강관련 서비스를 받을 수 있다. 그리고 만 5세 이하의 자녀가 보육시설이나 유치원에 다닐 경우 양육비를 지원받을 수 있으며 자녀가 보육시설이나 유치원에 다니지 않을 경우에는 가정육아비용을 지원받을 수 있다.

V. 이주자를 위한 정책과 법

우리나라는 사회복지법상 외국인 적용규정을 둠으로써 이주자의 사회권 실현에 노력하고 있으며 나아가 이주자를 주 대상으로 하는 법으로 '재한외국인처우기본법', '다문화가정기본법'을 제정하여 실행하고 있다. 이러한 재한외국인(이주자)에 대한 지원을 '재한외국인처우기본법', '다문화가정기본법'에 근거하여 살펴보면 다음과 같다.

우리나라는 '재한외국인처우기본법', '다문화가정기본법'을 제정하기에 앞서 국적법을 개정하였다. 2007년 개정된 국적법은 대한민국 국적을 취득하기 위해서는 출생에 의한 국적취득(국적법 제2조), 인지에 의한 국적취득(제3조), 귀화에 의한 국적취득(제4조) 등의 방법이 있는데 세부내용은 다음과 같다.

\<국적법\>

제2조 (출생에 의한 국적 취득)

① 다음 각 호의 어느 하나에 해당하는 자는 출생과 동시에 대한민국 국적(國籍)을 취득한다.

 1. 출생 당시에 부(父)또는 모(母)가 대한민국의 국민인 자

 2. 출생하기 전에 부가 사망한 경우에는 그 사망 당시에 부가 대한민국의 국민이었던 자

 3. 부모가 모두 분명하지 아니한 경우나 국적이 없는 경우에는 대한민국에서 출생한 자

② 대한민국에서 발견된 기아(棄兒)는 대한민국에서 출생한 것으로 추정한다.

[전문개정 2008.3.14.][본조제목개정 2008.3.14.]

제3조 (인지에 의한 국적 취득)

① 대한민국의 국민이 아닌 자(이하 '외국인'이라 한다)로서 대한민국의 국민인 부 또는 모에 의하여 인지(認知)된 자가 다음 각 호의 요건을 모두 갖추면 법무부장관에게 신고함으로써 대한민국 국적을 취득할 수 있다.

 1. 대한민국의「민법」상 미성년일 것

 2. 출생 당시에 부 또는 모가 대한민국의 국민이었을 것

② 제1항에 따라 신고한 자는 그 신고를 한 때에 대한민국 국적을 취득한다.

③ 제1항에 따른 신고 절차와 그 밖에 필요한 사항은 대통령령으로 정한다.

[전문개정 2008.3.14.][본조제목개정 2008.3.14.]

제4조 (귀화에 의한 국적 취득)

① 대한민국 국적을 취득한 사실이 없는 외국인은 법무부장관의 귀화허가(歸化許可)를 받아 대한민국 국적을 취득할 수 있다.

② 법무부장관은 귀화허가 신청을 받으면 제5조부터 제7조까지의 귀화 요건을 갖추었는지를 심사한 후 그 요건을 갖춘 자에게만 귀화를 허가한다.

③ 제1항에 따라 귀화허가를 받은 자는 법무부장관이 그 허가를 한 때에 대한민국 국적을 취득한다.

④ 제1항과 제2항에 따른 신청절차와 심사 등에 관하여 필요한 사항은 대통령령으로 정한다.

[전문개정 2008.3.14.][본조제목개정 2008.3.14.]

1. 재한외국인처우기본법(2007)

재한외국인처우기본법은 재한외국인에 대한 처우 등에 관한 기본적 사항을 정함으로써 재한외국인이 대한민국 사회에 적응하여 개인의 능력을 충분히 발휘할 수 있도록 하고 대한민국 국민과 재한외국인이 서로를 이해하고 존중하는 사회 환경을 만들어 대한민국의 발전과 사회통합에 이바지함을 목적으로 제정되었다. 여기서 '재한외국인'이란 대한민국의 국적을 가지지 아니한 자로서 대한민국에 거주할 목적을 가지고 합법적으로 체류하고 있는 자를 말한다(제2조의 1). '재한외국인에 대한 처우'란 국가 및 지방자치단체가 재한외국인을 그 법적 지위에 따라 적정하게 대우하는 것을 말한다(제2조의 2). '결혼이민자'란 대한민국 국민과 혼인한 적이 있거나 혼인관계에 있는 재한외국인을 말한다(제2조의 3). 그리고 제4조 다른 법률과의 관계에서 국가는 재한외국인에 대한 처우 등과 관련된 다른 법률을 제정 또는 개정하는 경우에는 이 법의 목적에 맞도록 하여야 한다고 명시하고 있다. '재한외국인처우기본법' 중 이주자들의 복지와 관련된 조항 및 내용은 다음과 같다.

<재한외국인처우기본법>

제10조 (재한외국인 등의 인권옹호)
국가 및 지방자치단체는 재한외국인 또는 그 자녀에 대한 불합리한 차별방지 및 인권옹호를 위한 교육·홍보, 그밖에 필요한 조치를 하기 위하여 노력하여야 한다.

제11조 (재한외국인의 사회적응 지원)
국가 및 지방자치단체는 재한외국인이 대한민국에서 생활하는 필요한 기본적 소양과 지식에 관한 교육·정보제공 및 상담 등의 지원을 할 수 있다.

제12조 (결혼이민자 및 그 자녀의 처우)
① 국가 및 지방자치단체는 결혼이민자에 대한 국어교육, 대한민국의 제도·문화에 대한 교육, 결혼이민자의 자녀에 대한 보육 및 교육지원, 의료지원 등을 통하여 결혼이민자 및 그 자녀가 대한민국 사회에 빨리 적응하도록 지원할 수 있다.
② 제1항은 대한민국 국민과 사실혼 관계에서 출생한 자녀를 양육하고 있는 재한외국인 및 그 자녀에 대하여 준용한다.

이와 같이 재한외국인처우기본법은 이주자의 증가와 함께 내국인과 이주자 간의 다문화에 대한 이해증진 및 사회적응지원을 목적으로 하는 것으로 국적취득 후 적응지원의 경우에는 결혼이민자에 대한 국어교육, 대한민국의 제도와 문화에 대한 교육, 결혼이민자의 자녀에 대한 보육 및 교육지원, 의료지원 등을 들 수 있다. 그리고 외국인종합안내센터를 마련하여 전화 또는 전자통신망을 이용하여 재한외국인과 대한민국에 체류하는 외국인은 이 센터를 통해 외국어로 민원을 안내, 상담받을 수 있다(www.hikorea.go.kr).

2. 다문화가족지원법(2008)

2008년에 제정된 다문화가족지원법은 다문화가족 구성원이 안정적인 가족생활을 영위할 수 있도록 함으로써 이들의 삶의 질 향상과 사회통합에 이바지하기 위해 제정된 것이다. 다문화가족이란 재한외국인처우기본법 제2조 제3호의 결혼이민자와 국적법 제2조(출생 당시에 부(父) 또는 모(母)가 대한민국의 국민인 자)부터 제4조까지의 규정에 따라 대한민국 국적을 취득한 자로 이루어진 가족이다. 그리고 국적법 제3조(인지에 의한 국적 취득) 및 제4조(귀화에 의한 국적 취득)에 따라 대한민국 국적을 취득한 자와 같은 법 제2조부터 제4조까지의 규정에 따라 대한민국 국적을 취득한 자로 이루어진 가족이다. 또한 '결혼이민자 등'이란 다문화가족의 구성원으로서 다음의 각 목의 어느 하나에 해당하는 자를 말한다. 즉 재한외국인 처우기본법 제2조 제3호의 결혼이민자와 국적법 제4조에 따라 귀화허가를 받은 자이다. 재한

외국에 대한 지원을 '다문화가족지원법'에 근거하여 살펴보면, 다문화가족에 대한 지원으로는 다문화가족에 대한 이해증진, 생활정보제공 및 교육지원, 가정폭력 피해자에 대한 보호와 지원, 의료 및 건강관리 지원, 보육·교육지원, 다국어 서비스 제공 등이 있다. '다문화가족지원법' 중 이주자들의 복지와 관련된 조항 및 내용은 다음과 같다.

<다문화가족지원법>

제5조 (다문화가족에 대한 이해증진)
① 국가와 지방자치단체는 다문화가족에 대한 사회적 차별 및 편견을 예방하고 사회구성원이 문화적 다양성을 인정하고 존중할 수 있도록 다문화이해교육과 홍보 등 필요한 조치를 하여야 한다.

제6조 (생활정보 제공 및 교육지원)
① 국가와 지방자치단체는 결혼이민자 등이 대한민국에서 생활하는 데 필요한 기본적 정보를 제공하고 사회적응교육과 직업교육·훈련 및 언어소통 능력 향상을 위한 한국어교육 등을 받을 수 있도록 필요한 지원을 할 수 있다.

제7조 (평등한 가족관계의 유지를 위한 조치)
국가와 지방자치단체는 다문화가족이 민주적이고 양성평등한 가족관계를 누릴 수 있도록 가족상담, 부부교육, 부모교육, 가족생활교육 등을 추진하여야 한다. 이 경우 문화의 차이 등을 고려한 전문적인 서비스가 제공될 수 있도록 노력하여야 한다.

제8조 (가정폭력피해자에 대한 보호·지원)

---

① 국가와 지방자치단체는「가정폭력방지 및 피해자 보호 등에 관한 법률」에 따라 다문화가족 내 가정폭력을 예방하기 위하여 노력하여야 한다.[17]

제9조 (의료 및 건강관리를 위한 지원)

① 국가와 지방자치단체는 결혼이민자 등이 건강하게 생활할 수 있도록 영양, 건강에 대한 교육, 산전·산후도우미 파견, 건강검진 등의 의료서비스를 지원할 수 있다.

② 국가와 지방자치단체는 결혼이민자 등이 제1항에 따른 의료서비스를 제공받을 경우 외국어통역서비스를 제공할 수 있다.

제10조 (아동보육, 교육)

국가와 지방자치단체는 아동보육, 교육을 실시함에 있어 다문화가족구성원인 아동을 차별하여서는 안 된다. 국가와 지방자치단체는 다문화가족구성원인 아동이 학교생활에 신속히 적응할 수 있도록 교육지원대책을 마련하여야 하고 특별시, 광역시, 도, 특별자치도의 교육감은 다문화가족구성원인 아동에 대해 학과 외에 또는 방과 후 교육 프로그램 등을 지원할 수 있다.

제12조 (다문화가족지원센터의 설치, 운영 등)

국가와 지방자치단체는 다문화가족지원센터[18]를 설치, 운영할 수 있다.

제16조 (민간단체 등의 지원)

국가와 지방자치단체는 다문화가족지원 사업을 수행하는 단체나 개인에 대하여 필요한 비용의 전부 또는 일부를 보조하거나 그 업무수행에 필요한 행정적 지원을 할 수 있다. 국가와 지방자치단체는 결혼이민자 등이 상부상조하기 위한 단체의 구성, 운영 등을 지원할 수 있다.

이상과 같이 이주자를 위한 사회권이 구체적으로 실현되는 것으로 사회보장기본법, 국적법 개정을 기반으로 재한외국인처우기본법, 다문화가족지원법 등의 내용을 <그림 2>와 같이 나타낼 수 있다.

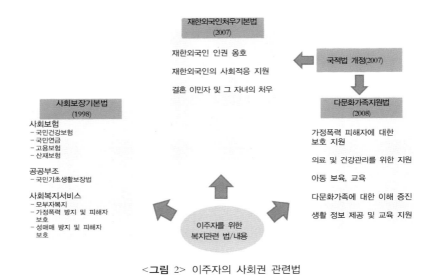

<그림 2> 이주자의 사회권 관련법

---

17) 여기서 가족폭력이란 가정 구성원 사이의 신체적, 정신적 또는 재산상 피해를 수반하는 행위를 말한다. 가정폭력에 관한 자세한 내용은 http://oneclick. law.go.kr의 다문화가족－다문화가족지원－가정폭력피해자보호에서 확인할 수 있다. 국가와 지방자치단체는 가정폭력으로 피해를 입은 결혼이민자 등을 보호, 지원할 수 있다. 국가와 지방자치단체는 가정폭력의 피해를 입은 결혼이민자 등에 대한 보호 및 지원을 위하여 외국어통역서비스를 갖춘 가정폭력 상담소 및 보호시설의 설치를 확대하도록 노력하여야 한다.

18) 이 지원센터는 다문화가족을 위한 교육 및 상담 등 지원사업 실시, 일자리에 관한 정보제공 및 일자리의 알선, 다문화가족 지원관련기관, 단체와의 서비스연계 등의 사업을 수행한다. 국가와 지방자치단체는 지원센터에 대한 예산의 범위에서 업무를 수행하는 데 필요한 비용의 전부 또는 일부를 보조할 수 있다. 다문화가족지원센터는 보건복지부에 소속되어 있었으나 2010년 여성가족부로 이관되었으며 2012년 현재 전국 201개 센터가 운영되고 있다. 다문화가족은 다문화가족지원센터를 통해 생활에 필요한 정보를 제공받고 교육지원, 가정폭력 피해자에 대한 보호, 지원 및 의료, 건강관리지원, 아동보육, 교육지원 및 다국어서비스를 받을 수 있다.

Ⅵ. 이주자들의 사회권은 어느 정도 실현되고 있는가: 법과 현실의 격차(gap)

정책의 실행주체는 정부로, 정책은 의제 선정, 해결 또는 대책과 관련하여 정책결정자의 가치관, 이념에 영향을 받는다. 또한 정책은 실행을 전제로 하는 것으로 비용은 필수불가결한 요소이다. 재정지원은 정책시행을 좌우하며 정책 자체의 질을 결정짓게 한다. 정책이 정부의 활동을 의미한다면 재원조달은 국민의 동의가 필요한 부분이다. 따라서 정책은 법으로 구현되고 조직을 통해 시행되는 과정에서 현실과의 격차(gap)를 보이게 된다.

현재 이주자의 복지와 관련된 법과 제도는 그 실행에 있어 실제 이주자의 현실과 격차를 보이고 있는데 그 현상을 살펴보면 다음과 같다.

1. 재한외국인처우기본법(The Act on the Treatment of Foreigners in Korea)

제18조(다문화에 대한 이해증진)의 경우 "국가 및 지방자치단체는 국민과 재한외국인이 서로의 역사, 문화 및 제도를 이해하고 존중할 수 있도록 교육, 홍보, 불합리한 제도의 시정이나 그 밖에 필요한 조치를 하기 위해 **노력하여야 한다**", 제11조(다국어에 의한 서비스 제공)의 경우 "국가와 지방자치단체는 지원정책을 추진함에 있어

결혼이민자 등의 의사소통의 어려움을 해소하고 서비스 접근성을 제고하기 위해 다국어에 의한 서비스 제공이 이루어지도록 **노력하여야 한다**"라고만 규정함으로써 다문화공존을 위한 실효적이고 적극적인 의무와 책임을 회피하고 있다. 킴리카(Kymlicka)는 법, 제도 등 국가수준의 다문화주의 정책과 구분하여 다문화적 시민이 지녀야 할 지식, 신념, 미덕 등 개별시민 수준의 다문화주의를 제시하고 있다. 그의 주장에 따르면, 다문화주의는 자신과는 다른 문화에 대해 더 많은 지식을 갖는다고 해서 호감이 늘어가는 것이 아니며 다른 민족의 신념, 차이 그 자체를 인정하는 것이 필요하다. 따라서 다문화교육은 다른 문화의 내용을 깊이 이해하는 것이 아니라 문화적 차이가 분명하기에 다른 것을 인정하면서 공존하는 방식을 알게 하는 것이다.[19] 그런데 이러한 다문화에 대한 인정은 이주자에 대한 차별을 없애지는 못한다. 이를 위해서는 다문화성을 고려한 다양화된 공공정책을 시행해야 한다. 즉 민족, 인종, 문화, 종교에 관련된 차별의 문제에 대해 법률을 제정하여 적용하거나 법 규정에서 '~노력해야 한다'가 아니라 '~ 필요한 지원을 한다' 또는 '~필요한 조치를 한다'라고 개정하여 다문화공존을 위한 실효성 있고 적극적인 의무와 책임을 다할 수 있어야 한다고 보고 있다.

---

19) Will Kymlicka, *Multicultural Citizenship: A Liberal Theory of Minority Rights(Oxford Political Theory)* (New York: Oxford University Press, 1995).

2. 사회보장기본법에서 이주민 적용: 법과 현실

사회보장기본법 중 사회보험과 관련하여 이주자 관련 법과 제도는 실행에 있어 현실과의 격차를 보이고 있다.

이주자들의 사회보험 수혜 정도를 보면, 국민건강보험 97.4%, 국민연금 16.7%, 고용보험 10.5%, 산재보험 9.1% 등 가입했으며 공공부조와 관련하여 국민기초생활보장제도 60.6%, 의료보호제도 56.8%가 수혜자로 나타났다.[20] 이주자들을 전문기술직과 비전문인력으로 나누어볼 때 <그림 3>의 경우 외국인력 중 전문기술직의 경우 건강보험 76.6%, 국민연금 50.1%, 산재보험 31.9%, 고용보험 35.7%만이 가입되고 있음을 보여주고 있다.[21] <그림 4>에서 보듯 비전문인력의 경우, 건강보험과 산재보험이 각각 95.1%, 93.8%의 높은 가입률

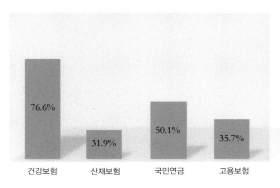

전문기술직의
사회보험 가입률
(전경옥, 2011)

<**그림 3**> 전문기술직의 사회보험 가입률

---

20) 김승권 외, 『2009년 전국 다문화가족실태조사 연구』(한국보건사회연구원 정책보고서, 2010).
21) 전경옥 외, 『재한 외국인 사회통합 지표 및 지수 측정』(법무부 출입국·외국인정책본부 연구용역보고서, 2011).

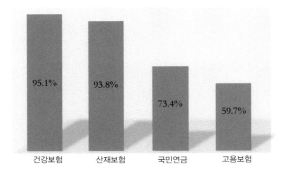

<그림 4> 비전문인력의 사회보험 가입률

을 보인 반면 국민연금은 73.4%, 고용보험은 상대적으로 다른 보험에 비해 낮은 59.7%의 가입률을 보인다.[22] 영주권자의 경우도 노조가입 및 활동에서 93.5%가 가입하고 있지 않은 것으로 나타났다.[23] 전문기술직의 경우 투표참여경험은 73.9%, 시민단체 가입 및 활동은 91.1%, 언론기고 등 적극적 사회활동은 96.2%가 없는 것으로 나타났다. 그리고 경제적 피해 17.6%, 신체적 폭력 4.6%, 언어적 폭력 23.3% 등을 경험한 것으로 나타났다.[24]

특히 이주자의 건강보험 적용을 보면, 건강보험의 적용을 받는 외국인 수는 2009년 2월 말 현재 총 357,947명으로 직장가입자 214,918명, 지역가입자 86,871명이다. 그러나 현재 총체류외국인 수는 1,145,351명이고 등록외국인은 863,184명인 것으로 현저히 적은 수의 외국인만이

---

22) 오계택·이정환·이규용, 『이주노동자에 대한 한국인의 인식: 일터를 중심으로』(서울: 한국여성정책연구원, 2007).

23) 설동훈, 『국내거주 영주권자 실태조사 및 사회통합도 측정』(경기도: 법무부 출입국·외국인정책본부, 2010).

24) 전경옥 외, 『재한 외국인 사회통합 지표 및 지수 측정』(법무부 출입국·외국인정책본부 연구용역보고서, 2011).

건강보험 적용을 받고 있다. 가입률이 낮은 이유 중의 하나는 등록 이주노동자라 하더라도 농업, 어업, 건설업, 서비스업(간병, 가사도우미)에 취업한 이주노동자들은 직장의료보험이 아닌 지역의료보험에 가입해야 한다는 점이다. 이 지역의료보험은 이주자들의 경우 3개월 선납을 원칙으로 하고 있다. 이주노동자에게 이 비용(9%)은 본인의 소득수준보다 높아 지불이 어려워 가입률이 저조하다. 미등록 이주노동자와 그들의 자녀는 지역의료보험조차 가입 불가능하여 의료사각지대에 놓여 있다.25)

따라서 이주자들의 사회보험 중 건강보험의 적용과 관련하여 법과 현실의 격차를 줄이기 위해서는 농업, 어업, 건설업, 서비스업에 종사하는 이주노동자들이 지역의료보험에 가입할 수 있도록 이들 외국인에 대해 지역의료보험료를 현실화해야 한다. 또한 미등록 이주노동자와 그들의 자녀, 난민신청자 등 건강보험에 가입할 수 없는 이주민의 건강권을 보호하기 위해 최소한의 예방조치 및 응급상황 시 도움을 받을 수 있도록 관련 법률을 개정해야 한다.

이와 함께 건강보험제도와 정기검진에 대한 홍보와 안내가 필요할 뿐만 아니라 사업자가 건강보험에 외국인노동자를 미가입할 경우 가입을 강제하는 제도가 필요하다.

또한 이주노동자의 산업재해와 관련하여 국내에서 활동하는 이주노동자가 증가하면서 산업재해도 정비례로 늘고 있는 것으로 나타났다. 2011년 서울시에 따르면 2010년 산재발생 노동자 중 외국인이 5.7%를 차지하고 있으며 이주노동자 중 82.9%가 제조업, 단순기

---

25) NGO네트워크, 『경제적, 사회적, 문화적 권리에 관한 NGO 반박보고서』, 사회권규약 제3차 반박보고서로 UN 경제사회문화적 권리위원회 제출(2009.10).

능직에 종사하고 있어 이러한 근로환경으로 인해 노동자의 산재발생률은 지속적으로 증가하고 있는 추세이다. 이주노동자의 산재사례가 늘고 있지만 2011년 실태조사에 따르면 건강보험법상 의무가입 보험인 건강보험을 이주노동자에게 가입시키지 않는 사업주가 전체의 10%에 이른다. 또한 이주노동자도 의무적으로 정기건강검진을 받아야 함에도 응답자의 34%가 받지 못했으며 검사결과에 대한 통보도 17%가 받지 못한 것으로 나타났다.26)27)

이주노동자들의 산업재해를 줄이기 위해서는 산업재해보상과 관련 이주노동자들이 이해할 수 있는 언어로 진행되는 산업안전교육을 의무화해야 한다. 이주노동자에 대한 산업안전교육 및 예방조치는 이들이 한국어를 이해하지 못한다는 특수성이 고려되어야 하나 통역자 풀 조성 외에는 이를 위한 노력이 부족하며 이들이 일하는 작업환경이 사고의 위험에 노출되어 있다. 위험한 작업환경을 개선하기 위한 정부의 조치가 부재한 데다 한국어를 몰라 작업내용이나 위험을 인지하지 못하는 경우가 많아 국내노동자에 비해 이주노동자의 재해율 및 사망률이 증가하고 있다. 이들의 노동환경을 개선하기 위해 시설감독 및 산업안전교육 등의 조치가 실효적으로 이루어져야 하며 이들이 이해할 수 있는 언어로 진행되는 산업안전교육의 이행 의무화가 이루어져야 한다.

이주자들을 위한 사회복지관련법에서 비국적자에 대한 차별을 예

---

26) 같은 글.

27) 2010년 경남이주민센터의 조사에 의하면 산업안전과 보건교육을 최근 1년 내 받지 못한 수가 전체의 58%, 직장 내 모국어 안전수칙 여부에 대해 21%가 있다고 답하였다. 산재발생 시 30%는 본인 전액부담, 16.8%는 사업주와 공동부담, 산재보험처리 19.7%, 사업주 전액부담 18.4%, 회사거부 34.9%, 해고에 대한 두려움이 20.9%로 여전히 산재발생 시 사업주가 산재신청을 기피하고 있는 것으로 나타났다(NGO네트워크, 2009).

방하기 위한 입법조치에서 재한외국인처우기본법 제2조는 동 법의 적용대상을 극히 좁게 해석하여 대다수의 비숙련이주노동자를 비롯한 난민(asylum seekers), 미등록 체류자를 배제하고 있어 비국적자 전체를 대상으로 한 입법조치라고 볼 수 없다. 처우기본법 이외에 비국적자의 사회보장의 준거법이 되는 '사회보장기본법'은 외국인에 대한 사회보장을 상호주의에 그 근거를 두고 있어[28] 비국적자가 동 협약상의 사회보장권을 향유하는 데 근본적인 제약이 되고 있다. 따라서 대한민국 내 체류 외국인의 다수인 비숙련 이주노동자를 비롯한 비호자, 미등록체류자의 기본적 법적 처우를 보장하기 위해 관련 법률의 개정이 필요하다.[29]

결혼이주여성의 법적 지위에 있어서 한국인과 결혼한 외국인에 대해 발급되는 F-2-1 비자는 신청 및 연장 시 배우자의 신원보증이 필요하며 배우자가 신원보증을 해지할 경우 외국인은 미등록상태가 된다. 영주권이나 국적 취득신청은 2년 이상 거주했을 것과 남편의 신원보증, 3천만 원 이상의 재산을 요건으로 하고 있다. 결혼이주여성의 체류지위는 혼인 중이라 하더라도 배우자가 신원보증을 철회하면 언제든지 체류자격을 상실하는 등으로 배우자에 지나치게 의존하고 있어 가정폭력 등에 취약하게 하는 원인이 되고 있다. 이들 여성이 가정폭력 상황에 놓이거나 이혼소송을 진행하게 될 경우 이들을 위한 시설이나 거처가 전무하여 이들의 적당한 생활을 누릴 권리 역시 보장되지 못하고 있다

---

28) 사회보장기본법 제8조 외국인에의 적용: 국내에 거주하는 외국인에 대한 사회보장제도의 적용은 상호주의의 원칙에 의한 관계법령에 따른다.

29) 민주사회를 위한 변호사모임, 『2011 한국인권보고서』(서울: 민주사회를 위한 변호사모임, 2012).

이주자들에게 복지관련법에 대한 정보제공 서비스 지원이 필요하다. 현재 사회보장기본법, 재한외국인처우기본법, 다문화가족지원법 등 다양한 법률에 외국인 지원규정이 있으나 지원규정이 분산되어 있기에 이주민의 정보부족, 제한적 적용 등으로 이주민의 사회권 실현에 한계를 보이고 있다. 현실적으로 국내 결혼이민자들의 경우 정보부족과 빈곤 때문에 약 70%만이 건강보험 혜택을 보는 것으로 알려져 있다. 국가의 의무 안에서 복지의 이해는 건강, 교육 등과 같은 적극적 권리를 이주자들이 인식할 수 있도록 이주자들을 위한 복지관련 정보교육도 중요한 사회복지서비스로서 국가의 역할이라고 하겠다.

전반적으로 이주자를 위한 정책 및 법과 관련하여 핵심목표가 외국인 인권보호가 아니라 국가경쟁력 강화라는 점, 다문화정책을 표방하면서도 실제로는 당위성이 아니라 임의적 규정에 머무르고 있다는 점 등에서 한계를 보여주고 있다. 그리고 이주자를 위한 정책은 국제사회의 보편적 기준에서 볼 때 부족하다는 평가를 받고 있다. 유엔인권이사회는 2008년 국가별 인권상황 정기검토에서 한국정부에 대해 33개 권고사항을 제시하였다. 이러한 상황에 대해 'UN 경제사회 문화적 권리위원회'에서는 이주자에 대한 사회권의 이행을 촉구하고 있다.[30] 특히 인권위는 이주여성노동자 차별방지, 이주여성에 대한 폭력예방 및 모성보호, 이주아동의 교육권과 건강권에 대한 보장을 위한 정책을 마련할 것을 제시하고 있다.

---

30) 이러한 상황에 대해 2009년 한국NGO 단체가 "UN 경제사회문화적 권리위원회"에 제출한 '경제적, 사회적, 문화적 권리에 관한 NGO반박보고서'와 민주사회를 위한 변호사 모임의 『2011 한국인권보고서』를 보면 자세히 알 수 있다.

Ⅶ. 이주자를 위한 사회권 실현은 가능한가?

1. 차이를 고려한 보편주의(differentiate universalism)적 사회권

이주자들을 위한 복지가 배제가 아닌 포용을 실현하는 최선의 방법으로서 차이를 고려한 보편주의 사회권을 들 수 있다. 이솝 우화 중『여우와 두루미』는 이러한 새로운 사회권을 보여주는 중요한 예가 될 수 있다.

> 어느 날 여우는 두루미를 저녁식사에 초대했다. 그는 넓고 납작한 접시에 얇게 국물만 깐 스프를 식사로 내놓았다. 여우는 손쉽게 이 스프를 먹을 수 있었지만 두루미는 길고 좁은 부리로 한 입도 먹을 수 없었다. 몇 주 후 두루미는 여우를 자기 집에 초대하였다. 여우는 실망스럽게도 음식들이 목이 좁은 병에 담겨 있다는 것을 알았다. 황새는 쉽게 긴 목과 부리를 밀어 넣을 수 있었지만 여우는 병의 목 주변만을 핥는 것으로 만족해야 했다(이솝, 여우와 두루미, 연대미상).

여우와 두루미가 평등하게 저녁식사를 하기 위해서는 식사를 할 수 있는 동등한 기회뿐만 아니라 각자 식사를 하는 데 있어 자신에게 적합한 그릇을 선택할 수 있어야 한다는 것이다. 즉 여우에게는 접시를, 두루미에게는 호리병으로 각각의 조건에 맞는 그릇을 선택할 수 있어야 한다는 것이다. 이는 기회의 평등에서 한 단계 진일보한 조건의 평등으로 나아가는 것을 의미한다. 사회권은 사회구성원에게 주어지는 하나의 지위로서 이를 소유한 모든 사람은 동등한 입장에서 지위에 부여된 권리 및 의무를 갖는다고 할 때, 이주자를 위한 사회권은 차이를 고려한 조건적 평등으로 보편주의(differentiate universalism) 사회권이 되어야 한다.31)

　보편주의를 기반으로 하는 사회권과 함께 조건의 평등으로 재규정되는 차이를 고려한 새로운 사회권은 평등이나 보편성의 희생 없이 특수화될 수 있는 것으로 계급, 성, 인종 등 다양성 안에서 시민으로서 구체적인 집단의 상황을 고려할 수 있어야 한다. 특히 사회권은 시장, 국가를 중심으로 한 공적 영역에서 나아가 사적 영역을 포함해야 하는 것으로, 사적 영역에서 가사노동과 양육 그리고 보살핌을 전담하는 결혼이주여성들의 욕구를 보장해 주는 것으로 사회권 실현의 기준이 될 수 있다. 즉 결혼이주여성들의 유급노동 또는 다문화교육에의 접근을 향상시키기 위해서는 개별가구에서 보살핌 부담을 경감시키는 서비스를 정책할 수 있어야 한다. 이것은 결혼이주여성의 삶에서 경제적 급부, 다문화교육과 보살핌의 수행을 포함하는 사회권 개념의 확장으로 여성 친화적(women-friendly) 복지조건이라고 할 수 있다. 이와 같이 사회권은 이주자의 삶의 현실을 반영하고 이들의 욕구를 인식하는 등 포괄적인 개념으로서 조건적 평등을 실현하는 권리가 되어야 한다. 즉 이주자를 위한 복지는 내국인을 대상으로 하는 사회복지제도뿐만 아니라 이주자들의 사회적, 문화적 적응 등 이들의 욕구, 즉 니드(need)를 기반으로 한 복지제도

---

31) Ruth Lister, *Citizenship: Feminist Perspectives* (New York City: New York University Press, 1997), p.70.

가 필요하다. 현재 우리나라는 이주자를 위한 복지제도로 사회보장 기본법과 재한외국인처우기본법, 다문화가족지원법이 시행되고 있으나 법이 현실적으로 이주자에게 적용되는 정도를 고려할 때 법 규정뿐만 아니라 법과 이주자에게 적용되는 정도로서 현실을 보면 많은 이주자들이 복지수혜에서 배제되고 있다. 앞으로 이주자들을 위한 복지 개선과 관련하여 보편주의와 차이를 기반으로 한 사회권의 확장은 이주자들을 위한 다른 권리의 부여가 아니라 지금까지 사회복지에서 배제되었던 집단이 사회적으로 사회권을 실현할 수 있는 승인을 받게 된다는 것을 의미한다고 할 수 있다. 이런 점에서 배제가 아닌 평등과 차이를 기반으로 한 차이를 고려한 보편주의 사회권은 실질적으로 이주자를 위한 포용모델이 될 수 있으며 사회권의 실천으로 가는 길일 수 있다.

2. 이주자들을 위한 복지거버넌스 구축

차이를 고려한 보편주의적 사회권을 실천하는 것과 관련하여 지금까지는 복지법은 정책을 만들고 이를 입법화하는 소수의 사람들에 의해 이루어져 왔다. 앞으로 우리나라는 정주하는 외국인이 증가하고 거주기간이 장기화될수록 공존을 위한 과제는 다양해질 수 있다. 즉 임시체류를 목적으로 하거나 거주역사가 짧은 외국인들은 제도적 권리확보를 요구하기보다는 당장의 일상생활 영위에 필요한 서비스를 받는 것이 더 절실하다. 그러나 거주가 장기화되고 2세가 태어나거나 정주를 계획하게 되면서 보다 나은 직업, 교육, 의료, 사회보장, 정치적 권리 등을 둘러싼 시민적 권리확보와 제도적 차별반대에 대한 요구가 거세질 수 있고 다른 이민국가에서 경험한 갈등과 충돌의 가능성도 배제할 수 없다.

공식적으로 다문화주의 정책을 공표하고 시행하는 국가들은 이주한 자들에게 가능한 모든 기회와 접근성을 제공하여 정착할 수 있도록 지원하는 시스템을 마련하고 있는데 적어도 법과 제도, 복지수준에 있어 어떤 이주자 집단도 배제와 차별의 대상이 되지 않도록 하고 정착지원서비스와 통합적이고 공평한 복지서비스가 되어야 한다는 것이다.

사회권의 실현으로서 사회복지는 인간의 존엄성에 기초한 모든 사람이 요구할 수 있는 권리를 기반으로 하는 것을 의미한다. 자신의 권리를 위협받지 않고 두려움 없이 자유롭게 말할 수 있는 개인적 권리이자 공동의 목소리를 낼 수 있는 공동의 권리이다. 이주국가는 이주자들이 권리에 대해 자기 목소리를 낼 수 있는 환경을 제공하고 교육권, 의료권, 주거권 등에 대해 법률을 제정하는 것에서 나아가 사회복지서비스나 프로그램을 제공해야 할 의무를 가지고 있으며 그런 역할을 해야 한다. 그런데 이러한 복지서비스나 프로그램의 수행은 국가가 시행주체이나 국가는 시장, 사회단체 등과 함께 어떻게 지역사회의 이주자들에게 이러한 서비스와 프로그램을 제공할 것인지를 고려해야 한다. 현재 이주자를 위한 사회복지는 다음과 같은 법적 근거에 의해 중앙정부, NGO 기관 등에 의해 수행되고 있다.

① 재한외국인 처우기본법 제3조(국가 및 지방자치단체의 책무): 국가 및 지방자치단체는 제1조의 목적을 달성하기 위하여 재한외국

인에 대한 처우 등에 관한 정책의 수립, 시행에 노력하여야 한다.

② 제21조(민간과의 협력): 국가 및 지방자치단체는 외국인정책에 관한 사업 중의 일부를 비영리법인 또는 비영리단체에 위탁할 수 있고 그 위탁한 사업수행에 드는 비용의 일부를 지원하거나 그 밖에 필요한 지원을 할 수 있다.

그런데 이주자들을 위한 복지제도를 시행하는 데 있어 이주자들의 참여는 중요하다. 차이를 기반으로 한 보편주의적 사회권에서 이주자들의 니드(need)를 고려하는 것이 기본이다. 따라서 복지제도를 시행함에 있어 이주자들의 목소리를 듣고 이해하는 것은 복지제도의 효율성을 고려할 때 매우 중요한 사안이 된다. 우리나라에서 이주자를 위한 복지는 위로부터의 정책도 중요하지만, 이주자, NGO 등 아래로부터의 요구도 중요한 것으로 이주자 및 내국인이 함께하는 다문화사회를 위해서는 이주자들의 참여와 함께 정부뿐만 아니라 민간기업과 시민단체 등 다양한 주체들의 주도적인 역할과 파트너십 즉 거버넌스 형태로 이루어져 할 것이다. 이와 같이 이주자들을 위한 복지거버넌스 구축은 이주자들에게 새로운 사회권을 실현하는 기반이 될 것이며 이주자들에게 우리나라는 '매력적인 한국', '정서적으로 한국인'으로 다가갈 것이다.

<참고문헌>

국가법령정보센터, http://www.law.go.kr/IsBdy.

김승권 외, 2010, 『2009년 전국 다문화가족실태조사 연구』, 한국보건사회연
　　구원 정책보고서.

김영란, 2002, 「사회권 재정립에 관한 연구: 배제에서 포용으로」, ≪사회복지
　　정책≫, 제13권, 140~171쪽.

미국국가정보원, 2005, 『2020년 미래 세계예측』, www.cia.gov/nic.

민주사회를 위한 변호사모임, 2012, 『2011한국인권보고서』, 서울: 민주사회
　　를 위한 변호사모임.

법무부, 2011, 『출입국통계연보』, www.immigration.go.kr.

설동훈, 2010, 『국내거주 영주권자 실태조사 및 사회통합도 측정』, 경기도:
　　법무부 출입국·외국인정책본부.

오계택·이정환·이규용, 2007, 『이주노동자에 대한 한국인의 인식: 일터를
　　중심으로』, 서울: 한국여성정책연구원.

이성순, 2011, 『이민자의 인권과 복지, 의료제도의 이해』, 경기도: 법무부 출
　　입국·외국인정책본부.

이혜경, 2005, 「혼인이주와 혼인이주가정의 문제와 대응」, ≪한국인구학≫,
　　제28권 제1호, 73~106쪽.

전경옥 외, 2011, 『재한 외국인 사회통합 지표 및 지수 측정』, 법무부 출입국·
　　외국인정책본부 연구용역보고서.

정인섭, 2000, 『국제인권조약집』, 서울: 사람생각.

Ife, Jim, 2012, *Human Rights and Social Work: Towards Rights-Based Practice,* New York: Cambridge University Press.

International Organization for Migration(IOM), 2005, *World Migration Report 2005: Costs and Benefits of International Migration,* Chamonix: International Organization for Migration.

Kymlicka, Will, 1995, *Multicultural Citizenship: A Liberal Theory of Minority Rights(Oxford Political Theory),* New York: Oxford University Press.

Lister, Ruth, 1997, *Citizenship: Feminist Perspectives,* New York City: New York University Press.

Marshall, Thomas Humphrey, 1992, *Citizenship and Social Class,* London: Pluto Press.

NGO네트워크, 2009, 『경제적, 사회적, 문화적 권리에 관한 NGO 반박보고서』, 사회권규약 제3차 반박보고서로 UN 경제사회문화적권리위원회 제출.

OECD, 2009, 『국제이주: 인간중심의 세계화(International Migration: The human face of globalisation』,
http://www.oecd.org/insights/43568873.pdf.

Romanyshyn, John. M., 1974, *Social Science and Social Welfare,* New York: Council on Social Work Education.

United Nations, 2002, *International Migration,* New York: United Nations Population Division.

08

다문화사회에서의 문화다양성에 대한 이해

홍기원(숙명여자대학교)

Ⅰ. 들어가는 말

　인간은 이성적 사고와 합리적 판단 능력을 바탕으로, 경제적·문화적으로 수많은 유의미한 성과와 업적을 이룩했다. 사회발전의 성과로 인식될 수 있는 물질적 풍요와 정신적 계몽은 삶을 풍성하게 만들어주기도 했지만 인간 삶의 다양한 역할을 확장시키면서 인간의 능력이나 역할에 대한 부담을 가중시키기도 하였다. 물질적 풍요는 저절로 얻어지는 것이 아니라 사회적인 역할자로서의 의무를 충실하게 이행할 수 있을 때에 획득될 수 있다는 것이 이를 뒷받침한다. 예를 들어 한 사람이 가정의 경제주체로서, 한 조직의 역할수행자로서, 사회적 비용의 담지자로서 온전히 역할을 수행할 수 있어야 사회의 물질적 풍요가 증가할 수 있는 것이다. 세대구성원 중 아무도 경제활동을 하지 않거나, 조직 구성원이 제 역할을 수행하지 못하여 조직의 가치를 증대시키지 못하거나, 사회 구성원이 사회적으로 필요한 재원을 제공하기는커녕 사회적 비용만 부담시키는 행위만 하게 된다면 사회 전체로 보아 물질적 풍요는 증가할 수가 없을 것이다. 삶의 실체로서의 개인은 가족의 구성원, 지역 공동체의 구성원, 직장의 구성원, 국가의 구성원이면서 젠더적 역할 및 인종·민족집단의 역할을 중층적으로 수행해야 하는 다중 역할자의 지위를 부여받았다. 이는 개체로서의 개인이 중학교의 선생님이자, 종교인이자, 정당가입자이자, 스포츠댄스동호회의 회원이자, 미혼여성이자, 다문화가정의 2세대이자, 향우회의 회원이자, 대한민국의 국민이라는 다중의 역할과 다중의 정체성을 지닌 삶을 살고 있다는 의미이다.

현대사회의 풍요로움이 갖는 이면은 생산성의 증대에 의한 것이기도 하지만 다양성의 원천으로부터 발생한 것이기도 하다. 비용절감을 위한 노력과 효율적인 생산방식의 도입은 인간의 수요를 압도하는 공급을 가능하게 하였다. 여기에 더하여 다양한 수요집단의 취향에 부응하여 판매를 늘리려는 생산자의 노력은 다양한 수요집단을 고려한 공급전략을 채택하게 하였다. 미국의 대형 매장에서 판매하는 상품들이 신체적, 종교적, 언어적, 민족집단적 취향을 고려한 다양한 상품을 구비하고 있는 점이 이러한 특징을 반영한다.

이러한 상황은 현대사회가 전근대-근대-탈근대의 통시적인 시각으로는 설명할 수 없는 세 가지 측면의 혼합적 특성을 지니고 있는 것으로 해석할 수 있다. 즉 다중의 정체성을 지닌 개인과 정치적·경제적·문화적 중층구조를 지닌 사회가 이루어내는 복합성을 '합리성'이나 '보편성'의 기준만으로 단편적으로 설명할 수는 없는 것이다. 민족국가의 생성기를 거쳐 국민국가의 시대에는 '문화'의 개념을 단일의 어의를 갖는 것으로 해석함으로써 국민통합 및 사회통합의 매개로 이용할 수가 있었다. '동일한 언어를 쓰는 민족 집단' 혹은 '동일한 종교를 갖는 민족집단' 등 집단의 정체성을 일체화시킬수 있는 해석을 부여하여 국가의 통합과 유지의 기제로 기능하도록하는 것이다. 그러나 현실의 국가는 전혀 다른 모습, 즉 동일한 언어를 쓰는 다수의 민족집단이나 동일한 종교를 갖는 다수의 민족집단으로 구성될뿐더러 서로 다른 언어를 쓰는 동일한 민족집단이나 (diaspora) 다수의 종교를 갖는 하나의 민족집단 등 셀 수 없는 경우의 수를 갖는 구성으로 변화하고 있다. 그렇다면 이러한 변화된 의미의 국가에 소속된 구성원은 자신의 다중적 정체성 중에서 무엇을 우선적으로 따라야 할 것인가? 더욱이 개인에게 각인된 혹은 개인이 선택한 '문화'적 요소가 사회경제적 요소 혹은 정치적 요소의 영향권 안에 있음을 감안할 때 개인이 취할 수 있는 정체성의 전략은 무엇인가? 사회적 역할자로서의 다중정체성, 문화적 존재로서의 다중정체성을 띠는 개인들에게 공통분모로서의 국가정체성을 기대하는것은 불가능해지고 있는가? 사회구성원으로의 교집합의 영역이 다양성이라는 특질로 인하여 줄어들고 있다면 사회통합은 어떤 방식으로 가능할 것인가? 지금껏 사회발전에서 중요한 요소로 거론되었던 소위 사회적 통합을 바탕으로 하는 사회의 유지와 발전은 더 이상 가능하지 않은 시대가 도래했다는 것을 의미하는 것인가?

본 단원은 민족국가의 형성이라는 사건 이후 국가연구의 중요한 주제로 재등장한 문화적 측면이 어떤 개념과 논리에 입각하여 수용되고 있는가를 이해하는 데 목적이 있다. 즉 한 국가가 다문화정책을 채택함에 있어 '문화'를 어떻게 이해하는지, 또한 그 역할을 무엇으로 보는지를 문화이론적 관점에서 탐구한다. 한 국가의 다문화정책이 문화를 어떤 범주의 개념으로 규정짓는가, 또한 어떤 사회경제적 특징을 띠는가에 따라 그 국가의 다문화정책의 특성이 정해진다고 볼 수 있다. 특별히 국가정책으로서의 다문화정책 연구가 중요하게 취급되는 이유는 다문화정책이 다루어야 하는 '(문화)집단'의 문제들이 국가작동의 중요한 원리 중 하나인 사회통합의 문제에 대하여 어떤 입장을 취할 것인가를 드러내기 때문이다. 모순적으로 보이는 다문화성 혹은 문화적 다양성의 가치와 사회통합의 가치가 어떻게 병존 혹은 조화를 이루는가는 국가의 유지 존속과도 관련이 있기 때문이다.

많은 경우 다문화사회 및 다문화정책에 대한 글들은 사회학적 혹은 정치학적 이론을 토대로 설명된다. 그렇기 때문에 처음에 논의의 출발점이 '문화'에 있었다 하더라도 다문화정책을 통하여 궁극적으로 해결되어야 하는 문제는 정치적인 것(권리 혹은 의무)이거나 사회경제적인 것(고용, 복지, 교육 등)으로 귀결된다. 즉 논의의 원인이 되는 '문화'의 문제를 해결하기 위해 '문화적 차원'에서는 무엇을 해야 하는가에 대한 처방은 도외시되는 경향이 있다. 이런 점에서 본 단락은 기존의 관점과는 다른 지점에서 다문화의 문제를 다루고자 한다. 물론 다문화주의가 갖는 정치성과 계층적 관점을 완전히 분리하여 문화의 문제를 설명하는 것은 불가능하다. 그러나 다문화정책을 통한 다문화사회가 초래하는 문제들에 대한 '문화'의 특성에 천착한 대안을 찾는 시도 역시 필요하다는 점에서 이 글은 출발한다.

II. 다문화사회와 문화: 문화의 정의와 특성

1. 문화의 정의

다문화사회란 무엇인가? 단어가 표현하는 바를 그대로 받아들인다면 형용사적 의미의 '다문화의' 사회를 말하는 것인가? 그렇다면 여기에서 '다문화'란 무엇인가? 다(多)라는 수식어는 단순히 양적인 의미로서, 어느 하나의 '문화'만이 '단일하게(monistic)' 존재한다는 의미에 대칭되는 것으로서의 '여러 개의(pluralistic)' 문화가 존재하는 것을 의미하는가? 아니면 질적인 의미에서 '동일한(identical)' 것에 반대되는 의미로서의 '다양한[diverse/서로 다른(unlike)]' 특질을 지니는 문화가 존재하는 것을 의미하는가? 더 근본적으로 '문화'는 무엇인가? 자연에 대비되는 것으로서 인간이 만들어낸 모든 사상과 사물을 의미하는가? 아니면 실체가 존재하는 예술이나 물질적인 문화물만을 의미하는가? 학문적으로 정의해야 하는 개념으로서의 '문화'만큼 어려운 것이 없다는 연구자들의 탄식을 고려할 때 문화개념의 확장판인 '다문화'에 대한 정의는 더욱 복잡한 상황에 놓일 수밖에 없다.

이러한 점 때문에 우리는 결국 '문화'를 주된 연구대상으로 삼는 학문들이 정의하는 바에 우선적으로 기댈 수밖에 없다. 이럴 경우 학문적 분과(discipline)에 따라 개념이 설정하는 범위가 정해지고 그 내용도 결정될 것이다. 동일한 학문분과 내에 존재하는 다양한 철학적·이념적 입장이 투사되기 때문에 정의가 단순해질 기대 같은 것은 하지 않는 것이 현명하다. 예를 들어 이러한 가변성은 문화를 다음과 같이 분류하여 정의하는 시도에서도 나타난다. 문화는 ① 예술적·지적 활동의 결과물로 볼 수도 있고,[1] ② '인간의 완성'이라는 이상적인 상태에 근접시키는 개인의 도야(cultivation) 과정으로 볼 수도 있고,[2] ③ 물질적 차원을 포함한 생활양식의 총체[3]로 볼 수도 있다고 지적한다.[4]

문화에 대한 정의에서 고전으로 꼽히는 에드워드 타일러(E. B. Tylor)는 문화를 처음으로 사회과학적 용어로 정의한 학자로 언급된다. 타일러에 따르면 문화란 인간이 사회구성원으로서 습득한 지식, 신념, 예술, 도덕, 법, 관습과 기타의 능력이나 습관을 포함하는 복합적 총체를 의미한다고 정의하였다.[5] 삶의 복합적 총체라는 것은 달리 말하면 인간이 사회 구성원으로서 습득한 의미, 가치, 상징의 복합적 총체임을 의미한다. 당연히 문화, 즉 의미와 가치로 구성된 삶의 체계는 집단마다 달리 나타날 것이므로 이미 그 정의 안에 다양성의 의미를 일정 부분 내포하게 된다. 타일러의 정의는 문화라는 의미와 가치의 체계를 형성하는 데 있어 물질적 삶의 조건이 미치는 영향을 설명하는 데 미흡했다는 지적을 받는다. 왜냐하면 문화의 다양한 모습은 추상화된 관념만이 아닌 삶이 물질적으로 어떻게 구성되어 있는가에 영향을 받기 때문이다. 이러한 주장은 문화라고 하는

---

1) Samuel Lipman, *Arguing for music, arguing for culture: Essays* (Boston: D. R. Godine in association with American Council for the Arts, 1990).

2) Lesley Johnson, *The Cultural Critics: from Matthew Arnold to Raymond Williams* (London: Routledge and Kegan Paul, 1979); Thomas Stearns Eliot, "The Unity of European Culture," 1946. *Notes Towards the Definition of Culture* (London: Faber & Faber, 1948).

3) Raymond Williams, *Keywords: A Vocabulary of Culture and Society* (UK: Croom Helm, 1967).

4) David Pankratz, *Multiculturalism and Public Arts Policy* (Westport: Bergin & Garvey, 1993).

5) Edward B. Tylor, *Primitive Culture* (London: John Murray, 1871).

지식, 신념, 예술, 도덕, 관습 등은 어떤 계급에 속하는 자의 것인가 혹은 어떠한 계급의 그 개념 규정에 지배력을 행사하는가에 따라 그 내용이 결정된다는 점을 지적하는 것이다.

문화에 대한 또 한 명의 권위자인 레이몬드 윌리엄스(Raymond Williams)는 이러한 지적의 유효성을 지지하는 입장이다. 레이몬드는 문화개념을 기존의 고급문화(high culture)와 대중문화(popular culture)를 포함하는 것뿐만 아니라 일상생활에서의 의미와 생활을 모두 포함하는 것으로 정의한다(예를 들면 텔레비전의 시청이나 외식문화의 특징 등). 이렇게 문화의 표현 양식 중 일상생활에서 드러나는 의미와 행위에 관심을 두는 태도는 문학과 같은 기존의 텍스트 위주의 표현뿐만 아니라 사진, 영화, 패션스타일, 심지어는 헤어스타일과 같은 활동도 생활양식으로서 문화개념에 포함하여 연구하게 된다. 이러한 관점은 문화의 표현양식 중 하나인 예술에 대해서도 그 범위의 확장을 적용할 수 있게 되므로 다양한 예술양식의 출현에 대하여도 의미를 부여할 수 있게 된다. 윌리엄스는 이렇듯 문화개념의 범위를 확대 해석했을 뿐만 아니라 문화가 단순한 의미와 가치의 체계만이 아닌 사회적 관계나 정치적 관계를 반영하는 특징을 갖는다는 점을 지적하였다. 즉 사회경제적 힘을 가진 집단의 문화는 그 사회에서 지배력을 행사할 수 있는데 이는 문화의 생산, 분배, 소비에 모두 적용이 된다는 것이다. 문화적 지배력은 권력을 가진 계급을 통해 재생산되어 그 계급의 정당성과 실질적 지배력을 강화하는 역할을 하게 된다. 지배력을 행사하지 못하는 여타 집단들은 자신들이 보유하는 약간의 문화적 자율성(autonomy)을 바탕으로 지배문화에 반대하거나 저항하는 형태로 문화를 표출한다.

이렇게 사회경제적 정치적 요소들이 문화에 미치는 영향의 중요성에 관심을 갖게 되면서 이에 대한 비판 역시 증가하게 되었다. 그 대표적인 예가 클리포드 기어츠(Clifford Geertz)인데 그는 비교가 가능한 동일한 사회경제체제를 취하는 경우에도 문화의 모습이 서로 현격한 차이를 보일 수 있다는 점에 착안하였다. 기어츠에 의하면 문화의 차이는 사회마다 삶의 경험(lived experience)이 다르기 때문에, 또한 문화적 고유성이 존재하기 때문에 발생하는 것이지 사회경제적 요인의 상이성 때문에 발생하는 것은 아니라는 것이다. 문화는 상징으로 구현된 의미 양식으로서 역사적으로 전승되는 것이다. 결국 사회적 경험에 새로운 해석을 부여하기 위하여 사람들은 상징을 사용하고 창조하는데 그 결과물이 문화인 것이다. 이러한 관점에 근거할 때, 예술은 특정 사회에 고유한 삶의 경험에서 만들어지는 문화를 반영하는 하나의 실체적 상징물로서 좁혀지게 된다. 기어츠의 문화개념 정의에 대한 (상징－의미 구조) 사회경제적 억압이나 권력적 요소의 간과는 문화개념을 지나치게 '심미화(aestheticize)'하는 원인이 되기도 한다.

이러한 전통적인 문화개념의 정의에 준거하여 다문화, 즉 문화의 다양성을 정의할 때 '다(多)'문화에 대한 해석은 다음의 경우가 가능하다. 예를 들어 윌리엄스의 개념에 준하여 다문화를 논의하게 되면 사회경제적 변화와 더불어 새로이 발생하는 삶의 양식의 다양화된 상태가 포함될 수 있을 것이다. 즉 주류문화에 대항하는 것으로서의 게이문화, 여성주의문화, 이민자문화 등이 '다양성'을 의미하게 될 것이다. 다른 예로, 기어츠류의 정의에 준거할 경우 새로이 발견되는 상징－의미 체계들이 다양성의 예로써 이해될 것이다. 그러나 다문화사회의 문화적 다양성은 위에서 살펴본 어느 한 입장의 단일 기준의 적용만으로 설명하기에는 복합적인 특질들을 지니고 있다. 특히 다문화를 설명하는 데 있어서 빠뜨릴 수 없는 부분이 에스닉 집단으로서 지니는 특성이다.

기존의 문화개념 정의에서 언급되는 '사회구성원'이라는 분석의 단위는 사회학에 기반을 둔 계급이나 계층과 같은 추상화된 단위를 중심으로 하는 연구전통을 가진 반면 인류학에서 중시했던 혈연, 종족, 민족 등과 같은 분석 단위들은 관심의 대상에서 벗어나 있었다. 그러나 경제체제의 변화로 인한 이주현상의 급증 및 국가 구성원의 민족적 변화가 가속화되는 점이라든지, 이에 따른 국가 내부적인 정치적 행동집단이 다원화되는 현상은 문화 개념의 정의에 있어서 민족성 혹은 국가성에 대한 중요성을 환기시키는 계기가 되었다. 이러한 상황은 에스닉 집단(ethnic group)을 문화분석에 있어서 중요한 단위로 재인식하게 되었고 문화가 정치경제 구조에 의하여 어떻게 영향을 받는가에 대한 분석을 수행하기에 흥미로운 사회구성 형태로 등장하였다.

2. 에스니시티(ethnicity)

역사적 연원이나 어원에서 볼 때 에스니시티(ethnicity)는 그 구성하는 요소 중 가장 중심이 되는 것이 혈족관계였으며 이를 중심으로 동일한 언어를 사용하고 공통의 관습과 의례를 유지하는 집단을 의미하는 것으로 이해되었다. 즉 초기의 정의 규정에서는 생물학적 및 인종적 차이가 중요한 것이었다. 이것이 점차 민족국가의 탄생과 더불어 국가 혹은 국민(a nation, a people)과 동일시되기도 하였다.

20세기에 들어서면서 생물학적 혹은 유전학적 요인을 중시하는 에스닉의 개념에 대하여 후천적으로 학습된 특징들이 중요해졌다. 막스 베버(Max Weber)는 신체나 관습의 유사성을 가졌다는 이유, 혹은 식민의 경험이나 이주의 경험이 공통된다는 점 때문에 동일한 후손(집단)이라는 '주관적 신념'을 갖는 것이 에스니시티 형성에 중요한 요소라고 설명하고 있다. 파슨스(Talcott Parsons)는 에스니시티를 결속력과 충성심을 가지는 다수의 사람들로 구성된 특별한 일차 집단이라고 정의하였다. 그러나 논의되었던 에스니시티에 대한 평가 기준은 너무 다양해서 아래와 같은 여러 요소들 중 무엇이 가장 타당한가에 대한 의견이 분분하였다. 이를테면 에스니시티의 평가기준으로 다음의 요소들이 포함될 수 있는데, 첫째로는 공유하는 문화가 있고 거주하는 영토의 유지가 세대에 걸쳐 지속성을 갖는 국가정체성이다. 둘째는 구전 및 기록문자를 통해 정체성을 나타내는 것이 가능한 언어이다. 셋째는 집단의 정체성을 형성하는 믿음과 의식으로 구성된 종교이다. 넷째는 규범이나 관습과 같은 문화행태이다. 다섯째로는 집단적인 역사적 경험, 특히 식민화나 노예화 혹은 착취와 같은 사건을 통해서 정체성이 형성된 역사적 경험이다. 마지막으로 한 집단의 구성원으로서 획득하게 되는 이미지(self-image), 예를 들어 '근면한 민족' 혹은 '선택받은 민족' 등의 이미지를 말한다. 현실적으로는 이들 중 어느 하나의 기준만 적용되지 않고 여러 가지가 복합적으로 적용되고 있다. 이러한 점은 미국의 센서스 조사(US Sensus)가 '인종'이라는 용어의 개념을 '생물학적이거나 유전학적인 관계에만 머무는 것이 아닌 공통의 조상과 더불어 사회·문화적 경험을 공유하는 집단'으로 설명하는 것에서도 드러난다.

최근 들어 에스니티시의 개념을 정의하는 데 있어 중요하게 인식되는 특성은 에스니시티가 정치경제적 요인과 어떻게 관계되는가이다. 즉 과거에 에스닉 집단이 문화적인 요소들의 학습 및 전승이 주된 역할인 집단으로 받아들여진 것에 대하여 현대의 에스닉 집단은 경제적 운명 공동체의 성격과 정치적 의사결정체의 성격이 강화된 것으로 본다. 즉 에스닉 집단은 자신을 둘러싼 정치적 경제적 환경 속에서 에스닉 집단의 영속 혹은 유지를 위하여 정치적 수단을 이용하는 모습을 보이게끔 변화하였다. 프랫(Pratt)에 의하면 미국에서의 에스니시티는 억압받는 집단이 구성원의 공동체 의식을 자극하여 특정한 사회제도에 대하여 집단의 주장을 개진함으로써 제도를 바꾸도록 반대할 수 있는 전략도구가 되었다고 말한다. 동일한 견지에서 벨(Daniel Bell) 역시 현대사회에서 에스니시티의 효용성은 한 집단의 문화정체성을 경제적·정치적 이익과 효과적으로 연계(affective ties)하여 계급이라는 논리보다 잠재적으로는 더 강력한 사회적·정치적 행동의 논리를 개발하였다고 설명한다.

에스니티시가 내재된 개념으로서의 다문화를 논의할 때에 유사한 용어들에 대한 설명을 병행하는 것이 유용할 수 있다. 왜냐하면 유사한 용어들이 사용되는 맥락을 이해함으로써 다문화현상에 대한 정책적 처방을 제시할 때 무엇이 효과적일 것인가를 연결 지어 볼 수 있기 때문이다. 특히 문화적 특성이 개념의 중심이 되는 에스니시티 용어가 정치적·경제적 차원으로 부담하게 되는 가치 담지(value-laden)의 정도에 따라 다문화정책의 어떤 측면이 더 강조될 것인가가 결정되기 때문이다. 예를 들어 다문화의 담론은 표면적으로 문화의 차별성에서 시작된 것으로 보이기도 하지만 정치경제적 차원에서 정책적 처방을 찾아야 하는 경우가 더 적절할 경우도 존재하기 때문이다.

3. 다문화주의, 문화적 다원주의, 문화다양성

다문화에서 빈번하게 사용되는 용어로 대표적인 것을 든다면 다문화주의, 문화적 다양성, 문화적 다원주의라는 세 가지일 것이다. 다문화주의는 흔히 서술적 의미와 당위적 의미를 동시에 가지는 용어로 인식된다. 전자는 다문화적(multicultural)이라는 형용사화된 경우에 더 많이 적용되는데 어의 그대로 '다양한 문화의' 혹은 '문화적 다양성이 있는' 정도의 의미를 내포한다. 그러나 다문화주의(multiculturalism)라는 명사화된 사용은 당위적인 상태의 반영으로서 더 많이 해석되어 '문화적 다양성을 촉진하고 이를 제도화하여 사회에서 공식적으로 인정되는 이념이나 정책이 되는 상태를 의미한다. 후자의 다시 말해 동일한 사회정치시스템하에 공존하는 인종적(에스닉) 소수 집단들이 내부적으로 고유한 가치나 성향, 태도, 세계관을 공유 및 전파하면서 구성원들의 충성심과 결속력을 도구로 소수 집단에 가해지는 차별이나 권리의 부재에 대항하여 사회적·정치적 행동을 취하는 것이 정당화되는 상태를 의미한다.6) 다문화주의는 지배문화 혹은 지배적 문화집단의 권리에 대항하여 소수 문

---

6) David Pankratz, *Multiculturalism and Public Arts Policy*, p.18.

화 집단의 동등한 권리를 전제로 한다는 점에서 가장 급진적인 형태이다.

문화다원주의(cultural pluralism)는 소수문화집단이 다수문화집단이 형성한 법적 제도나 다수집단의 가치와 일관성을 유지하는 가운데 소수문화집단의 고유한 정체성을 유지하는 상태를 의미한다.[7] 따라서 문화다원주의에서 에스닉 집단들이 지배문화집단과 형성할수 있는 관계의 형태는 매우 다양해진다.[8] 이 논리에 따르면 지배문화집단과 제도적 상충을 피하면서 평화적으로 공존하는 형태(동화혹은 융합주의), 일정부분 지배문화집단과 공유하는 문화를 유지하는 형태(수정 문화다원주의), 소수문화집단의 정체성을 어느 정도로수용할지를 개인의 선택에 맡기는 형태(자발적 선택), 그리고 지배문화집단으로부터 물리적으로는 아니어도 최소한 사회적으로 혹은문화적으로 분리하여 협상 능력과 권력을 획득할 때까지 통합과 자주성을 발전시키는 형태(분리적 문화다원주의) 등이 모두 포함된다.[9]

뉴먼(Newman)은 이러한 다양한 다문화성의 공존형태를 도식화하여 나타내었다. 소수문화집단이 궁극적으로 지배문화를 따르는 방식으로 흡수되는 것은 동질화(assimilation), 문화집단 간에는 필연적인 상호작용이 일어나서 완전히 새로운 형태의 문화가 창조되는 것은 융합(amalgamation/melting pot), 서로 다른 집단들이 시간의 경과에도 불구하고 동일한 문화정체성을 유지하는 고전적 문화다원주

---

7) Meyer Kallen Horace, *Cultural Pluralism and the American Idea: An Essay in Social Philosophy* (Philadelphia: University of Pennsylvania Press, 1956).

8) Thomas F. Green, *Education and Pluralism: Idea and Reality* (Syracuse: Syracuse University School of Education, 1966).

9) Nicholas Appleton, *Cultural Pluralism in Education: Theoretical Foundations* (New York: Longman, 1983).

의, 다양한 집단들 간의 문화 변이 과정에서 서로 다른 소수집단들의 고유한 정체성이 유지되는 것으로 보는 수정 문화다원주의로 분류한다. 특히 고전적 문화다원주의는 문화 간의 차이가 상호교류로 극복되기 어려울 정도로 크기 때문에 문화접촉으로 인한 사회적 갈등을 최소화하기 위해 문화적 고립주의를 택하는 것으로 설명한다. 수정된 다문화주의는 아프리카에 있는 아프리카인은 미국계 아프리카인과 다르다. 즉 미국인이라는 고유한 문화가 형성된다는 점을 강조한다.

<표 1> 뉴먼(Newman)의 문화다원주의 이론의 도식화

문화다원주의 이론	공식
동화이론	$A+B+C=A$
융합이론	$A+B+C=D$
고전적 문화다원주의	$A+B+C=A+B+C$
수정된 문화다원주의	$A+B+C=AI+BI+CI$

출처: William M. Newman, *A study on minority groups and social theory* (New York: Harper & Row, 1973).

문화다원주의의 이러한 보수적 태도는 문화다원주의가 민주주의에서 특별히 긍정적인 요소가 아니라고 여기는 전통에 기인한다. 예를 들어 플라톤은 민주주의의 실행 조건인 자유와 참여의 전제 조건으로서 '문화적 통일성(cultrual unity)'를 요청하였는데, 이는 아마도 문화적 통일성이 전제되지 않고서는 목표하는 합의에 달성할 수 없을지도 모른다는 의심 때문이었을 것으로 추측된다.

문화다양성(cultural diversity)은 보다 가치중립적인 용어로서, 단일문화(monoculture)에 대응되는 종(species)적으로 다양하고 서로 상이한 문화의 양태를 의미한다. 2001년에 유네스코 문화다양성 세계협약을 발표하면서 세계화의 경제흐름에 의하여 다양한 문화들이 그 고유성을 유지하지 못하게 되고 동질화되어 가는 것(homogenization of culture)을 경계하는 의미로 사용되었다. 이 맥락에서 문화다양성은 생물학적인 종(種)다양성과 등가의 의미로 해석되고 있다. 보다 이론적인 차원에서 파레크(Parekh)는 문화다양성에 대해 다음과 같이 세 가지 형태를 취한다. 첫째는 하위문화적 다양성(subcultural diversity)의 형태이다. 대부분의 사회구성원이 공통된 문화를 공유함에도 불구하고 일부는 특정한 삶의 영역에서 상이한 행위나 신념을 영위하거나 차별화되는 삶의 방식을 추구하기도 한다. 예를 들어 게이나 레즈비언이 전자의 경우라면 광부, 예술가, 어부와 같은 직업적 구분에서 드러나는 것이 후자에 경우에 해당한다. 이들은 사회의 지배적인 의미나 가치체계로서의 문화를 공유하면서도 다양한 삶에서 비롯되는 자신의 역역에 한정하여 의미와 가치를 각인해내려고 한다. 둘째는 관점의 다양성(perspectival diversity)이다. 일부 사회구성원들은 사회적으로 지배적인 문화의 중심원칙이나 가치에 비판적인 입장을 취하면서 이를 타당하다는 방향으로 재구성하려는 성향을 지닌다. 가부장제에 저항하는 페미니스트라든지 세속주의를 비판하는 종교적 신성주의 그리고 인간 및 기술중시주의에 대항하는 환경론자들이 대표적이다. 이들은 지배문화의 핵심에 지적인 도전을 가하여 지배문화의 가치를 재구성하려는 데 목적을 둔다는 점에서 집단의 가치를 보유하면서 공존의 태도를 취하는 하위문화와는 구별된다. 셋째는 공동체적 다양성(communal diversity)의 형태이다. 남과 다른 믿음이나 신념체계를 중심으로 삶을 영위하는, 예를 들어 유대인거주집단, 애미쉬(Amish), 집시(Gypsy), 바스크인들과 같이 문화집단으로서의 자의식을 보유하면서 다양성을 표출하는 경우이다. 이러한 세 형태의 문화적 다양성 중에서 자발성에 가장 많이 좌우되는 다시 말해 선택의 여지가 있는 다양성은 첫 번째의 경우인 반면, 세 번째 경우의 다양성은 오랜 역사적 전통과 견고하고 단단한 잘 조직화된 구성원에 의하여 운영되기 때문에 변화하기가 쉽지 않다. 다문화주의에서 이러한 유형의 문화적 다양성이 가장 어려운 분석대상이 되는 이유도 바로 여기에 있다.

앞서 살펴본 바를 정리하면 문화는 '총체적 삶의 양식'과 같은 추상적이고 광범위한 의미에서 사회의 상징체계로서의 '예술이나 문화적 산출물' 같은 구체적인 의미를 포함할 정도로 다의적이고 이러한 해석에 영향을 주는 사회적·정치적·경제적 측면과도 연계되어 있다. 다문화 개념 역시 유사하게 들리는 용어들이 정의되는 맥락적 차이를 통하여 용어의 특성 내용과 상이성을 이해할 수 있게 되었다. 다음 절에서는 다문화성(다문화주의)이 논의되는 이론적 맥락을 살펴보고 문화적 현상으로서 정치, 경제, 사회적 측면과 관련하여 구체적으로 어떤 모습으로 보이는가를 살펴보겠다.

III. 문화다양성의 정치적 차원

1. 문화에 대한 정의와 다문화주의의 쟁점

다문화사회에서 다문화의 문제를 어떻게 접근하고 대응할 것이냐의 문제는 다문화주의라는 기술적이고도 당위적인 양면적 개념을 우리 사회에서 어떻게 적용할 것인가에 대한 고민이기도 하다. 즉 문화라는 개념을 어떤 수준으로 해석 혹은 정의하고 이에 상응하는 다문화주의의 내용을 결정할 것인가의 문제이다. 최종렬(2008)은 문화의 정의를 중심개념으로 하는 다문화주의의 쟁점을 다음과 같이 정리하고 있다.

<표 2> 문화 개념의 세 차원과 다문화주의의 쟁점

	상식으로서의 문화	전통으로서의 문화	이데올로기로서의 문화
지배적인 원리	호혜적인 원리 혹은 호혜적인 무관심의 원리	사랑, 친밀성, 상호애정, 관심의 실천 원리	평등의 원리, 성취의 원리
주된 영역	사회의 현상학적 생활세계(지하철, 목욕탕, 극장, 학교, 술집 등)	현상학적 생활세계 중 소수집단 내부의 상호 주관적인 고유 영역(거주구역, 학교, 종교시설)	공적 제도의 영역
해결해야 하는 문제 상황	몸과 말의 일상적인 습속에 대한 도전	다수자의 실존적 문화(종교, 사랑, 결혼, 육아, 교육, 문화, 음식, 주거문화 등)에 대한 도전	단일한 동질적인 민족주의 신화에 대한 도전, 시민권에 대한 기존의 전통적 개념에 대한 도전, 국가통치권, 국민됨의 문제

출처: 최종렬 외, 『문화주의의 이론적 패러다임과 국가별 유형비교』(한국정책연구원, 2008), 37쪽 재구성.

이 분류는 다문화의 문제는 문화를 어떤 수준에서 해석하고 그 의미와 범위를 규정하는가에 따라 다문화의 문제가 문화적으로 어떤 문제를 발생시키고 그에 대한 정책처방의 구조를 제시할 수 있는가를 보여주고 있다. 예를 들어 상식으로서의 문화개념에 의거하자면 다문화사회에서 문화적 문제는 일상의 생활세계에서 발생하는 것이다. 한국사회에서는 현재 다문화와 생활세계의 접점에 지나치게 많은 주의를 기울이고 의미를 부여함으로써 장기적으로 이주민들의 정체성 형성에 부정적 요인을 제공하는 경우들이 발생한다. 생활세계에서 마주치는 이주민의 말과 몸과 행위의 차이에 대하여 지나치게 주의를 기울여서 이를 차별의 느낌으로 전환시키는 것도 문제이지만 과장되게 해석하여 정체성의 정형성(이주여성의 효부화 등)을 만들어내는 것도 큰 문제점이다. 전통으로서의 문화는 자기가 속하는 문화적 공동체 안에서 자기의 음식문화를 누리고 종교의식을 수행하고 육아방식을 행하고 지혜를 가르치고 하는 등의 행위 내용을 의미한다는 점에서 '인정(recognition)'을 추구하는 것으로 평가된다. 전통으로서의 다문화는 다수집단이 지배하는 공적영역에서의 평등을 성취하는 데 중점을 두기보다는 자신이 속한 문화집단 안에서 삶의 다양한 가치를 실현하고자 한다. 이데올로기로서의 문화 범주가 소위 정치적 차원에서의 다문화를 정의하는 준거가 될 수 있으며 가장 거시적인 관점에서 다문화 문제의 해결을 촉구한다.

2. 문화다양성 보장의 정치적 측면

다문화의 문제를 국가사회에서 어떻게 수용해야 하는가에 대한 다양한 이론의 주장이 명료하게 이해되기 위해서는 다문화 담론이 어떠한 철학적 전통에서 논의되었는가를 아는 것이 유용하다. 다문화주의에 대한 정치철학적 근원은 크게 영미철학을 전통으로 하는 계몽주의와 이에 대립하는 대항계몽주의의 전통으로 구분할 수 있다. 계몽주의의 전통은 개인의 '자유'를 중요시하는 자유주의의 전통과 사회 민주주의의 중요 개념인 '평등'의 결합을 통해 정치적 자유주의 철학의 이론틀을 통과하여 다문화주의에 뿌리를 내린다. 계몽주의에 대립하는 대항계몽주의는 '인정'의 개념을 내세운다. 인정은 서로를 평등하게 보면서도 동시에 서로를 분리되어 있는 존재로 인식하는 인식 주체들 간의 이상적인 호혜관계를 지칭한다.[10] 이처럼 서로 상반된 철학적 전통은 집단의 문화적 고유성을 어떻게 인식하는가에 있어 차이를 드러내는 결과를 가져온다. 계몽주의 전통에서는 근대성의 중요 원리인 자유와 평등을 계급, 젠더, 지역, 문화 등에 관계없이 모든 개인이 평등하게 누리도록 하는 것이 정당하다는 입장을 취한다. 그 결과 개인이 지닌 고유 가치와 관계없이 이러한 가치의 실현 과정을 따라야 한다는 입장을 견지한다. 이런 점에서 개인은 문화적 특성을 지니는 공동체로부터 단절된 원자적 개인으로 인식되어야 한다고 생각한다. 반대로 대항계몽주의에서는 원자적 개인을 인정은 하되 문화적 집단으로서의 개인의 존재를 더 강조한다. 그러므로 자신이 속한 문화공동체 안에서의 '선한 삶(good life)'이 보장받아야 한다고 생각한다. 즉 자신이 속한 문화공동체 안에서 문화적 정체성을 키우고 이를 인정받는 '인정(recognition)'의 과정이 필요하다는 것이다. 이러한 인정의 과정은 문화집단 내부에서만 이루어지는 것이라 아니라 외부로부터 획득해야 하는 것이다.

<표 3> 다문화주의 담론의 흐름

	정의의 문제	자기실현의 문제
철학적 전통	계몽주의 전통: 자유주의 전통, 20세기 후반 영미 자유주의 전통	대항계몽주의 전통, 의식현상학 및 실존 철학 전통
문제와 영역	옳음(the right)의 문제, 도덕(morality)의 영역에 속함.	선(the good)의 문제, 윤리(ethics)의 영역에 속함/

---

10) 최종렬, 「탈영토화된 공간에서의 다문화주의: 문제적 상황과 의미화 실천」, ≪사회이론≫, 제35권 (2009), 47~79쪽.

적용 범위	정의 규범은 보편적으로 구속적이므로 행위자가 특정한 가치에 헌신하는 것과 독립적으로 적용	문화적으로, 역사적으로 특수한 가치의 영역임을 인정하며 이는 보편화될 수 없는 것으로 상정
정치학	재분배의 정치학, 계급 정치학	인정의 정치학, 정체성의 정치학
대표적인 학자	낸시 프레이저(Nancy Fraser), 윌 킴리카(Will Kymlicka)	찰스 테일러(Charles Taylor), 엑셀 호네스(Exell Honneth)

출처: 최종렬 외, 『문화주의의 이론적 패러다임과 국가별 유형비교』(한국정책연구원, 2008), 15쪽.

문화다양성의 차원이 정치와 결합한다는 것은 개인 혹은 집단이 문화적 차이를 누릴 수 있는 권리 확보가 정치적 차원에서 어떻게 수용될 수 있는가를 의미한다. 이에 대해서는 다음과 같은 세 가지 대표적인 논리가 존재한다. 첫째는 배리[11]의 자유주의적 보편주의의 입장이다. 그는 자유주의의 기본 단위인 개인의 보편적 권리 차원에서 문화적 차이의 문제를 조망한다. 배리의 보편주의적 관점에 따르면 자유주의가 중요시하는 개인의 시민적, 정치적 권리는 어떤 가치보다도 우선적으로 추구되어야 하는 것이며 그렇기 때문에 국가는 상이한 문화에 대하여 동등한 대우의 원칙 아래에서 중립을 지켜야 함을 주장한다. 왜냐하면 종교의 문제를 시민 개인의 사적인 선택으로 돌려놓고 국가가 이에 대하여 간섭할 수 없도록 한 것이 자유주의의 역사적 성취였기 때문이다. 종교나 문화의 문제를 개인의 선택 문제로 규정짓는 태도는 평등한 대우와 공정성이라는 자유주의 원칙에 견주어서도 중요하다. 배리의 입장에서는 다문화주의가 주장하는 소수(에스닉)집단별 차이의 인정과 그로부터 요구되는 차별화된 권리를 인정하는 것은 특정 소수집단에 대한 예외를 인정하

---

11) Brian Barry, *Culture and Equality: An Egalitarian Critique of Multiculturalism* (Cambridge: Polity Press, 2001).

게 됨으로써 불평등, 즉 부정의한 결과를 초래하게 되는 것으로 이해된다. 배리는 국가가 소수집단의 구성원인 개인에 대하여 자유주의 원칙이 적용될 수 있도록 보호해야 한다고 주장함으로써 개인의 의사와 관계없이 속하게 되는 가족, 민족, 문화, 종교 등의 공동체 구성원이 그 공동체의 학대로부터 보호를 정당화한다. 보편성에 대한 강조는 '좋은 삶'이란 문화에 관계없이 동일하며 보편적 인권이 문화에 우선한다는 것으로 귀결된다.

자유주의의 가치를 전제로 한다는 점에서 배리와는 일치하지만 문화의 차이를 동등하게 보는 입장의 대표적인 학자가 킴리카(Kymlicka)이다. 그는 자유주의적 다문화주의를 통하여 문화권이 실현될 수 있다는 입장을 취한다. 킴리카가 자유주의 전통에 입각하고 있다는 것은 그가 자신이 선택한 자신의 믿음에 따라 삶의 가치를 유지할 수 있을 때, 그러한 믿음에 대하여 자유롭게 의문을 검토하고 결정을 재고하고 새로운 선택에 대한 자유가 있음을 전제로 한다는 점에서 드러난다. 이는 한 개인이 자신이 속하는 소수(에스닉)집단의 문화적 정체성의 동일시 강도나 그로부터의 이탈에 대한 자율성의 존재를 인정하는 것으로 이해될 수 있다. 이러한 자유주의를 전제로, 소수집단의 보편적 인권 보장 범주는 모두 보장이 되는가? 공공부문에서 소수 집단의 언어가 통용되지 않는데 보편적 인권이 보장된다고 볼 수 있는가? 공교육에서의 커리큘럼은 소수민족의 역사와 문화를 균형적으로 다루고 있는가? 이러한 문제들은 보편적 인권 보장의 문제와는 직접적인 연관성이 없지만 보편적 인권 보장을 위한 전제로서 중요한 문제이다. 이러한 간극을 메우기 위해서는 보편적 인권을 인정하는 가운데 소수집단을 위한 특별한 권리나 조치를 보완하는 것이 필요하다고 설명한다.

　이러한 서로 다른 입장을 현실에 적용했을 때 명료하게 드러나는 사례로 히잡과 터반의 문제를 들 수 있다. 즉 서구 사회에서 학교와 같은 공공기관에서 무슬림 여교사가 히잡을 쓰는 것을 허용할 것인가 허용하지 않을 것인가, 오토바이를 타는 시크교도가 헬멧을 쓰지 않는 것을 허용할 것인가 금지할 것인가의 사례가 이에 해당된다. 각각의 입장에 의거했을 때 이 두 사안은 서로 다른 결론을 도출하게 된다.

<표 4> 문화적 행위의 다양성에 대한 다문화정치의 입장

	보편적 자유주의	자유주의적 다문화주의
문화적 차이로 인한 행위에 대한 대응 원칙	− 자유, 평등, 공정한 기회, 보편적 인권의 기준에서 정당한 규칙의 면제는 불가. 면제를 위한 주장이 충분한 설득력을 가지면 규칙 자체를 폐기해야 함.	− 심대한 인권침해의 경우가 아니라면 개입이나 강제가 허용되지 않음.
오토바이를 운전할 때 터반(시크교도의 터빈) 착용 문제	− 허용 안 함, 혹은 터빈과 헬멧의 안전도 검사 비교 후 결정	− 헬멧 대신 터반 착용 허용
서구권 이슬람 여교사의 히잡 착용 문제	− 공적 공간에서의 어떠한 종교적 표현을 수용하지 않음(문화의 사사화/privatization자유주의적 여성주의).	− 히잡 착용 허용, 소수문화집단의 자치구역 내에서의 학교 내 착용 허용

　배리나 킴리카와 같이 다문화주의를 정치학의 핵심문제 중 하나로 환원하여, 즉 평등의 문제를 해결하는 실천으로 보는 입장은 문화의 내적 동질성을 지나치게 강조하는 방향으로 흐를 가능성이 있다. 이렇게 될 때 문화는 하나의 실체로서 인식되고 고정된 혹은 제한적인 자율성이 작동할 수 있는(Kymlicka의 입장) 고정적 문화공

동체(cultural community)로 기능하게 된다. 이러한 시각은 문화가 한 개인의 의지로 수용하거나 거부할 수 있는 요소가 아니라는 점을 강조함으로써 문화의 차이에 따른 문화권 확보의 문제를 문화 외부의 요소인 제도적인 해결방안(입법에 의한 규율)에서만 찾을 수 있는 것으로 고착화시킨다.

앞서도 지적했듯이 정치학적 사고틀을 기초로 문화다양성의 존립조건을 논의하는 입장의 취약성은 문화를 고정불변의 독립된 실체로 상정하고 이에 따라 소수문화집단 역시 문화적으로 변화하지 않는 실체로 간주한다는 데에 있다. 파레크[12]는 이에 반하여 문화가 이질적 요소들로 구성되어 있고 모호한 경계를 가지면서 유동적으로 반응하는 것으로 본다. 그는 다문화사회에서의 인간과 문화의 관계를 다음과 같이 상정한다. 첫째, 인간이 문화적으로 구조화된 세계에서 탄생·성장하고 문화가 지배하는 의미체계를 기초로 개인의 삶과 사회관계를 조직하면서 자신의 문화적 정체성에 가치를 부여한다는 점에서 '문화적으로 침윤(culturally embedded)된 존재'라는 점을 부인하기 어렵다고 말한다. 그러나 이러한 '침윤성'이 자신의 신념과 행위를 비판적으로 판단하지 못할 정도로 혹은 타인을 공감하거나 이해하지 못할 정도로 배타적인 것은 아니라는 점을 지적한다. 즉 문화공동체의 구성원은 자신이 문화적 지평을 바탕으로 스스로를 비판적으로 바라보고 타자의 문화를 거울삼아 자신의 문화를 들여다보는 존재라는 것이다. 둘째로 특정한 하나의 문화가 선한 삶(good life)의 의미와 지향을 실현해주는 데 있어서 완전한 역할을

---

12) Bhikhu Parekh, *Rethinking multiculturalism* (Basingstoke: Palgrave Macmillan, 2006).

하지는 못한다는 점을 인식한다. 즉 특정한 문화는 총체적인 인간존재(totality of human being)의 능력이나 감정을 부분적으로밖에 설명할 수 없기 때문에 특정한 문화가 갖는 지적·윤리적 지평을 확장하고 상상력을 확장할 수 있는 길을 찾아야지 절대적 가치로 기능하려는 유혹에 굴복하는 것은 타당하지 않다고 주장한다. 실제로 문화는 타문화의 구성 요소들을 차용함으로써, 다시 말해 외부의 영향을 자율적 원리에 의하여 부분적으로 수용하고 해석하여 동질화시키는 방식을 통하여 변화를 수용해왔다는 점을 지적한다. 셋째로, 문화는 사상적 전통이나 계통에 있어서의 다원성(plural)을 내재적으로 지니고 있다. 이것이 문화의 정체성이나 통일성을 부정하는 것은 아니며 문화의 정체성 자체가 다원적이며 유동적이라는 것이다. 이를테면 문화공동체의 구성원이 모두 동질적이지도 않을뿐더러 구성원마다 문화를 공유하는 정도도 다르고 문화에 대한 충성심의 수준도 다르기 때문에 통일성이나 수준을 명확히 알기는 어렵다. 파레크는 문화의 이러한 속성들, 즉 내적 이질성, 유동성, 역동성, 상호작용성이 문화다양성의 근원이 된다는 점을 인식하고 있는 것이다.

문화적 다양성에 대한 권리 확보 방법에 대하여 파레크는 문화 간 대화를 통하여 해결할 수 있다고 제안한다. 그런데 문화 간 대화가 이루어지기 위해서 대화주체들은 다음과 같은 태도를 견지해야 한다. 지배문화는 자기 문화에 대한 안팎의 문제제기와 비판을 감당할 용의를 가지고 내부적으로 논쟁의 공간을 유지해야 하며, 피지배문화는 자기확신을 갖고 지배문화에 도전하여 자신의 가치관과 좋은 삶의 비전에 대한 존중을 요구할 용기가 있어야 한다는 것이다. 문제는 이러한 대화가 추상적이고 무맥락적이 아니라 구체적이고 정치적일 수 있다는 점에 있다. 평등한 대화가 가능하기 위해서는 정치경제적 권력의 평등, 민주주의, 언론의 공공성과 다양성, 정부의 투명성과 같은 사회구조가 전제 되어야 한다. 그런데 이러한 상태에 이르기 위한 과정에서 시민사회의 연대 구축이나 국내외적인 대중운동과 같은 '문화간 대화의 과정'을 필요로 한다는 점에서 순환론적 모순의 여지가 존재한다.

이러한 불완전성에도 불구하고 문화 간 대화이론은 사실상 유네스코 문화다양성 협약의 기본 정신을 제공하고 있다는 점에서 문화다양성 정치의 관점과는 또 다른 의미가 있다. 문화다양성 정치의 이론 혹은 정치적 다문화주의 이론들이 문화담론을 정치담론으로 변화시키고 정치적 환원주의로 해답을 제시하는 데 비하여 문화 간 대화이론은 문화다양성 주체들의 문화 간 상호영향을 통한 해법에 더 큰 중점을 두고 있다는 점에서 본질에 접근하는 것으로 평가받는다. 문화 간 대화의 실천행위로서 유럽연합은 2008년을 '유럽 문화 간대화의 해(European Year of Intercultural Dialogue)'로 선포하고 문화예술 활동을 포함한 다양한 형태의 문화 간 대화 프로그램을 수행하였다.

다문화주의, 즉 문화다양성의 정치적 차원을 어떻게 해결할 것인가를 두고 다양한 해석이 존재하는데 요약하자면 다문화주의를 소수민족집단의 특별한 권리와 주장을 옹호하는 관점에서 보는 경우와 문화적 전망, 즉 인간의 문화적 가치 실현 가능성을 최대화하기 위한 관점으로 대별할 수 있다. 전자는 서구 혹은 백인 중심으로 억압되어온 비서구 혹은 소수문화의 권리를 복원하는 데 중점을 두는 것이라면 후자는 문화의 주체인 개인 혹은 집단이 보유하는 문화적 잠재력 발현을 통해 보다 나은 삶을 성취하는 데 초점을 두는 것으로 이해할 수 있다. 다문화의 문제를 엄격한 정치적 환원주의로 조망하는 입장은 문화적 차이, 즉 문화집단 간의 차이를 강조하고 구별을 강화함으로써 문화를 고정된 실체로 만들 위험이 있다. 문화에 대한 이러한 고정된 구분과 구별의 시각은 문화를 보는 본질주의(essentialism) 관점과 잇닿을 수 있다는 점에서 주의가 요청된다.

Ⅳ. 문화다양성의 경제적 차원

문화적 다양성의 문제를 정치적 차원의 권리와 밀접하게 연결시켜 본 대부분의 다문화주의자들과는 달리 파레크(Parekh)는 지구화로 인한 경제적 영향이 초래하는 문화다양성의 권리에 대한 위협을 심각하게 인지하였다. 기존의 이론들이 문화집단 간 문화적 차이에 대한 권리의 문제를 국내적 차원에서만 조망한 것과는 달리 국가 내부적으로 존재하는 다양한 문화집단이 처한 초국가적 위협과 권리 확보의 문제에 대한 주의를 환기하였다.

그는 경제력의 차이가 큰 상황에서 국가 사이의 자유무역이 공정하지 못한 결과를 낳을 수 있는 것처럼 시장의 힘에 의하여 지배되는 문화상품의 교역은 열세에 있는 사회 구성원의 삶의 방식을 파괴할 수도 있는 것으로 인식한다. 예를 들어, 어느 한 국가의 문화상품의 생산 및 교역 능력이 압도적으로 뛰어날 경우 해당 문화의 수입국은 경쟁에서 열세를 차지함으로써 결국은 그 국가의 문화산업이 총체적으로 괴멸될 수 있는 위기를 맞을 수도 있다는 것이다. 반대로 압도적인 영향으로 유입되는 외래문화가 수용주체의 운영능력 부족으로 인하여 사회를 지탱해오던 기존의 문화적 가치를 위협한 다고 느끼게 되면 극단적인 보수적 방어기제가 작동하는 경우를 만 들기도 한다. 문화는 인간의 경험을 이해하고 해석하는 언어와 같은 기능을 하는데 고유한 문화영역이 괴멸된 사회는 이러한 작업을 할 수가 없다는 것을 암묵적으로 알기 때문에 이러한 배타적 기제가 작 동하게 되는 것이다.

<표 5> 지역별 문화상품의 수출 비율(백분율)

수출국가	인쇄매체(도서/신문/정간물)	기록매체(음반류 및 소프트웨어)
유럽	64	75
북미	20	15
동아시아	10.7	6.7
남미와 카리브 해	2.7	3.6
중앙 남아시아	0.9	2.2
태평양	0.87	0.83
사하라 이남 아프리카	0.35	0.41
아랍국가	0.23	0.02
기타	0.25	0.24
합계	100	100

출처: 유네스코한국위원회, 『문화다양성과 문화 간 대화』(서울: 집문당, 2010), 110쪽.

파레크는 국경을 넘어 존재하는 타문화와 자문화가 상호작용할 수 있는 환경은 두 국가의 문화산업이 동등한 수준으로 대응할 수 있을 때라고 본다. 그러나 이러한 경우에도 파레크가 정의하는 문화 의 유동성과 역동성 그리고 상호작용성이 실현되기 위해서는 과도 한 통제나 비판적 사고의 유입을 막는 형태가 되지 않도록 주의를 기울여야 한다고 주장한다. 즉 검열이나 보호주의 혹은 문화적 고립

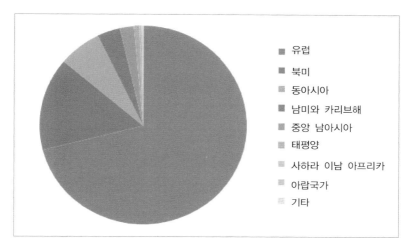

<그림 1> 인쇄매체

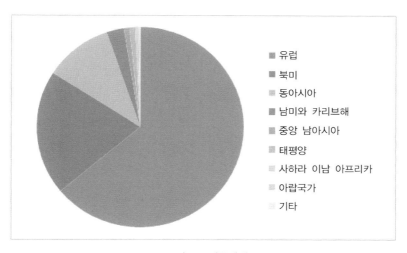

<그림 2> 기록매체

주의를 경제적 불균형으로 인한 문화다양성의 보호의 실행수단으로
고려하는 것은 타당하지 않다는 것이다. 파레크의 우려는 현대의 미

디어 발달이 이러한 인위적인 제한이나 장벽의 설정이 점점 더 불가능해지고 있다는 점을 고려할 때 새로운 시각에 대한 이해가 도입되어야 할 필요성을 제기한다. 미디어 기술의 발달은 개인이 활용할 수 있는 미디어의 다양성을 급속하게 증가시켜 주고 있으며 개인의 미디어 활용 행태를 제한하고 통제하는 것 자체를 불가능하도록 한다. 언어나 문화적 번역의 맥락을 초월한 문화 콘텐츠의 확산, 문화 혼용현상 등이 이러한 점을 뒷받침한다.

V. 문화다양성 확보에 있어서 문화예술의 역할과 기능

한 국가의 문화전통, 문화재, 문화예술적 성과물들은 사회구성원들의 문화적 권리행사의 대상 혹은 결과로서 누적되고 축적되는 것들이다. 한 국가사회의 문화적 정체성에 대한 통일성의 기대에도 불구하고 문화는 내부적으로도 반드시 동질적일 수만은 없다. 특히 예술문화분야는 예술창작의 고전적 장르에 대한 고정관념 때문에 다문화사회에서 문제가 되는 에스니시티를 배제한 개별 행위자(즉 개별 장르에 속한 예술가들)의 자유로운 활동결과로서만 인식될 위험성이 존재한다. 그러나 예술이 문화적 가치와 신념의 기저를 형성하는 행동체계의 실체적 결과라는 점에서 다문화적 배경을 바탕으로 생성되는 예술문화활동은 문화권의 확보나 문화다양성 표출이라는 측면에서 매우 중요한 의미를 갖는다. 또한 문화예술분야에서의 활동은 교육과 같이 보편적인 시스템을 통해 상위 가치체계와의 연계

속에서 이루어지는 활동보다는 구조적이지 못하지만 다문화집단이 주체가 되어 자신의 문화적 콘텐츠로서 문화다양성의 실현이라는 다문화정책의 목적 달성을 추구한다는 점에서 의미가 크다. 문화예술부문에서 문화적 다양성을 고려하는 방법은 여러 가지가 있을 수 있으나 예술생태계 구성의 기본 요소인 창작과 향유를 기본으로 하는 것이 우선적이다. 이를 바탕으로 창작과 향유에 있어서의 다문화적 관점과 다문화적 내용이 결합하는 시스템을 상정해볼 수 있다. 즉 창작 측면에서의 다문화적 관점과 내용 그리고 향유 차원에서의 관점과 내용이 그것이다.

특히 문화다양성의 보장을 사회를 구성하는 중요한 특질로 받아들이게 되면 어떤 형태이든 다문화교육을 고려하지 않을 수 없게 된다. 외국의 선행 연구에서 지적된 바와 유사하게(Adejumo, 2003) 한국에서의 다문화교육에는 개념적 혼란이 존재하며 이주민에 대한 한국문화 동질화교육, 세계문화교육, 이주민에 대한 예술교육, 이주민에 대한 생활문화교육 등 다양한 활동들이 모두 다문화교육인 것으로 인식되고 있다. 특히 한국의 경우에는 다문화교육의 내용, 교육의 주체, 교육 방법론에서의 문제뿐만 아니라 다문화교육의 대상과 내용이 이주민과 한국어·한국문화에 보다 중점적으로 이루어지는데도 마치 다문화주의에 입각한 다문화교육을 하는 것으로 오도되는 경향이 있다.

예를 들어 외국의 경우에도 '세계문화교육(global cultural education)', '두 개의 문화교육(bicultural education)', '다문화교육(multicultural education)', 그리고 '문화 간 교육(intercultural education)' 등의 용어가 그 지향성과 이론적 기반에 있어서의 차이에도 불구하고 혼용되고 있는 실정이다. 이러한 차이는 각각의 개념이 근거하고 있는 이론의 급진성 혹은 거시구조에 대한 인식의 차이에 있고 그러한 차이가 교육의 관점, 내용, 구성에서의 차이를 유발하게 된다는 점을 인식하지 못하고 사용되는 경우가 종종 있다. 이처럼 문화적 차이가 존재한다는 점을 인식하고 인정하는 온건한 관점에서부터 다문화교육을 통한 사회적 재구조화의 관점까지 그 스펙트럼은 광범위하다.

문화예술을 통하여 문화다양성을 어떻게 실천적으로 구현할 수 있는가는 매우 어려운 일이기도 하다. 다문화의 경험이 오래된 국가들에서는 '다문화 예술 프로그램'이라는 용어 속에 담긴 제도적 작용 혹은 개입의 측면을 중시하여 '다문화예술교육 프로그램'으로 인식하는 경우가 다수 존재한다. 즉 '다문화예술'에 대한 언급은 '창작'에서의 다문화적 관점, 내용, 주체와의 관련성에서 언급되는 것으로서 제도적 정책개입의 여지가 약한 뉘앙스를 포함한다. 반면에 향유와 관련하여서는 향유를 가능하게 하는 제도적 여건을 예술교육, 사회적 경제적 지위, 교육 배경 등과의 관련하에서 분석하고 제도적 차원은 보다 적극적으로 고려하는 태도를 취한다. 그러므로 '문화예술다문화 프로그램' 등과 같은 추상적인 용어보다는 '창작에서의 문화적 다양성 보장', '다문화성으로 인한 문화예술향수 장벽의 제거', '다문화예술교육을 통한 자존감 증대와 사회적 재구조화' 등과 같이 개념과 범위를 명확하게 한정할 수 있는 용어를 선택하는 경향을 보인다.

문화예술교육이라는 용어를 빈번히 사용하는 미국의 사례를 보면 '다문화예술교육'은 '예술교육'의 일환으로 예술교과목을 활용하여 교육시스템 내에서 다문화교육을 실시하는 것을 의미한다. 다문화교육을 통해 과연 무엇을 가르칠 것인가(즉 다문화구성원이 소속된 인종 및 문화권의 역사와 문화전통 등을 하나하나씩 모두 교육할 것인가?) 등에서 파생되는 교육내용 및 방법의 추상성과 동일선상에서 다문화예술교육 역시 '누가 가르칠 것인가(각기 다른 인종적 배경 혹은 문화권별 예술가?)', '무엇을 목표로 가르칠 것인가(장르예술의 특성에 입각한 교육목표와 다문화성을 매개로 하는 상위목표를 설정하는 도구주의적 교육목표)', '어떻게 가르칠 것인가(전통 서구권의 예술양식과 내용이 비서구권의 예술양식과 내용으로 대치되는 방식?)' 등의 문제에 직면하게 된다.

다문화예술교육의 유효성을 둘러싼 논쟁은 두 입장으로 대별된다. 하나는 다문화예술교육에서 인종적·문화적 소수집단의 예술을 다룸으로써 소수집단에 대한 사회적 문화적 인식을 제고하는 효과와 사회적 행위의 결정과정에서의 풍부한 정보자원을 보유하도록 하는 이점이 있다고 주장한다.13) 이러한 입장은 예술이 다문화교육을 통하여 다양한 민주적 표현의 학습도구로서 기능하여 궁극적으로는 보편적 인권과 민주적 권리를 달성할 수 있도록 하는 거시목표와 연관성을 부여하는 시각이다.

이러한 사회적 목표 달성의 긍정성을 인정하면서도 사회적 혹은 정치적 이유에 의하여 교과의 다원성을 도입했을 경우 예술행위의 자율성을 훼손하는 방식으로 교육이 이루어질 수 있다는 점을 지적하는 입장도 존재한다. 즉 다양한 문화예술을 교육내용으로 포함시키는 것은 자칫하면 서구 대 비서구의 예술의 대립적 구도를 심어주거나 교육주체와 내용이 잘 개발되어 있지 못할 경우 교육주체가 교육내용을 잘 개발하지 못했을 경우 다문화의 관점을 이해하지 못한 채 이국적

---

13) James A. Banks and Cherry A. McGee Banks, *Multicultural Issues and Perspectives* (Boston: Allyn & Bacon, 1989).

인 문화의 표현활동이나 제작행위 등의 단순 경험만을 유도하는 문제가 발생할 수 있다는 것이다. 그렇기 때문에 예술창작 혹은 제작 행위가 이루어지는 문화적 기저나 배경과 맥락에 대한 이해를 증진시키는 정보는 미흡한 채 단순 체험 활동이 되지 않도록 주의가 요청된다.14)

VI. 나가는 말

우리가 사는 사회의 수많은 갈등과 불화는 근본적으로는 인간이 동질적이지 않은, 하나같이 고유한 존재라는 점에 원인이 있다. 개별자로서의 인간은 각기 서로 다른 고유한 문화적 존재라고 할 수 있고 이들은 문화가 갖는 다차원적 측면(plurality)에 의하여 여러 개의 중층적 문화집단에 속할 수도 있다. 결국 인간은 다층적 혹은 다중적 문화정체성을 특징으로 하는 존재가 된다. 국가를 구성하는 개인 혹은 수많은 집단들이 '문화적'으로 이렇게 다양할진대, 사회의 안정적인 유지에 초미의 관심을 가질 수밖에 없는 국가는 문화다양성에 대하여 어떠한 태도를 취할 수 있을 것인가? 이러한 물음은 문화적 차이에도 불구하고, 또한 적극적으로 문화적 권리를 보장하면서 동시에 사회적 통합을 달성하는 것이 과연 가능할 것인가에 대한 물음이기도 하다.

앞서 살펴본 문화권의 보장 혹은 문화다양성의 보존이 문화의 특질, 즉 문화는 상대주의적이거나 다원적이거나 총체적 삶의 양식일 수밖에 없다는 논거에만 의지해서만은 결코 해결될 수 없다는 점이

---

14) Kathleen, 2010.

야말로 고금을 떠나 공통된 문제이다. 고대 중국사상에서 폭력과 혼란, 규범 상실이 일어나는 사회적 위기 상황, 즉 불화(不和)의 상태를 극복하는 데 있어 무엇이 필요한가를 탐구하는 모든 것에서도 이러한 고민이 드러난다. 조화롭고 평화로운 화(和)의 상태를 달성하기 위하여 필요한 것은 과연 무엇인가? 현대적으로 해석할 때 이는 상이한 문화가 조화롭게 공존할 수 있는 조건은 무엇인가의 문제이다. 이러한 점에서 다문화사회의 근본 원인인 '문화적 차이 혹은 서로 다름'의 문제를 정치적 테제로 논의하는 고대 중국의 사상은 매우 흥미롭다. 『악기(樂記)』에서 예악을 통하여 치국평천하의 이상을 실현하는 것, 즉 예술의 작동원리를 정치의 안정과 화합에 적용할 수 있다는 점에서 예술철학이 지향하는 바는 정치철학과 상통한다. 음악적 화해가 천인합일적인 우주적 화해의 기초가 되고 다른 방면으로는 사회정치적 화해의 기초가 된다는 주장은 현대사회에서도 유효할 것인가. 같은 것이 어울리는 것은 동(同)일 뿐, 상이한 요소들이 서로 어울림으로써 비로소 화(和)를 이룰 수 있다는 주장은 다문화를 고민하는 현재에도 충분히 되새길 만한 가치가 있다.

<참고문헌>

손철성, 2008, 「다문화주의와 관련된 몇 가지 쟁점들」, ≪철학연구≫, 제107
　　권, 1~26쪽.
유네스코한국위원회, 2010, 『문화다양성과 문화간 대화』, 서울: 집문당.
임현묵, 2012, 「문화다양성의 정치 연구: 자유주의적 다문화주의와 그 비판을
　　중심으로」, 서강대학교 대학원 정치외교학과 박사학위논문.
조상식, 2009, 「비판이론의 관점에서 본 다문화 교육의 한계」, ≪교육철학≫,
　　제44권, 139~155쪽.
최종렬, 2009, 「탈영토화된 공간에서의 다문화주의: 문제적 상황과 의미화 실천」,
　　≪사회이론≫, 제35권, 47~79쪽.
최종렬 외, 2008, 『다문화주의의 이론적 패러다임과 국가별 유형비교』, 한국
　　정책연구원.
한준성, 2010, 「다문화주의 논쟁: 브라이언 배리와 윌 킴리카의 비교를 중심
　　으로」, ≪한국정치연구≫, 제19호, 제1권, 289~316쪽.

Appleton, Nicholas, 1983, *Cultural Pluralism in Education: Theoretical
　　Foundations,* New York: Longman.
Banks, James A. and Banks. Cherry A. McGee, 1989, *Multicultural Issues
　　and Perspectives,* Boston: Allyn & Bacon.
Barry, Brian, 2001, *Culture and Equality: An Egalitarian Critique of*

Multiculturalism, Cambridge: Polity Press.

Bhabha, Homi K., 1994, *The Location of Culture.* London: Routledge.

Chalmers, Graeme, F., 1996, *Celebrating Pluralism: Art, Education, and Cultural Diversity,* Los Angeles: Getty Publications.

Eliot, Thomas Stearns, 2010, *Notes Towards the Definition of Culture,* London: Faber & Faber.

Green, Thomas F., 1966, *Education and Pluralism: Idea and Reality,* Syracuse: Syracuse University School of Education.

Geertz, Clifford, 1974, "From the Native's Point of View: On the Nature of Anthropological Understanding," in Shweder, Richard, A. and LeVine, Robert, A.(eds.), *Culture Theory: Essays on Mind, Self and Emotion,* New York: Cambridge University Press, 1984, pp.26~45.

Hall, Stuart, 1990, "Cultural Identity and Diaspora," in Rutherford, Jonathan(ed.), *Identity: Community, Culture, Difference,* London: Lawrence and Wishart, pp.222~237.

Horace, Meyer Kallen, 1956, *Cultural Pluralism and the American Idea: An Essay in Social Philosophy,* Philadelphia: University of Pennsylvania Press.

Johnson, Lesley, 1979, *The Cultural Critics: from Matthew Arnold to Raymond Williams,* London: Routledge and Kegan Paul.

Kymlicka, Will., 1995, *Multicultural Citizenship: A Liberal Theory of Minority Rights,* New York: Oxford University Press.

Lipman, Samuel, 1990, *Arguing for music, arguing for culture: Essays,* Boston: D. R. Godine in association with American Council for the Arts.

May, Stephen and Sleeter, Christine E., 2010, *Critical Multiculturalism: Theory and Praxis,* New York: Routledge.

Meer, Nasar and Modood, Tariq, 2012, "How does Interculturalism Contrast with Multiculturalism?," *Journal of International Studies*, Vol. 33, Issue. 2, pp.175~196.

Newman, William M., 1973, *A Study on Minority Groups and Social Theory*, New York: Harper & Row.

Pankratz, David, 1993, *Multiculturalism and Public Arts Policy,* Westport: Bergin & Garvey.

Parekh, Bhikhu, 2000, *Rethinking Multiculturalism: Cultural Diversity and Political Theory*, London: Palgrave Press.

_____, 2006, *Rethinking multiculturalism*, Basingstoke: Palgrave Macmillan.

Phillips, Anne, 2007, *Multiculturalism Without Culture*, Princeton: Princeton University Press.

Taylor, Charles, 1992, "The politics of Recognition," in Gutmann, Amy(ed.), *Multiculturalism and the Politics of Recognition*, Princeton: Princeton University Press, pp.25~73.

Tylor, Edward B., 1871, *Primitive Culture*, London: John Murray.

Williams, Raymond, 1967, *Keywords: A Vocabulary of Culture and Society*, UK: Croom Helm.

■ 찾아보기

전경옥

숙명여자대학교 정치외교학과 교수

홍태영

국방대학교 안보정책학부 교수

이유진

숙명여자대학교 정치외교학과 교수

양기호

성공회대학교 일본학과 교수

이규용

한국노동연구원 연구위원

오성배

동아대학교 교육학과 교수

김영란

숙명여자대학교 사회심리학과 교수

홍기원

숙명여자대학교 정책산업대학원 교수

다문화사회
한국의 사회통합

초 판 인 쇄 | 2013년 8월 2일
초 판 발 행 | 2013년 8월 2일

지 은 이 | 전경옥·홍태영·이유진·양기호·이규용·오성배·김영란·홍기원
펴 낸 이 | 채종준
펴 낸 곳 | 한국학술정보㈜
주   소 | 경기도 파주시 문발동 파주출판문화정보산업단지 513-5
전   화 | 031) 908-3181(대표)
팩   스 | 031) 908-3189
홈 페 이 지 | http://ebook.kstudy.com
E - m a i l | 출판사업부 publish@kstudy.com
등   록 | 제일산-115호(2000. 6. 19)

ISBN   978-89-268-4441-0 93330 (Paper Book)
            978-89-268-4442-7 95330 (e-Book)

어담 는 한국학술정보(주)의 지식실용서 브랜드입니다.